国家社会科学基金项目成果（项目编号：14BSH087）

儿童虐待与社会适应

杨文娇　著

上海三联书店

前　言

"童年的情形，便是将来的命运"。《中国儿童发展纲要(2021—2030 年)》提出，儿童是国家的未来、民族的希望。促进儿童健康成长，能够为国家可持续发展提供宝贵资源和不竭动力，是建设社会主义现代化强国、实现中华民族伟大复兴中国梦的必然要求。

儿童期是个体毕生发生的关键时期，儿童虐待对个体身心健康的发展具有极大的消极影响和破坏作用。不论过去和现在，不论种族、文化背景，儿童虐待都是一种较为普遍的社会现象。不论社会如何发展变化，儿童虐待这一现象在一定程度上还将长期存在。

1989 年联合国《儿童权利公约》指出，缔约国应采取一切适当的立法、行政、社会和教育措施，保护儿童在受父母、法定监护人或其他任何负责照管儿童的人的照料时，不致受到任何形式的身心摧残、伤害或凌辱，忽视或照料不周，虐待或剥削。政府及社会各界对儿童虐待现象均进行广泛关注，积极开展各类预防和干预措施。儿童虐待已成为心理学、社会学及儿童卫生保健等领域的重要研究课题之一。

社会适应是儿童发展与逐步成熟的重要标准。作为危害儿童社会适应发展的重要影响因素之一，儿童虐待对儿童的社会适应产生严重的负面影响，威胁儿童身心健康成长。儿童虐待发生发展有哪些特点？受虐经历到底如何影响儿童社会适应的发展？我们可以采取哪些措施来促进受虐儿童社会适应的积极发展？这都是亟待关注及要探讨的问题。研究拟以此为基础，开展了一系列探讨，以期有助于进一步了解儿童虐待对社会适应发展的作用机制，从而为儿童虐待的干预提供理论基础，为维护受虐儿童权益提供实践参考价值。

本书第一章基于当前研究背景，指明了研究的主要问题及研究的主要内容、研究思路和研究方法。第二章到第四章分别系统回顾了国内外儿童虐待领域与社会适应领域的相关研究文献。第四章则基于前人研究分析了儿童虐待对儿童社会适应的影响机制。第五章在前人研究的基础上提出儿童虐待影响社会适应的资源保护理论模型。第六章基于大数据样本探讨分析了我国儿童虐待发生的特点及影响因素。第七章则以资源保护理论模型为基础探讨了儿童虐待对社会适应的影响机制。第八章采用实验的方法初步探讨了干预情绪调节和应对方式以促进受虐儿童社会适应发展的作用。第九章针对研究结论提出了旨在改善儿童虐待现象和提高受虐儿童社会适应能力的政策建议，并进一步整个研究进行了总结和反思，对后续研究提出了建议。

由于著作写作时间有限及本人研究水平和能力有限，不足之处在所难免，恳请各位同行与读者批评指正，以使著作不断完善。本书中许多研究数据的收集及参考文献的搜集和整理工作由我的研究生和本科生共同参与并协助完成。感谢张典、胡小寒、秦朗、范于滢在数据采集工作上的参与，感谢张兴瑞、何梦琪、彭思怡、王家盈、周欣怡、方菊玲在文献搜集与整理工作上的帮助。同时也感谢我研究中的被试，感谢他们的积极参与，使我能顺利完成研究数据的收集工作。在写作过程中，我也参阅了大量学者的研究成果，没有他们的研究作为基础，也不可能完成我的研究工作，再次一并表示真挚的感谢。最后，要特别感谢国家社会科学基金（项目编号：14BSH087）对本书撰写和出版的资助。

目　　录

第一章 导 论

“我们都曾经是儿童。我们都希望孩子们幸福，这一直是并将继续是人类最普遍珍视的愿望。”

——《我们儿童：世界儿童问题首脑会议后续行动十年期终审查》

不论过去和现在，不论种族、文化背景，儿童虐待[①]都是一种较为普遍的社会现象。作为儿童发展的危险性因素之一，儿童虐待对儿童发展产生负面影响，严重威胁儿童身心健康成长。

第一节 研究背景

儿童虐待并不是一个新的概念和新的“社会现象”，其存在由来已久，但其进入人们的视野并成为备受关注的社会现象则经历了一个漫长的过程。

早在1889年，英国颁布了世界上第一个专门针对儿童虐待的

① 研究文献中，儿童虐待的英文术语为“child abuse”和“child maltreatment”，国内学者多使用“儿童虐待”术语，也有部分学者采用“虐待儿童”。本研究采用大多学者惯用术语“儿童虐待”。

《预防虐待儿童和保护儿童法案》,第一次赋予了国家干预家庭对儿童虐待的权力,随后加拿大、英国及美国等国家相继立法保护儿童,但是这些法律的颁布当时并未引起人们对儿童虐待现象的关注。

1974年,历史上首例遭到公开披露并引发舆论关注的虐童案进入人们的视野。当时美国少女玛丽·艾伦在法庭上控诉继母对其长达8年的虐待,引起了社会的广泛关注。同年,美国纽约成立了第一个专门防止虐待儿童的民间组织。真正意识到儿童虐待是一个严重的社会问题则在上个世纪六、七十年代,里程碑事件即是Kempe及其同事于1962年发表了《受虐儿童综合症》(battered child syndrome)并首次提出儿童虐待的概念(Kempe, Silverman, Steele, Droegemuller, & Silver, 1962)。此后,政府机构、媒体及不同层次社会组织开始关注儿童虐待及其所带来的消极影响,认识到儿童虐待是亟待解决的重要社会问题,理应受到积极关注和受到重视。

1977年,"防止虐待和忽视儿童国际组织(ISPCAN)"组织成立,其宗旨为传播、交流预防儿童虐待的信息与经验。1989年联合国《儿童权利公约》指出,儿童系指18岁以下的任何人,缔约国应采取一切适当的立法、行政、社会和教育措施,保护儿童在受父母、法定监护人或其他任何负责照管儿童的人的照料时,不致受到任何形式的身心摧残、伤害或凌辱,忽视或照料不周,虐待或剥削,包括性侵犯。此外,这类保护性措施应酌情包括采取有效程序以建立社会方案,向儿童和负责照管儿童的人提供必要的支助,采取其他预防形式,查明、报告、查询、调查、处理和追究前述的虐待儿童事件,以及在适当时进行司法干预。[①]《儿童权利公约》的发表,使得人们对

---

① 联合国.(1989).儿童权利公约.联合国大会一九八九年十一月二十日第44(25).http://www.un.org/chinese/children/issue/crc.shtml.

儿童虐待现象的重视达成一致共识。世界卫生组织于 2000 年确定此后每年的 11 月 19 日为“世界防止虐待忽视儿童日”。

从上个世纪 90 年代开始，儿童虐待问题也开始引起我国学者们的关注。我国第一部关于儿童虐待防治的专著《防止虐待忽视儿童的医学处理》于 2004 年正式出版，儿童虐待成为儿童卫生保健领域的重要研究课题之一。

儿童期是个体发展的关键时期，受虐待经历对儿童身心发展造成严重的消极影响，如受虐经历可导致儿童情绪调节、认知功能及行为自我调节等方面受到损害，受虐儿童容易出现更多的人际问题和学校适应障碍，而受虐儿童成年以后发生人格障碍、各种精神障碍和心理生理障碍的可能性也更高(朱相华，李娇，梁光利，魏贤玉，2006)。

国外学者们在上个世纪四十年代开始对儿童虐待现象进行研究，取得了丰富的研究成果。我国对儿童虐待的研究相对起步较晚，国内学者对儿童虐待研究的关注始于上个世纪 90 年代初。受我国传统文化观念和价值取向等因素的影响，人们对儿童虐待的认识和理解存在一定偏差，对儿童虐待问题的内涵与危害也缺乏深入认识，儿童虐待现象并未引起人们的足够重视。

偶有关于儿童遭受父母殴打或极端教育的案例见诸于报刊等媒体，但是这些均被视作父母管教方法不当，或被称之为父母“棍棒教育”。一些父母对儿童产生的暴力行为也被看成“家庭暴力”，甚少与“儿童虐待”一词相联系。政府和社会对于此类问题并未给予足够的重视和干预措施。

随着社会信息技术的发展，近些年来陆陆续续发生的儿童虐待事件如浙江温岭女教师虐待幼童、南京虐童案、携程亲子园虐童事件、陕西渭南继母虐童案等在网上广泛传播，儿童虐待现象引起全社会的积极关注。2018 年深圳宝安一对夫妻多次虐打 8 岁女儿的视频被曝光之后，迅速引起了人们对儿童虐待现象的广泛讨论与深入思考。

第二节　研究问题、研究目的及研究意义

虐待不仅对儿童造成直接生理损害甚至危及生命，也会对儿童的情感、认知、行为等社会适应功能产生长远影响。虐待对儿童发展具有深远的负面影响，其作为人际暴力的一种类型，长期且普遍存在于现实生活中。不论社会如何发展变化，儿童虐待这一现象在一定程度上还将长期存在，因此社会各界需对此现象进行广泛关注、加大研究力度，积极开展各类预防和干预措施。

儿童的发展与国家和民族的发展相紧密联系，儿童问题历来受到政府、社会及研究者的关注。众多研究表明，儿童期是个体毕生发生的关键时期，虐待对儿童发展的后果非常严重，其破坏儿童的身心健康发展，对儿童身心健康的发展具有极大的消极影响和破坏作用。儿童是社会发展的未来，儿童健康成长才能促进未来社会进步。虐待不仅给儿童发展带来破坏性影响，也会带社会发展造成不良影响。

本研究关注的问题是我国儿童虐待发生发展的特点及其影响因素有哪些？受虐经历影响儿童社会适应发展的机制是什么？能否对受虐儿童的社会适应状况进行干预？

本研究的目的和意义主要体现在以下几个方面：

首先，以我国义务教育阶段学龄儿童为被试，探讨我国学龄儿童受虐现状、发生特点及影响因素。通过对我国学龄儿童受虐现状及其影响因素的调查与分析，有利于促进人们进一步全面认识儿童虐待现象，加深人们对儿童虐待现象的关注和了解。

其次，探讨受虐经历对儿童社会适应发展的影响机制，进一步

深化和完善受虐儿童心身发展规律的研究具有重要的理论意义。受虐经历对儿童社会适应发展具有消极影响，但是受虐经历到底如何作用于儿童的社会适应，其影响儿童社会适应的具体路径及作用机制如何，这都是值得探讨的问题。对这些问题的探讨有助于我们了解儿童虐待对社会适应发展的作用规律，明晰儿童虐待对社会适应发展影响的路径及作用机制，从而为针对儿童虐待的干预提供理论基础。

最后，在实践层面上，针对我国学龄儿童的受虐现状进行分析，探讨受虐经历对学龄儿童社会适应发展的影响机制，有利于了解我国义务教育阶段学龄儿童受虐发展的现状和特点，为维护受虐儿童权益的相关机构提供实践参考价值；有利于针对性的提高受虐儿童社会适应能力，促进受虐儿童心理健康发展；有利于为我国儿童组织针对受虐儿童的消极发展提供积极有效的干预措施和有效策略，进一步促进我国儿童心理卫生事业积极发展。

第三节 研究内容、基本思路和研究方法

一、主要研究内容

本研究的主要研究内容包括儿童虐待研究文献回顾与相关理论分析、儿童虐待现状及特点、儿童虐待影响社会适应发展的机制、受虐儿童社会适应的干预等 4 个方面。

（一）建构儿童虐待对社会适应发展影响机制的理论模型。对以往儿童虐待研究进行文献回顾与梳理，进一步分析前人研究中关于儿童虐待与社会适应的相关研究，借鉴相关理论，构建儿童虐待影响社会适应的理论模型，为后期研究奠定理论基础和指导方向。

（二）考察我国学龄儿童遭受虐待的现状和特点。主要采用问

卷调查的方法对我国广西、广东、贵州、湖北、湖南、安徽、江苏、内蒙古、宁夏等9省义务教育阶段4—9年级学龄儿童进行调查，考察我国学龄儿童遭受虐待的现状及其遭受虐待特点，并考察儿童受虐情况在人口学特征如家庭经济水平、家庭结构、性别等方面是否存在差异。

（三）探讨受虐经历对儿童社会适应性发展的影响机制。

1. 分析遭受虐待儿童社会适应性发展的特点。探讨受虐学龄儿童的社会适应发展特点，主要包括行为与情绪的稳定性、人际沟通、生活适应、学校适应等方面。通过比较有受虐经历儿童和无受虐经历儿童在社会适应发展之间的差异，进而对比分析有受虐经历儿童的社会适应性发展的现状和特点。

2. 探讨受虐经历对儿童社会适应发展影响及其作用机制。分析儿童虐待对社会适应发展的影响作用，在此基础上，进一步分析情绪调节、心理韧性、社会支持等资源因素在受虐经历对儿童社会适应发展中的调节作用和中介效应。明晰受虐经历对儿童社会适应发展产生影响作用的具体路径和作用机制。

（四）探讨受虐经历对儿童社会适应发展消极影响的有效干预策。在进一步明晰受虐经历对儿童社会性发展的影响机制后，针对受虐经历对儿童社会性发展影响的具体路径，编写实施干预受虐经历对儿童社会性发展消极影响的策略方案。采用实验的方法，对儿童的情绪调节能力和应对方式进行干预训练，提高儿童因为受虐经历而带来的情绪调节能力缺陷和应对方式上的不足，从而提高其社会适应能力。

二、研究框架和研究基本思路

在对儿童虐待相关研究文献资料的归纳与整理、相关理论分析的基础之上，提出儿童虐待影响社会适应的资源保护理论模型；

从我国学龄儿童遭受虐待的现状调查出发，进一步分析和揭示儿童遭受虐待的特点与影响因素；对遭受虐待的学龄儿童的社会适应能力如情绪适应、行为适应、人际适应等方面的发展进行分析，探讨受虐经历对其社会适应性的影响作用；最后，在明晰受虐经历对儿童社会适应发展的影响机制后，针对受虐经历对儿童社会适应发展作用的具体路径，探讨实施干预受虐经历对儿童社会适应发展的消极影响的策略方案，为减小受虐经历对儿童社会适应发展的消极影响提出积极有效的干预措施。整体研究框架和研究思路如下图 1－1 所示：

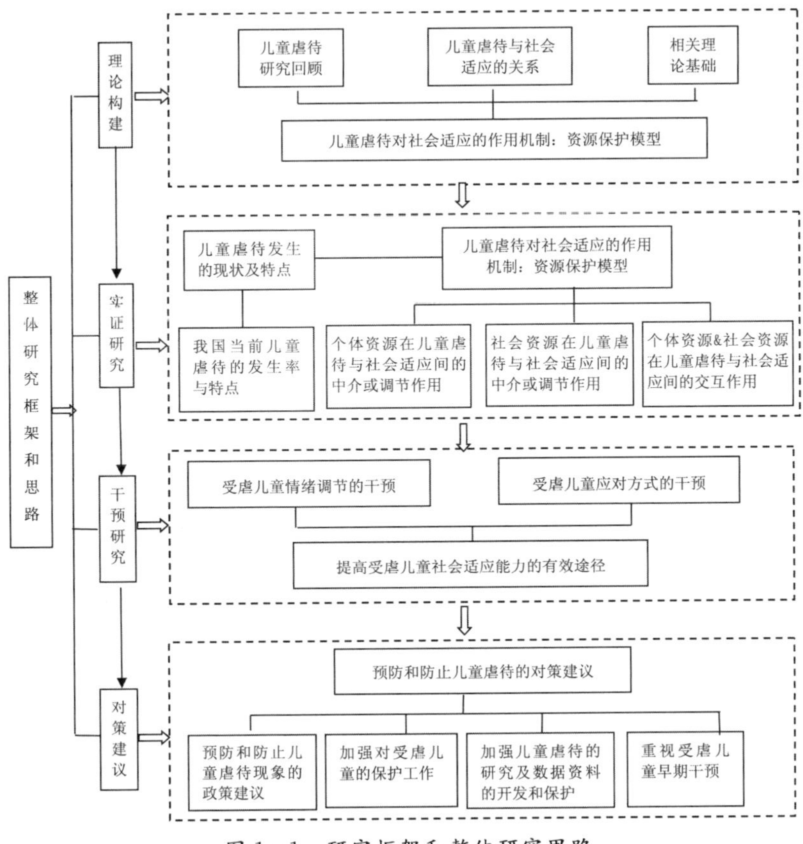

图 1－1　研究框架和整体研究思路

三、主要研究方法

本研究在全面了解分析儿童虐待相关研究文献的基础上，梳理儿童虐待研究现状及儿童虐待的相关理论，并采取实证的研究方法探讨我国儿童受虐现状及其特点，并进一步探讨儿童虐待对社会适应的影响机制与干预对策。研究采用的方法有：

（一）问卷调查法

问卷调查法是社会科学研究中运用较为广泛的研究方法之一，主要是通过书面的方式，根据严格设计的题目或问题向研究对象收集资料和数据的一种方法。

本研究按照分层整群随机抽样的原则，各省抽取义务教育阶段4年级至9年级1,500名左右学龄儿童作为调查样本。借助统计分析技术对我国遭受虐待的学龄儿童在不同受虐类型、性别等人口学变量上的差异进行分析，并进一步分析不同样本在受虐程度上的差异，了解和分析我国学龄儿童遭受虐待的现状、特点及影响因素等。

（二）心理测量法

心理测量是指依据一定的心理学理论，使用一定的操作程序，给个体的心理健康等心理特性和行为确定出一种数量化的价值。

采用方便整群抽样的方法，运用相关心理量表对受虐儿童进行社会适应及情绪调节能力、心理韧性、自尊等因素进行测量。基于心理测量的数据分析受虐经历与情绪调节能力、心理韧性、自尊等因素之间的关系。通过结构方程模型进一步探讨受虐经历对儿童社会适应性发展影响的路径及作用大小，明晰不同心理变量在受虐儿童社会性发展过程中的具体作用。

（三）实验法

实验法是一种按照某种因果假设设计的，在高度控制的条件下，通过人为操纵某些因素，以检定两种现象之间是否存在因果关系的研究方法。作为一种特定的研究方式，实验法涉及三对基本要素，即研究的自变量与因变量；前测与后测；实验组与控制组。

采用方便整群随机抽样方法，选取学龄儿童中部分受虐儿童为被试，将其随机分成实验组和控制组。对实验组被试进行情绪调节能力和应对方式提高干预训练，在为期 8 周的时间内实施行 4 次干预训练；对控制组儿童则不采取任何干预训练措施。通过比较实验处理前后两组儿童社会性发展水平的差异来检验和比较分析干预训练的效果。

第二章　儿童虐待的文献综述

本章内容结合前人研究文献，对儿童虐待的概念、类型及发生特征进行梳理，并分析了儿童虐待发生的影响因素及儿童虐待对个体发展的影响表现，进一步梳理了当前儿童虐待干预的基本内容和文献和主要方法。

第一节　儿童虐待概念的界定、类型及特征

一、儿童虐待的概念

什么是儿童虐待？相当长一段时期人们并未对此达成共识。由于种族、文化、经济状况、社会价值观的不同，人们对儿童虐待的理解存在一定差异，并由此导致人们在儿童虐待的定义和分类等问题的认识上存在一定差异(杨子尼，丁宗一，2003)。

Kempe 等(1962)早期认为儿童虐待是指“被殴打儿童综合症”，具体指父母故意对婴幼儿实施暴力而造成的可以诊断的身体伤害。随着时间的发展，人们将儿童虐待的对象由婴幼儿逐渐扩大到 18 周岁之前，而虐待的形式也由躯体虐待扩展到包括躯体虐待、性虐待及一些非身体伤害的心理虐待和忽视等形式(乔东平，

谢倩雯,2015)。

Willan(1986)认为儿童虐待是父母或监护人故意对16岁以下儿童施以或允许施以躯体或情感伤害,或忽视必需的监护行为。英国1989年《儿童法案》规定,凡是影响儿童生理的、智力的、情绪的、社会的或行为的发展的行为,都属于儿童虐待的范畴。美国认为儿童虐待是有一个明确的、极有可能的或可能的有意行为,这种行为对儿童造成了伤害或有可能造成伤害(Thomas,Leventhal,&Friedlaender,2001);土耳其将儿童虐待定义为任何看护人对儿童直接施加的痛苦的创伤性打击并留下伤痕且持续48小时以上(Oral,etal.,2001)。

美国对于躯体虐待、情感虐待和性虐待均有明确规定(Trickett,Mennen,Kim,&Sang,2009),认为躯虐待指"有一个很明确的、极有可能的或可能的有意行为,对儿童造成了伤害或有可能造成伤害";情感虐待是指"监护人的一种重复的行为方式,这些行为方式向儿童传递了他们没有价值、有许多缺点、不可爱、有危险、多余、无用或只有在满足别人需要时才有用的信息";性虐待指"成年人对儿童施以性刺激以满足自己性冲动的行为,包括带有性刺激目的的亲吻、拥抱、骚扰儿童身体;玩弄儿童性器官;强迫性交、乱伦和逼迫儿童卖淫";忽视包括身体忽视和情感忽视等,其中身体忽视是指监护人忽视了对于孩子的身体照顾,如衣着、住所、事物等;情感忽视是指没有给予孩子足够的爱,父母长期或极端的虐待,拒绝对儿童心理上的关心和爱护、拖延或者没有给予心理上的安慰,忽视了儿童的情感需要,任其滥用毒品,任其有不当行为。在不同形式的儿童虐待中,忽视的发生率不仅是最高的,对儿童身心健康的影响也是最大的(Maughan&Moore,2010)。儿童虐待通常不会以单一形式出现,会以多种类型一同出现,也就是说儿童虐待一旦发生，不会仅仅只是躯体虐待、性虐待、忽视中的一种，而是两种或多种一起出现（Trickett，et al.，2009）。

“防止虐待和忽视儿童国际组织”（简称 ISPCAN）对比并分析 58 个国家关于儿童虐待的定义，发现了这些定义存在一些共识，认为这些定义具有一些普遍认可的、框架式的基本内容，主要有：① 儿童当前或长期性收到伤害（这些伤害包括身体方面和心理方面的）；② 儿童受到的这些伤害事由某些有意或者疏忽行为所导致的；③这些行为实施者可能是父母或其他监护人或照顾或管教儿童者如亲属、教师等；④这些实施者利用本身的特殊条件如年龄、身份、知识等对儿童造成伤害（Gough，1996；Kaplan，1999）。

世界卫生组织（WHO）认为，儿童虐待是指对儿童有义务抚养、监管及有操纵权的人做出的足以对儿童的健康、生存、生长发育及尊严造成实际的或潜在的伤害行为，包括各种形式的躯体和（或）情感虐待、性虐待、忽视以及对其进行经济性剥削（Carol，1999）。2014 年，世界卫生组织在《全球暴力预防状况报告》中明确指出，儿童虐待是指对 18 岁以下儿童的虐待和忽视，是指在相关责任、义务和能力的条件下，各种形式的躯体和/或精神的虐待、性虐待、忽视、商业的或其他的剥削，并导致儿童的健康、生存、发展以及尊严受到实际的或潜在的伤害（世界卫生组织，2014）。儿童虐待不仅发生在子女和父母之间，任何照顾或管教儿童的个体危害或损害儿童身心健康发展的任何行为均被视作儿童虐待。

二、儿童虐待的类型

当前关于儿童虐待的分类主要有两种观点。一种是将儿童虐待分为 4 类，如身体虐待、情感虐待、性虐待、忽视（王大华，翟晓艳丽，辛涛，2009）。这四种类型中，除了严重的躯体虐待和性虐待这两种类型存在共识之外，其他几种虐待类型目前均未存在统一且确切的定义和标准。还有一种观点是将儿童虐待主要分为虐待和忽视两个方面。这两种虐待的性质无论是在动机、影响因素还是作用机制等方面均存在明显不同，一般来说，我国文化背景下人们大多认为虐待是指施虐者用残暴狠毒的手段对待其他个体，而忽视则是不注意、不重视的意思（杨世昌，2006）。

综观儿童虐待的不同分类，可能是以下几方面原因所致。首先，仅在性虐待上不同国家存在一定共识，可能是躯体虐待的定义与文化传统存在较为密切的联系，由于各地经济条件、风俗文化的不同而导致躯体虐待难以获得统一的标准。其次，精神虐待界定困难在于难以观察其具体表现且细节回忆困难，评估者难以通过实验或测量手段进行检测。精神虐待往往长期地影响儿童的心理发展，威胁着儿童的基本心理需求，因此研究者更需要将精神虐待作为儿童虐待的核心问题进行研究。再者，对于忽视的界定困难问题则在于它是一种特殊的虐待形式，大多研究者将照护者或社会对儿童养育的非故意性不作为行为称为忽视，它包括身体、情感、医疗、教育、安全和社会等多种方面，因此难以对忽视进行明确的界定和给出明确的判别标准。

根据世界卫生组织关于儿童虐待的概念界定，国际上一般把儿童虐待主要分为躯体虐待、性虐待、心理虐待、忽视等形式（Carol，1999）。下面对儿童虐待的主要是各类型进行详细阐述。

（1）躯体虐待

躯体虐待是指监护人未给予足够的照顾而给儿童造成躯体损伤。躯体虐待是最常见的一种虐待类型。父母常常以管教的名义对子女进行用手或者物体击打儿童、用脚踢、用力摇晃、用烟头烫或禁止进食或体罚等不当的行为（Riddle&Aponte，1999）。东方文化背景下，躯体虐待是一种较为常见的“管教”形式，也是发生率最高的儿童虐待类型（苏小路，2011），究其原因可能与施虐者对儿童虐待的认知存在较大关系。在我国群众认知率最高的躯体虐待行为主要包括受到家人用器械（如尺子、棍、棒、皮带等）的鞭打、被惩罚过重的体力活动、受到恶劣环境下的体罚等（周成超等，2006）。许多家长看来，儿童躯体虐待的定义是由体罚的强度来决定，体罚的严重程度越小，家长则认为是虐待的认知程度则越低，而那些对儿童躯体伤害较小的虐待行为往往容易被忽略，他们并没有考虑轻度躯体虐待的隐性后果。

有研究发现，儿童躯体虐待的发生率约为43.1%，其中虐待具体形式包括手打为91.0%，脚踢为3.5%，用器械打为4.4%（孟庆跃，王健，1994）。也有研究调查2,363名0—14岁儿童发现躯体虐待发生率为39.4%，其中虐待具体形式包括手打为67.0%，使用器械打为21.8%，脚踢为2.0%（凤尔翠，陶芳标，张洪波，王德斌，杨善发，苏普玉，2003）。

尽管儿童躯体虐待的发生率会因研究对象与测量工具的不同而存在差异，但不可否认儿童躯体虐待是一个较为普遍的现象。躯体虐待不仅出现于家庭中，也会出现在学校或其他教育机构中，如一些学校也常有体罚、挖苦、羞辱学生现象发生（Shumba，2001）。教师对学生躯体与情感虐待常见于不同文化中。在我国教师虐待儿童的案件中，农村地区高于城市（赵丹，李丽萍，2006），尤其在基层中小学校，教师体罚学生的行为更为频繁。躯体虐待所造成的伤害，主要表现为儿童表皮青肿、擦伤、骨折、甚者终生残废等躯体受损情况。严重的躯体虐待同时也可能导致儿童生理功能、心理发育、后期人格的形成遭到损伤，也是导致自杀的危险因素（Shearer，Peters，Quaytman，&Ogden，1990；stgaard，Heste-

tun, Loeb, & Mehlum, 2004)。躯体虐待经历会导致儿童的社会信息加工能力受损，遭受躯体虐待的儿童容易选择性注意环境中的敌意，并对环境刺激产生攻击行为(Pollak, & Tolley-Schell, 2003)。躯体虐待对儿童的危害往往会持续至成年时期，在儿童期遭到躯体虐待的个体在成人期更易患焦虑障碍、抑郁症、酒精或药物成瘾、人格障碍等精神疾病(Macmillan, et al., 2001)，较多遭受躯体虐待的儿童，成年后会成为虐待实施者甚至暴力犯罪者。儿童期躯体受虐者易将这种暴力行为持续传递给自己下一代，研究者将这种现象称为暴力的“世代传递”或者“暴力循环”(陈晶琦, 2006；张敏, 2007)。由此可见，躯体虐待对儿童及社会的危害巨大。

(2) 情感虐待

情感虐待是一种较为普遍且长期存在人类各个社会中的虐待类型，它包括父母或抚养者对儿童情感拒绝(辱骂、贬低、威胁、恐吓、孤立、漠视)或没有给儿童提供合适或支持的成长环境导致该儿童的情感和行为发育造成实际或潜在的严重损伤的行为(Krug, Mercy, Dahlberg, & Zwi, 2002)。情感虐待往往对儿童的心理发育、认知与人格发展、情绪调节等方面造成广泛的、隐性的、深层的且难以治愈的影响(Jellen, McCarroll, & Thayer, 2001)，使儿童认为自己没有价值的，感到自己是多余的，不值得被他人喜爱的。研究者(陶芳标等, 2006)发现，遭受情感虐待的儿童学习能力普遍降低；难以与其他孩子建立和维持满意的人际关系；社会情绪认知能力低；易产生消极情绪并难以自我调节；更有甚者会出现离家出走、药物或酒精成瘾、自残或自杀的行为。遭受情感虐待的儿童成年后患边缘性人格、偏执型人格、自恋、强迫观念及冲动的风险较对照组高(Johnson, Cohen, Smailes, Skodol, Brown, &

Oldham,2001)。儿童情感虐待可显著预测青少年以及成年后的社交焦虑及抑郁症状(陈丽华,郭海英,朱倩,卜钰,林丹华,2016)。虽然情感虐待的发生十分普遍,并易伴随着其他虐待类型出现,是一种看不见的灾难(王水珍,刘成斌,2003),但因较难测量其对儿童造成的实际或潜在损伤,所以容易被低估其危害性并被忽视,其中,在我国,言语侮辱和对儿童大喊大叫是最常见的精神虐待。

(3) 忽视

1981年,国际儿童福利联合会将儿童忽视行为明确界定为儿童虐待的主要类型(Gough,1996)。2009年,美国卫生与人类服务部公布在已证实儿童虐待受害者中忽视率为59.0%,并指出儿童忽视是最常见的虐待类型(Kaplan,1999)。

忽视会对儿童身体、智力认知、心理情感、社会交往等各个方面的发育造成长期影响,并且会伴随儿童成长而变得日益严重。儿童忽视引起了研究者的广泛关注,但是,迄今为止,世界各地对儿童忽视的定义一直未能达成共识。也有研究认为忽视是由于照顾者的不作为所导致儿童身心健康发展受到损害的行为(刘春玲,张旭琪,2008)。国外认为儿童忽视是由于父母缺乏照顾和监督使受到伤害的儿童不能及时接受医疗救治或将儿童置于不安全的环境等因素从而导致儿童受到伤害的行为。我国儿童忽视的定义为,由于监护人的疏忽,未能持续性地为儿童提供必需的照料、监督和教育等,以致儿童身心等方面的健康和发展遭到损害(焦富勇,2004)。

儿童忽视主要包括四个方面:①儿童的身心健康遭到损害;②儿童遭到的伤害是由于行为人自身疏忽所导致的;③行为人为儿童主要照料者;④这种伤害是由于儿童照料者利用自身的特殊条件(如年龄、身份、知识等)造成的(潘建平,2007)。有研究认为忽视是一种不同于其他虐待类型的虐待，认为行为人一般不存在故意或主观恶意，忽视者更可能是因缺乏对儿童需要的意识，而无意造成儿童的身心损伤(俞宁，2012)。故此，有研究者将儿童忽视概括为由于抚养者长期地、严重地忽略了儿童的基本身心需要，而对儿童的健康发展造成不良影响的行为(杨子尼，丁宗一，2003)。

当前主要将儿童忽视分为躯体忽视、情感忽视、医疗忽视、教育忽视、安全忽视和社会忽视 6 个方面(俞宁，2012)。躯体忽视是指行为人未能为儿童提供正常成长所必须的生活需要；情感忽视是指行为人未能给予儿童生长需求的关爱，忽略了与儿童心理和感情的交流，未能满足儿童健康发育的情感需求；医疗忽视是指抚养人忽略或拖延/延误儿童的医疗、卫生和保健等需求；教育忽视是指抚养者未尽可能地为儿童提供接受教育的机会，忽略儿童在知识、技能和智力等方面能力的开发。教育忽视分为两个方面，一个是指家庭教育，是在家庭环境中家长对儿童教育的忽视，另一个是指学校教育在校园环境中老师对儿童教育的忽视；安全忽视是指抚养人忽视儿童成长及生活环境中可能存在的安全隐患，使儿童遭受健康安全或生命危险；社会忽视是指由于社会发展不平衡或相关社会职能部门对保护儿童权益的关注度不够，从而导致社会结构中的一些问题造成儿童身心健康伤害。

(4) 性虐待

性虐待定义则因文化的不同而有所差异。美国虐待和歧视儿童中心认为，儿童性虐待是成年人为了满足自己的性冲动而对儿童实施性刺激的行为，这些行为包括带有性刺激目的的亲吻、拥抱、调戏或触摸儿童身体，玩弄儿童性器官，强迫儿童发生性交、乱伦和逼迫儿童卖淫等行为(蒲昭和，2002)。我国研究者(李成齐，

2008)将儿童性虐待定义为施虐者为满足自身性欲，通过暴力、诱骗、物质引诱等方式，对十八岁以下儿童进行性交、肛交、口交、故意磨擦其性器官等性侵入或性触摸行为。任何在儿童面前带有性暗示或性含义的包括暴力或非暴力的性骚扰、性侵犯等行为均可认定为儿童性虐待。其中值得重视的是，因儿童具有未独立、发育不成熟、未完全理解性行为含义的特点，无论儿童是否同意或自愿发生性行为，包括强迫十八岁以下儿童进行卖淫行为，均被认定为性虐待(徐汉明，刘安求，2002)。

儿童性虐待的内容较为广泛。徐汉明等人将儿童性虐待分为接触性活动和非接触性活动两个层次(徐汉明，刘安求，2002)。其中，接触性活动主要包括施虐者对儿童身体敏感部位(如乳房或生殖器)进行触/抚摸、亲吻或摩擦；迫使儿童对自己进行性挑逗或性挑逗式地触/抚摸、亲吻或摩擦身体敏感部位(如乳房或生殖器)；试图或强行与儿童进行性交(包括口交、阴道性交和肛交)等行为。而非接触性活动主要包括向儿童暴露自己的生殖器(露阴)；强迫儿童暴露自己的生殖器(窥阴)；在儿童面前手淫或对儿童进行性挑逗；强迫儿童一起观看色情影视片、淫秽图片或视频、目睹成人性交行为等。

目前，主要是采用自我报告法和确证法两种途径来认定是否存在儿童性虐待。

① 自我报告法。通过自陈问卷对事件进行回顾调查，从而判断儿童是否遭到性虐待。自我报告法能快速揭示大量群体的性虐待发生情况，但它受被调查者文化水平、理解能力限制，依赖被调查者的记忆、认知能力、易受动机性遗忘、记忆偏差或再造、个体否认等因素影响，易使结果发生偏差。所以，自我报告的结果不能验证儿童性虐待是否真实发生，故而一般将其运用于人数比较多的

回顾性调查中，评估发生率，描述性虐待在普遍人群中的发生情况。我国当前比较系统的自陈问卷是陈晶琦等人使用的《儿童期性虐待经历调查问卷》。该问卷涵盖了儿童可能遭遇的12种性虐待的具体情况，包括3种非身体接触性虐待、9种接触性虐待。该问卷易于理解，内容全面，并对我国中学生、卫校学生、大学生等群体进行了回顾性调查研究，其调查结果比较一致，信效度高（陈晶琦，韩萍，Dunne，2004）。

② 确证法。通过司法和医疗部门进行法律取证和临床生理检查验证儿童是否遭遇性虐待。要确认儿童性虐待是否真实发生，必须要经过医疗临床检查和司法程序取证，这种方法具有极高的信度，并使性虐待具有法律效益。但由于受到儿童对性行为的无知；自我保护意识低；不严重的性虐待行为易被人们忽视；传统文化对人们性意识的影响；有部分施虐者是熟人等多种因素的影响，它的检测率远远低于社会中性虐待实际发生率，不能代表社会中儿童性虐待发生的真实情况（Hunter，2006）。

性虐待与身体虐待及忽视存在着很大不同，主要表现在性虐待具有隐蔽性高、创伤严重且持久、预后效果较差的特点。在不同类型的儿童虐待中，性虐待所导致的后果最为严重。性虐待不仅导致受害者遭到躯体器质性损伤，还可能使受害者感染性疾病、怀孕等生理创伤（Bechtel，2009；Girardet，et al.，2009），此外，性虐待还会对受害者的认知、情感及行为造成消极影响，增加个体躯体及精神障碍的风险（De Souza，& e Silva，2010）。

三、儿童虐待发生的一般特征

不同国家和地区均存在不同程度的儿童虐待现象（Back，Jackson，Fitzgerald，Shaffer，Salstrom，& Osman，2003）。1999年

WHO 报告指出，全球有 4000 万以上的 14 岁以下儿童遭受虐待，且是需要医疗和社会照顾的（WHO，1999），美国儿童不良经历疾病预防控制中心（ACE）公布的数据显示仅 2012 年就有 1，640 名儿童死于虐待，日本 2013 年 1 月至 6 月遭受虐待的儿童则超过 1 万人。

不同文化背景下的个体在童年期均遭受过父母不同程度的咒骂等情感虐待。88.6％的美国父母，79.6％的加拿大父母，75％的斯里兰卡父母和约 80％的中国父母曾在孩子童年时对其实施过情感虐待（De Zoysa，Newcombe，& Rajapakse，2010；Clément，& Chamberland，2007）。Gilbert 等人（2009）发现在西方发达国家，每年约有 10％的儿童遭受情感虐待或忽视；有 5％—10％女性儿童和 5％的男性儿童遭受严重的性虐，且性虐待的施虐者主要是亲戚或熟人；约 4％—16％儿童遭受躯体虐待。遭受躯体虐待可能会导致一些能够对儿童生命构成威胁的内部或外部的损伤，其中头部外伤是最常见的一种。此外，颅骨骨折、视网膜出血、硬膜下出血等也是常见的损伤（Leeb，Lewis，& Zolotor，2011）。Straus 和 Savage（2005）对 17 个国家的大学生进行调查研究，结果发现有 3.2％—36.0％的大学生在童年曾遭受父母的忽视（Straus & Savage，2005），他们指出有 49.4％的青少年和 60.7％的青年人遭受忽视。根据巴西儿童和青少年暴力风险保护网络的数据显示，19，316 条家庭暴力记录中有 9，742 条（约占 57.0％）是与儿童忽视有关（da Silva Franzin，et al.，2014）。非洲开展的儿童暴力调查显示，非洲区域的儿童躯体虐、情感虐待和性虐待比率要比全球水平高。如在肯尼亚、津巴布韦、斯威士兰和桑塔尼亚共和国开展的调查显示，有三分之一的女童有性虐待史，男童报告在童年期遭受性虐待的比率在 9％（津巴布韦)—18%(肯尼亚)之间,这四个国家报告的同年躯体虐待率在53%—76%,且男童遭受虐待的几率要高于女童。还有一些针对儿童虐待的估计显示,全球有约四分之一的成年人(22.6%)曾在儿童时期遭受过躯体虐待,有36.3%曾遭受过情感虐待,还有16.3%是遭受过躯体的,而且没有性别差异。但是,在童年性虐待的终生患病率上,男童与女童之间有差异——男童患病率为7.6%,女童患病率为18%。

美国关于儿童虐待发生率的调查相对较为完善。据2003年的统计报告,全美约有180万儿童遭受虐待或被忽视(Cicchetti, 2004)。第四次(2005—2006)美国儿童虐待与忽视调查(NIS-4)结果表明,约125万名美国儿童曾遭受过虐待,约占儿童总数的1.7%(Sedlak, Mettenburg, Basena, Peta, McPherson, & Greene, 2010)。2009年美国儿童虐待与忽视数据系统(NCANDS)公布的美国2007年被证实的儿童虐待率相对于2006年的儿童虐待率下降了12%(Finkelhor, Ormrod, & Turner, 2007),2010年NCANDA公布的关于2008年被证实的儿童虐待率相对于对于2007年下降了3%,其中性虐待下降了6%(Finkelhor, Jones, & Shattuck, 2010),研究还发现,虽然儿童的虐待率有所下降,可是儿童虐待致死率并未下降。1999年美国对既往资料进行统计发现,儿童因虐待致死的人数在逐年增加,由1985年的每10万儿童总约有1.3个儿童因虐待而十万增至1995年的每10万儿童中约有1.81个儿童因虐待而十万(Sanders, Colton, & Roberts, 1999)。2009年有数据指出,2007年美国儿童虐待死亡人数由2006年的1530人升至1760人,涨幅为15%(Finkelhor, et al., 2010)。《2014年全球暴力预防状况报告》一书中指出,全球每年超过130万的人因各种类型的暴力而死、每天都有数以万计的人遭受各种非致命性暴力，这些暴力包含了儿童虐待。

目前国内还未有类似比较全面和详细的研究数据，但随着学者们对儿童虐待现象的关注越来越高，一些相关的研究成果相继发表。杨世昌等人(2004)的研究发现中国有 30.5%的儿童遭受虐待；杜文冉等人(2014)对唐山市城区的学龄前儿童进行研究发现，有 36.4%的儿童正在遭受着监护人的忽视；韩芳等人(2015)指出在昆明的 9—11 岁的农村儿童中，有 31.3%的儿童遭受忽视；彭淋等人(2014)的研究发现有 18.2%的儿童遭受性虐待，且女童的身体接触性虐待(11.22%)高于男童(8.25%)，杨林胜等(2004)在长沙市抽取 1,481 名学生进行调查，结果发现，儿童躯体虐待率高达 62.4%，严重的为 47.4%，非常严重的为 21.3%。儿童虐待不会一次就完，往往会反复出现。约有 8%的青少年报告早童年期遭受反复重度的躯体虐待，从把头按在水下到用脚踢；有 18.6%的青少年报告童年期反复遭受中度躯体虐待，从被迫吃难吃的东西到被用手或棍棒打臀部；有 14.4%的青少年报告童年期反复遭受情感虐待，从被用恶鬼等恐吓到责骂(陶芳标等，2006)。

儿童性虐待在女童中的发生率较高于男童(陈晶琦，2004；Audu, Geidam, &Jarma, 2009；Nalavany, Ryan, &Hinterlong, 2009；牛红峰，楼超华，高尔生，左霞云，冯永亮，2010；McGee，Garavan，Byrne，O'higgins，&Conroy，2010)，施虐者以男性居多(Audu，Geidam，&Jarma，2009)。我国针对大学生儿童期性虐待的回顾调查数据表明，儿童性虐待的发生率大概在 18%—26%左右(陈晶琦，2004；孙言平，董兆举，衣明纪，孙殿风，2006)。儿童性虐待因研究群体及研究工具的不同其发生率也存在一定差异，也有部分调查结果显示我国部分地区性虐待发生率为 0(李丽，谢光荣,2012)。性虐待作为一种发生率较高的儿童虐待类型,调查结果显示为0的原因可能是性虐待总是伴随其他虐待形式出现,并且性虐待具有相对隐蔽、界定困难的特点,也可能于它易被隐瞒、检出率较低有关。非接触性性虐待发生率高于接触性性虐待发生率(孙洪涛,赵丹,袁同春,陈利,2010),最主要的接触性活动是行为强迫性触摸,非接触性活动是施虐者暴露自己(Schönbucher, Held, Mohler-Kuo, Schnyder, & Landolt, 2011)。在一项关于巴西的研究显示,熟人是侵犯者的主要来源(其中邻居29.7%、继父11.4%、父亲9.4%、叔叔8.4%)(Monteiro, Teles, Castro, Vasconcelos, Magalhães, & Deus, 2008), Audu 等(2009)也提出熟人(家人、亲戚、邻居、教师、朋友等)是身体接触性虐待的主要作恶者;在我国性虐待施虐者主要是陌生人(40.3%),其次是同学或朋友(23.9%)、家庭成员或亲戚(11.3%)(牛红峰等,2010)。一项印度的研究也表明邻居和陌生人是最常见的侵犯者(Malhotra, 2010)。究其原因,可能是各国的社会文化不同,导致不同地域的儿童性虐待施虐者群体也存在一定差异。

第二节 儿童虐待发生的影响因素

对现有研究进一步分析发现,导致儿童虐待发生的影响因素较多。美国国家科学院提出儿童虐待的发展生态模型,该模型考虑了儿童虐待发生的风险和保护性事实,作为系统的一部分,在四个嵌套的层次上相互作用,这四个嵌套的层次分别为个体、家庭、外部系统(包括邻里)和社会(NationalResearchCouncil, 1993)。下面主要从施虐者及受虐者个体自身因素、受虐者与施虐者的交互关系、环境因素等三个方面探讨其对儿童虐待发生的影响。

一、个体因素

(一) 性别

性别在儿童虐待上是否为一个显著的差异变量,在学术界争议颇多。不同类型的虐待在受虐者性别上存在不同,我国多项研究发现,男童躯体虐待的发生率高于女童,并且遭受虐待程度更加严重(杨林胜,赵淑英,尹逊强,黄涛,2004;陈晶琦,2006),但是轻度躯体虐待和情感在性别之间则不存在显著性差异(孟庆跃,刘兴柱,1994),而中度及重度躯体虐待上则男童明显多于女童。

根据法医学和临床医学提供的儿童虐待案例显示,在受虐者性别上,女童受身体接触性虐待的几率高于男童(钟康安,梁东,曾艳群,莫恭玮,1997;彭淋等,2013),就性虐待的发生率而言,女童遭受性虐待的几率大于男童(孙言平等,2006)。然而,在非身体性接触的性虐待或较为严重的儿童性虐待案件上,不同性别儿童间则无显著性差异(谷来有,迟淑艳,张兆华,2005)。在性虐待与性别的关系上,赵幸福等(2004)认为男童较女童有更严重的躯体和性虐待行为,并且儿童虐待总分更高。

在情感虐待和忽视的总体描述上研究结果存在一定差异。Arata 等人(2007)发现情感虐待在性别上差异不显著。在具体的情感虐待的行为上如在目睹暴力和辱骂型言语攻击上,男童所遭受的频率和强度均显著高于女童(陈晶琦,廖巍,2005)。在儿童忽视的检出率上,有研究表明(Office,1999)男童与女童在忽视的检出率并无差异,但也有研究者(韩芳,秦明芳,马春明,潘建平,焦锋,2015)指出男童忽视检出率高于女童,男童的性别可能是遭受忽视的危险因素之一。

从施虐者来说,儿童虐待的施虐者为家庭成员的可能性远大于非家庭成员，而在家庭成员中亲生父母施虐的可能性要高于继父母；在性别上，女性家长是儿童虐待的危险因素，母亲对自己孩子的攻击性明显高于父亲（Appel & Holden，1998）。近年来，女性家长比男性家长采用轻度暴力的比例明显升高（Hillis，Mercy，Amobi，& Kress，2016），但致命性的头部损伤，骨折等其他高强度伤害的施虐者往往是男性（赵幸福等，2004），对儿童实施性虐待的也多为男性。

（二）年龄

年龄也是儿童虐待现象发生的影响因素之一。有研究发现儿童虐待的总体发生率从儿童 3 岁开始，6—11 岁儿童虐待的比例则出现明显上升，而 9—11 岁升至最高，12 岁后则开始减小（刘文，邹丽娜，2006）。在这之后年龄是儿童虐待的保护因素，儿童虐待的发生率会随儿童年龄的增长而降低。刘文等人还发现，儿童虐待的施虐者年龄在 20—30 岁之间的虐待者最多，其次是在 30—40 岁之间，儿童虐待的发生率会随施虐者年龄的增长而降低。可能年轻的父母会因缺乏生活经验和养育技巧而对孩子产生虐待行为；或者也有可能与孩子长大，父母发现需要尊重孩子为一个独立的个体有关。国外学者也认为青少年父母是儿童虐待的一个风险因素，Dosari 等人（2017）研究发现，经常对儿童进行躯体惩罚的父母比没有躯体惩罚现象的父母要年轻 5 岁左右。

孟庆跃（1994）研究发现，不同类型的儿童虐待在不同年龄阶段具有一定差异性，在美国婴幼儿较年长儿童更易受到躯体虐待和性虐待（Jones，1992），大多躯体虐待发生在 3 岁以下（Kempe，et al. ，1962）；学龄前和小学期儿童受父母体罚的发生率较其他年龄段要高（陈晶琦，廖巍，2005）；躯体虐待在婴儿期和小学发生率最高，而初中多见性虐待（Ikeda，1991），随儿童年龄增长，性虐待的发生率也随之升高。而不同年龄段儿童遭受精神虐待的发生率则无明显差异(Claussen & Crittenden,1991)。年龄也是儿童躯体虐待的保护因素之一,年龄越大,躯体虐待的发生概率越小。

(三) 人格特征和认知水平

1. 儿童人格特征和认知水平

研究表明,儿童虐待同学习态度与学习成绩相关,儿童的学习成绩是影响父母虐待或忽视行为的主要因素,学习成绩差的儿童易遭到父母的躯体,情感虐待及忽视(孟庆跃,刘兴柱,王健,黄思桂,1994;李景壹,陈晶琦,张文静,赵晓侠,冯亚男,2014)。张敏(2007)也指出越厌恶学习,学习成绩越下等者越易发生儿童虐待,并且发现那些认为父母期望太高的学生自评儿童虐待问卷的总分显著高于不认为父母期望太高学生,所以儿童虐待的发生可能不止与儿童自身学习成绩好坏有关,还与父母对于孩子的期望有关。儿童学校表现差、语言发育迟缓、社交能力差、外显行为(攻击性行为、不良行为等)、内隐行为(焦虑、抑郁、悲伤情绪等)等自身特点或行为会显著增加儿童虐待的发生(Veltman & Browne,2001;Gao,Atkinson-Sheppard,& Liu,2017),在相同的社会经济背景条件下,有学习障碍的学生在性虐待、躯体和情感虐待方面的发生率明显高于无学习障碍和社会行为障碍的学生(Reiter,Bryen & Shachar,2007)。

儿童情绪不稳可能是童年期虐待的一个危险因素,脾气古怪,性格孤僻,容易制造麻烦,对同伴及动物缺乏同情心,对人攻击性强,缺乏是非感,罪恶感,且屡教不改的儿童更易遭到虐待(杨世昌,2003)。另一方面,父母对儿童的虐待行为又会导致儿童产生难以控制情绪,易焦虑、紧张、发怒、抑郁的后果。长期遭受虐待的儿童情绪易激动、行为易冲动、难以被说服、固执、父母难以通过言语教导，继而对其施虐，恶性循环。

与健康者相比，患有慢性病，先天性疾病或身有残疾的青少年儿童虐待发生率较高。早产、童年期患病、外貌缺陷、能力缺陷等因素也是儿童虐待和忽视的重要风险因素。具有难以抚养气质类型的儿童比其他气质类型的儿童受到虐待的可能性更高（Weiner，1996）。困难型气质类型的孩子和吵闹的孩子更可能受到父母的躯体虐待，破坏性行为的水平高的儿童更易遭到儿童虐待，孩子有不良的行为或冲动性控制困难问题的父母更会动手打孩子（Al Dosari，Ferwana，Abdulmajeed，Aldossari，& Al-Zahrani，2017）。Berenbaum 等人（2008）在研究中也发现，分裂人格特质是儿童虐待的相关因素，有分裂人格特质的儿童会因人格特质导致的情绪或社会行为问题在儿童期更容易遭到父母的虐待。与高智能或智力正常的儿童相比，智能低下的儿童也更易导致儿童虐待的发生，甚至被抛弃致死（杨世昌，张亚林，2001）。但是在这一方面，国内外并未达成一致共识。不少学者认为，儿童虐待的发生与儿童自身的表现并无太大关联，影响儿童虐待的发生的因素是父母或监护人对儿童表现的感知与期待。Stratton（2010）指出这是父母的个人归因偏差导致的，虐待型父母往往对孩子做出消极归因，这样的归因方式导致父母将自己孩子的行为看作是更可控的、更个人化的，所以他们更容易产生生气的情绪反应并导致虐待行为的发生。

2. 施虐者的人格特征和认知水平

Weiner 的研究表明，与非虐待型的父母相比，虐待型的父母更缺乏同情心，这类父母缺少生活经验和养育技巧，缺少对子女应有的耐心与爱心，更容易表现出对子女控制与敌对的态度。由此可见，施虐者自身的人格特征或者认知水平会影响儿童虐待的发生。

父母对儿童虐待的认知是影响童年期虐待发生的危险因素之一。儿童期躯体虐待发生率与施虐者对儿童虐待的认知有极大关联(周成超,王建新,宋晓飞,2006)。在家长眼中,儿童躯体虐待的定义由体罚的强度而定,虐待对儿童躯体伤害严重程度越小,家长的认知程度越低,越易忽略其隐性后果,故而轻度躯体虐待行为往往不被视为一种虐待行为,发生率更高。

有研究者(Klevens,Bayon,&Sierra,2000)发现具有受教育程度低、经济条件差、自尊心不强、易冲动、患精神疾病、物质滥用、有反社会行为等这类人格和行为特征的个体是实施儿童虐待的高发人群。父母对孩子抱以的期望值也会影响儿童虐待的发生,若父母对子女的成长抱有不切实的期望,就会增加儿童虐待发生的可能(Buchholz,&Korn-Bursztyn,1993)。只接受过小学及以下教育的父母,其子女受虐的危险度明显增高(Klevens,Bayon,Sierra,2000;Sidebotham,Golding,&ALSPACStudyTeam,2011),国内也不乏大量学者认同这一观点(杨林胜,赵淑英,尹逊强,2004;刘文,邹丽娜,2006;陈晶琦,韩萍,连光利,Dunne,2010),基本一致认为母亲的文化程度与儿童虐待及忽视有极大相关,母亲的文化水平越低,孩子遭受儿童忽视的可能越大。李景壹等人(2014)认为母亲是儿童在生活或感情上的依赖者,在教育孩子时文化程度较高的母亲更注意教育的方式,更能够与孩子进行有效沟通交流,形成良好的家庭氛围;而文化程度较低母亲,往往没有意识到孩子成长的需要,从而造成了儿童的忽视问题。

此外,父母健康状况较差、有不良行则也会增加儿童虐待发生的可能性。有研究发现,受虐儿童家庭中 19.8%的父母酗酒、14.3%的父母为病态人格、12.6%的父母为精神障碍、3.4%的父母吸毒(Ikeda,1991)。其中,精神病理学症状不单是儿童期虐待一个常见的后果,同时也是潜在的儿童虐待的一个危险因素。Rodrigucz 等(2016)指出精神病理学症状增加了儿童虐待的可能性。精神症状干扰准确的归因,损害判断,恶化功能和情绪调节,最终导致患者的有效父母能力遭到损害 Berg-Nielsen, Vikan, & Dahl,2002;Rodriguez, Smith, & Silvia,2016)。与父亲相比,母亲患有精神病理学症状、酗酒或赌博导致儿童受虐的危险程度更高。

父母的受教育水平、职业、经济状况与儿童虐待的关系在国内外学者的研究中仍有一定争议。有研究认为父母的文化程度水平与躯体虐待的发生率无显著相关,高学历的父母同样也会对自己的子女实施体罚等暴力行为(陈晶琦,2005),也有研究者认为父母的文化程度与躯体虐待行为的发生率显著相关,即学历越低的父母越容易对自己的子女拳打脚踢(Klevens, & Bayon,2000)。对湖南家庭暴力流行病的调查研究发现,湖南当地 600 户中的 70 户施暴组与 70 户非施暴组在人口学变量职业、婚姻状况、经济状况、居住条件、受教育年限上差异无显著性(杨世昌等,2006)。研究结果表明,在负性生活事件分值及生活事件总分的比较上,施暴组均高于非施暴组。儿童虐待的危险因素是复杂的,虐待孩子的父母不一定总是处在社会的底层,拥有良好职业、婚姻、优越经济和居住条件、高受教育程度的父母也可能对孩子实施虐待行为。

二、受虐者与施虐者的交互作用

儿童虐待的影响因素是复杂的,儿童虐待的发生并不是单单受到施虐者或受虐者个人因素的影响,也取决于两者间的交互作用。儿童虐待还受父母与子女交互关系的影响(王大华,翟晓艳,辛涛，2009)，其交互关系包括父母对其子女的认知(如过高或者过低的期望)、父母与子女的关系；与子女的互动方式等因素都是儿童虐待发生的主要影响因素。

（一）父母对子女的态度及亲子互动方式

父母对待子女的态度是儿童虐待发生的危险因素之一，父母对孩子抱有的不切实际的期望或对子女生理与智力情况感到不满时会促进儿童虐待的发生(Reece，& Christian，2008；Klevens，Bayon，& Sierra，2000)。当子女难以满足父母的期望或父母认为子女是一个令人头疼的问题时，父母对待子女的负面感知加强，从而就会对子女产生虐待行为。相应地，虐待行为会造成儿童身心伤害，易使儿童出现社交行为退缩、学业不良等因素，如此恶性循环，进而导致虐待行为持续发生(杨世昌，2003；张敏，王礼桂，邢艳菲，2007)。

实施虐待行为的父母与儿童之间缺乏积极主动的互动，有虐待倾向的父母更易对儿童的行为做消极和充满敌意的归因，匮乏积极亲子互动也会增加父母虐待子女的可能(Gao，et al.，2017)。王付曼等人(2011)指出家长对待亲子互动的态度是儿童期虐待的预测因素，父母亲子互动重要性和必要性的认知是改善亲子关系的重要策略，当父母认可积极地亲子互动形式时，孩子受到情感忽视的发生率降低。亲子互动关系越好的家庭，儿童问题行为发生的可能性越低(余晓敏，2010)，因此，可以通过增进父母对自己子女和儿童虐待的正确认识，提高父母积极亲子互动的意识，改进父母的行为，提高亲子互动关系从而降低儿童虐待的发生。

（二）父母对子女的教养方式

父母的教养方式是儿童受虐的直接影响因素之一，虐待子女的父母往往采用一种更为严厉，拒绝过度干涉或保护的教养方式

(杨世昌,张亚林,郭果毅,黄国平,2003)。杨世昌(2003)通过对85名虐待组,196名非虐待组被试进行比较分析,结果发现,遭受虐待的个体其父母与未遭受虐待个体的父母相比,其子女养育方式明显不同。遭受虐待组的父母在情感温暖、理解上的得分均低于为遭受虐待组的父母,并且在惩罚、严厉、拒绝、否认及过度干涉与保护上均高于未受虐组,相比而言,实施儿童虐待的父母情绪更加不稳、掩饰倾向低更加不善于应变而去掩饰自己避免受虐。值得注意的是,杨世昌和张亚林(2004)认为溺爱这种教养方式,影响了子女后天人格的形成,同样是一种对子女的虐待行为。因此,父母教养方式与儿童自身性格的交互可能是儿童虐待现象发生的重要影响因素。如上文提到,由于儿童因易冲动,易发怒,缺乏罪恶感等个性原因,家长屡次说服但无效,继而招致虐待,儿童不良的性格与父母错误的教养方式交互,如此往复并恶性循环。研究发现,父母采用情感温暖与理解的养育方式时,儿童较少出现抑郁、社交行为退缩、攻击性行为等问题(赵晓侠,陈晶琦,冯亚男,金怡晨,刘成凤,于卜一,2015;王秀珍,郑直,唐玉和,杨海英,王建文,2006),也有研究认为,父母的依恋类型也是儿童虐待的一个重要影响因素(张迎黎,杨垣,梁炜,2011)。

(三) 家庭环境

Bronfenbrenne的生态系统理论认为,家庭环境(微环境)对于个体的发展尤为重要。家庭基本功能的健全,对儿童的生理、心理和社会性等发展更为有益。家庭功能良好的儿童虐待和忽视的发生率较低,家庭基本结构与功能的良好是防止儿童虐待发生的有效措施和保护因素(Sheridan,1995;顾超美,2012)。

1. 父母的婚姻状况与家庭稳定程度

稳定的父母婚姻状况对儿童虐待具有重要影响作用。研究表明子女受虐的危险程度随父母婚姻类型的不同而为之改变(杨世昌,2003;李彪,2005;张敏,2007)。引起注意的是儿童与照看者不存在血缘关系也是儿童虐待现象发生的一个重要危险因素(Krug,et al.,2002)。与正常家庭(亲生父母共同抚养)的孩子相比,离异家庭或重组家庭的孩子及孤儿遭受儿童虐待的危险性更高(Sedlak,et al.,2010)。单身母亲实施躯体虐待的机率是正常家庭母亲的3倍多(Straus, Hamby, Finkelhor, Moore & Runyan,1998),单身母亲因为常缺乏社会支持,而导致自身的健康状况,经济状况,心理状况面临极大的挑战,因此会对其子女"棍棒相待",从而导致儿童虐待的发生。并且与正常家庭相比,单亲家庭的孩子更易遭到情感忽视,儿童躯体虐待与父亲丧失有关,其中单亲家庭是中度及重度躯体虐待的危险因素。单亲家庭孩子情感虐待与躯体虐待的发生率均明显高于双亲家庭的孩子(陶芳标等,2006)。家庭的完整与和睦对于儿童的健康发展是十分重要的,多与孩子进行有效的沟通,多给予孩子语言与非语言的鼓励可以大大减少儿童忽视的发生。

家庭的不稳定性,如父母婚姻冲突常发会增加儿童的躯体虐待发生的概率(Furstenberg,2007;Dosari,& Ferwana,2017)。家庭暴力与儿童期虐待往往同时发生。在已调查的儿童虐待事件中,40%以上也伴有家庭暴力的发生(段亚平,李长山,孙言,孙殿凤,2006)。儿童躯体虐待更可能发生在没有稳定居住环境的家庭中,并且间接的反映了家庭收入问题(Dosari et al.,2017)。

2. 家庭经济水平

在个体因素中我们提到施虐者自身文化程度,职业,经济状况与儿童虐待发生的关系,但是近年来有研究者发现家庭经济水平也是儿童期虐待的一个重要影响因素,特别是在忽视这一类型上,家庭经济水平的影响尤为显著。

家庭社会经济水平是儿童虐待的危险因素之一。早在1978年，Pelton就提出严重的虐待（致死案例）多发生于赤贫家庭。Sedlak等人（2010）提出较低的社会经济地位和父母的失业状态会增加儿童虐待发生的概率，这样家庭环境下儿童虐待发生的可能性是正常家庭的3倍，而忽视的发生概率则是其他正常家庭环境下的7倍。Slack等人（2011）的调查数据也表明低收入家庭儿童忽视的检出率明显高于高收入水平家庭，可能的原因是经济水平低给父母带来极大的压力，导致父母不能为其子女提供充分的监护和抚养能力，无法对子女的保健和教育等生活方面进行保障，父母迫于生计的压力、使父母暴露于社交孤立及居住于资源缺乏社区的环境中，忽略了自己子女的生理及情感上的需求，导致儿童虐待及忽视的发生。

3. 家庭子女个数（居住环境）

家庭子女个数是儿童虐待的危险因素，过于拥挤的家庭居住环境会增加儿童虐待的发生（张敏，王礼桂，邢艳菲，2007）。有研究数据表明，随子女人数的增多、家庭月收入降低，家庭中儿童虐待的比例明显增高。Finkel（2002）指出家中子女较多，导致产生的居住环境过于拥挤，父母经济压力大，家庭中的矛盾多，家庭的稳定性低等其他问题可能会使家庭成员基本的生活需要难以得到满足，从而导致儿童虐待的发生。刘娟娟（2008）认为家庭成员的增多会减弱个体自身对压力的应对或得到援助的能力。而家庭成员的增多导致家庭结构经常发生变化，使父母容易忽略自己子女的长期生理及心理需求，使儿童虐待发生的可能增大。通过对比独生子女家庭与非独生子女家庭的儿童忽视检出率，研究发现非独生子女家庭的儿童受忽视的可能明显大于独生子女（张东枚，郑海英，邹宇华，2006；韩芳，秦明芳，马春明，2015）。

4. 家庭中暴力的代际传递

父母实施儿童虐待的风险往往与代际虐待模式有关：被虐待的经历或目睹虐待的经历增加了今后施加虐待的风险。近年来，研究人员研究了父母自身的儿童期虐待的历史（包括目睹暴力）和成人期婚姻内的虐待行为——亲密伴侣暴力（IPV）的经历与成人期对子女虐待的关系，并探讨了这些经历是如何将虐待儿童的风险传递给下一代（Trickett，Noll，& Putnam，2011）。

儿童虐待产生的负面影响较为持久，对儿童未来生活影响较大。陈晶琦（2007）指出儿童虐待会对儿童的身心健康、自尊心、认知、情感等方面造成不良影响。已有医学临床实验证明，遭受虐待的儿童易受到负面情绪的影响，这种危害可能会持续到成年时期（Sandberg，Feldhousen，& Busbya，2012）。受虐儿童较之未受虐儿童更易出现如抑郁、焦虑、创伤后应激障碍等问题，受虐儿童不善于处理人际关系，缺乏沟通和应对技能，情绪调节困难，更容易产生压力，故而会出现更多的攻击性行为或违法犯罪行为。也有大量的研究发现，童年期的虐待经历会对儿童的人格发展产生影响，造成成年时期的人格问题（杨琴，2012；陈孜，卢溪，何骢，陆阳，杨曦，2012）。其中，躯体虐待、躯体忽视及情感虐待、情感忽视对儿童人格形成的影响较大，而性虐待对儿童人格形成造成的损害较小（李思友，2017）。有研究者（Jaser，Whittemore，Ambrosino，Lindemann，& Grey，2007）认为，有心理问题的父母更易持有批评的态度，和孩子互动时容易充满敌意和愤怒，更易对儿童进行躯体惩罚和躯体攻击。

父母童年期的受虐经历或目睹家庭暴力也是儿童遭受虐待的危险因素。国外研究认为在儿童期遭受虐待或目睹家庭暴力的父母成年后更易对自己的孩子施加轻度或重度的暴力行为(Klevens, Bayon, & Sierra, 2000; Black, Heyman, & Smith Slep, 2001)。Ertem 等(2000)对儿童虐待的代际传递进行分析发现,经历过儿童期虐待的成年人对自己子女施加儿童施虐的相对危险系数较高。Gil-Gonzalez 等人(2008)在研究中同样也提出男性家庭暴力躯体施暴行为与儿童期虐待呈显著正相关。Bartlett 等(2017)发现遭受儿童期虐待的母亲虐待自己子女的概率高达72%。目睹家庭暴力对虐待行为代际传递的影响深远(Cappell, & Heiner,1990),其中对男性儿童造成的影响更为显著(Cannon, Bonomi,Anderson,& Rivara,2009),甚至有研究者认为目睹家庭暴力会对儿童的身心、社会情感及行为造成直接而深远的影响,并将目睹家庭暴力视为儿童虐待的一种形式(Jaffe,Wolfe,& Wilson,1990)。

儿童时期遭受虐待的父母,也极有可能虐待自己子女。父母小时候的躯体虐待经历(如徒手打、踢踹等)是对自己孩子进行躯体伤害的危险因素(孟庆跃,1994)。陈晶琦也发现有童年期被羞辱经历的父母更容易对自己的子女实施精神虐待。有研究发现,不同的儿童虐待类型及虐待总分、目睹家庭暴力得分上均有显著差异,其中遭受严重躯体施暴行为且代际传递者组的各个分数均是最高,儿童期目睹家庭暴力的个体在成年后也更易实施虐待行为(柳娜,陈琛,曹玉萍,张亚林,2015)。研究者将这一现象称之为“暴力循环”(Adams,2005)。并且,在家庭暴力的代际传递上存在一定的性别差异。首先,目睹父亲对母亲施暴比母亲对父亲施暴对于暴力的传递会造成更强的影响。其次,儿童期受虐的男性在成年后更易扮演家庭中的施暴者,而儿童期暴露于暴力环境的女性在成年后更易在家庭中扮演受虐者(柳娜,张亚林,2012)。将仍或曾经处于亲密关系的伴侣（如夫妻、男女朋友等）之间以各种形式（包括身体、心理、性等多个方面）的暴力行为称为亲密伴侣暴力（intimate partner violence，简称 IPV）。近年来，有许多学者开始研究儿童期虐待和亲密伴侣暴力（IPV）的相互关系。许多证据将儿童期虐待的经历与成人的虐待经历联系起来，认为家庭暴力与儿童期虐待的关系是相互作用且复杂的，儿童期虐待会加大成年期婚姻中的受虐可能，也可能会因受到亲密伴侣暴力而引发对其子女的儿童期虐待（Hamby & Grych，2013；Widom & Wilson，2015）。

班杜拉提出的社会学习理论对家庭暴力的代际传递进行了最早的解释（柳娜，张亚林，2012），受到虐待的父母会从自己的父母那里或从环境中学到虐待行为，并对自己的子女采用相同的行为（Gil-González，Vives-Cases，Ruiz，Carrasco-Portino，& Álvarez-Dardet，2007；Cannon，Bonomi，Anderson，&Rivara，2009）社会学习理论重视人的行为和环境的相互作用，强调观察、模仿、学习和自我调节对人行为的影响作用，认为人的行为，尤其是复杂行为主要通过后天观察和模仿习得。这一理论很好的解释了攻击行为的代际传递，但无法对受虐者的暴力行为进行很好的解释。Cummings 等人（2004）的研究验证了这一理论，在一个充满暴力冲突的家庭里，父母间的攻击行为无疑给儿童示范了最好的虐待教材。儿童可以模仿和学习父母的攻击冲动行为，并表示父母的暴力行为也可能是作为一种心理应激因素来增加儿童问题行为的发生。Akersd 等人（1995）对班杜拉的理论进行了补充，他提出了四个关键因素来解释受虐者的虐待行为：（1）模仿。受害者通过家庭环境中的虐待学习，并进行模仿。（2）定义。受害者自身所持有的价值观与对暴力的态度。（3）差异联结。受害者对待暴力的态度和行为会受到自身亲密关系任务对待暴力态度的影响。例如：当父母对待暴力的态度越积极时，其子女也越可能对暴力行为进行延续。(4)差异强化。受害者对暴力行为会进行收获和付出的权衡，当受虐者认为抵抗暴力比忍受暴力付出的代价更多时，就更倾向于选择忍受暴力。该理论解释了受虐者的施虐行为。

社会信息加工理论认为个体的行为是通过自身的决策加工机制来实现的，家庭暴力代际传递源于个体早期形成的敌意图式与社会信息加工缺陷，解释了个体内部心理加工进程与攻击行为的代际传递。杨世昌(2003)通过问卷反映出父母在对儿童进行体罚之后会强迫子女认为自己做错了事被体罚是应该的，这使在这种教养方式下成长的儿童的认知发生畸形，继而对自己的子女进行虐待。Dodge(1990)认为暴力行为获得的回报(如他人的顺从)会导致个体对外界形成敌意图式，导致自身社会信息加工模式出现偏差，较容易采用敌意归因对他人行为进行敌意归因。社会信息加工机制对个体未来家庭环境中的攻击新行为进行了很好的预测，但是不能解释受虐行为的代际传递。

依恋理论认为婴儿与母亲的互动关系会对个体发展及家庭关系产生影响，不健康母婴关系让婴儿在一个没有安全感的环境下长大，导致儿童早期依恋系统以及对自我和他人的表征被破坏，容易在新生家庭建立不安全成人依恋风格的个体内部工作模型，进而通过暴力或继续遭受暴力的形式维系家庭关系。其重视原生家庭中丈夫对妻子的亲密关系暴力对母婴互动关系的负面影响，很好的解释了亲密关系和亲子关系的虐待攻击代际传递行为，但是不能很好解释父婴间的互动机制，此外该理论过于强调依恋关系，忽略了文化、学习等机制对个体的相互影响。依恋理论认为由于在童年期遭受虐待行为或经历及目睹家庭暴力的父母容易敏感，这些父母对子女表现出不安全和杂乱无章的依恋(Levendosky, Lannert, & Yalch, 2012)。

有研究指出生理学遗传因素,如神经递质代谢酶单胺氧化酶A(MAOA)、儿茶酚氧位甲基转移酶(COMT 基因)都是攻击行为遗传学研究的候选基因,它们对儿童期虐待都具有调节作用。研究者发现童年遭受虐待并具有高活性 MAOA 的男性比童年遭受虐待但具有低活性 MAOA 的男性更少出现暴力行为(Caspi, etal., 2002)。王美萍和张文新(2010)提出 COMT 基因多态性与攻击行为呈显著的相关关系。这些生物因素证据在一定程度上对社会学习和社会文化理论在家庭暴力代际传递上的解释都有着冲击和动摇。

生态学理论支持虐待的代际传递是个体调解过程的结果,如学习文化纪律、不良情绪调节、敌意、特征、反社会特征和解离症状(Kim & Cicchetti, 2006)。其中,相比父亲,母亲儿童期的身体虐待严重影响了她们对儿童关系的看法与以后养育孩子的行为存在显著相关(Sandberg, Feldhousenb, & Busbya, 2012)。此外,Thornberry 和 Henry(2013)发现如果童年期虐待发生时间较早,儿童虐待发生在青春期或是遭受连续的儿童虐待都会增加父母在成年期成为虐待者的比率。

亲密伴侣暴力(IPV)是儿童虐待的一个危险因素(Tonmyr, Jamieson, Mery, & MacMillan, 2005),但 Milner 等人(2010)发现心理健康指标如产妇责任、养育子女或精神创伤症会调解施虐者自身受虐史与儿童虐待的关系,增加父母对儿童实施虐待的可能不是施虐者受虐史本身的存在,而是这些受虐史的背景和这些经历的持续后果。有研究发现儿童期受虐经历和亲密伴侣暴力攻击变量本身(受虐的创伤史)都未能有效预测避难所妇女实施儿童虐待的潜能，相反，由于暴露于创伤而产生的心理障碍，如创伤后应激障碍、边缘性人格障碍与抑郁症的存在会导致儿童虐待的发生(Anderson, Edwards, Silver, & Johnson, 2018)，创伤后应激障碍(PTSD)症状和社会信息处理缺陷是儿童精神虐待和躯体虐待代际传递的中介因素(Taft, Schumm, Marshall, Panuzio, & Holtzworth-Munroe, 2008)。Zanarini 等人(2006)的研究指出在儿童期遭受的不同形式和程度的虐待和忽视，均对儿童后天人格的形成造成影响，更容易产生人格障碍，大量研究表明，人格障碍是家庭暴力发生的重要危险因素之一。因此，受虐经历造成的精神病性症状才是儿童虐待代际传递的成因。这些研究提示，虽然不能改变受虐者的创伤经历，但可以通过有效地治疗创伤后的应激障碍，从而减少儿童虐待代际传递的风险，防止儿童虐待的循环延续到下一代。

三、社会环境

除个体因素和家庭因素外，社会环境因素对儿童虐待的影响也不容小觑，虽然不如家庭因素明显和具体，但是根据 Bronfenbrenner 的生态系统理论，社会环境因素对儿童身心发展的影响却相当持久并且在后天难以改变(郑信军，2006)。

1. 社会文化差异

对于儿童虐待，每个国家的理论定义不尽相同，儿童虐待与忽视的理论定义取决于该民族长期在教育孩子的方式和态度上的社会文化(Ferrari, 2002)。不同国家、民族对其社会个体有着不同的评价和期望，这些评价和期望势必会伴随着社会文化渗透到每个父母对其子女的教养方式与态度中，如意大利，葡萄牙等欧洲国家认为孩子应该在轻松快乐的环境下成长，调查发现葡萄牙社区青少年儿童期虐待发生率为14.7%(Dias, Sales, Hessen, &Kleber, 2015)。我国受传统文化思想观念的影响,传承了严厉苛刻的教育观。大多数父母秉持"子不教,父之过"、"棒子下面出孝子"等教育观念,认为对子女严厉可以帮助子女更健康的成长,体罚或言语辱骂较常出现于父母对子女的教育方式中,我国很多地区的父母认为自己管教子女是家庭内部的私事,子女经常会因为一些小事而遭到父母严厉的惩罚(杨世昌,2003),故而我国儿童情感(例如讽刺、辱骂等)及躯体虐待的发生率明显高于西方国家。日本人也认为孩子应该严格按照家长的意愿或要求行事,有关中日儿童受虐的调查显示,日本儿童躯体虐待率为70%,其生母虐待儿童率高达48%,与中国生母的儿童虐待情况相比存在显著差异,其明显高于我国生母虐待子女的发生率(刘文,邹丽娜,姜波,2009)。值得一提的是日本尚未见老师对学生的虐待的相关研究和报道,但我国教师对学生的虐待率高达为13.6%,这也许与两国的社会文化差异如教育理念、传统观念存在一定关系。

社会文化理论从宏观上解释儿童虐待的发生,强调儿童虐待的发生是由于社会习俗和偏见导致的,每一种现象都是因为社会文化在一定程度上的容忍造成的,社会文化就像基因一样扎根于每个个体的社会生活中,在暴力的氛围中成长的个体也更容易接受暴力的信念,认为暴力是合法的,被允许的,故而产生暴力行为。Bronfenbrenner(1977)通过发展生态理论对社会文化与儿童虐待的关系进行解释,认为不同社会文化对个体有着不同的期望和态度,社会文化因素势必会渗透到每个个体自身的生活方式及对子女的教养方式中去。

2. 社会经济状况与社会稳定程度

除社会文化与思想水平上的差异外,社会经济状况和稳定程度也是儿童虐待发生的风险因素。早在1989年,Wilson就对尼日利亚儿童的虐待情况进行了研究并指出尼日利亚目前贫穷的经济状况和依附于资本主义国家的不稳定社会因素都是该国儿童虐待频发的一个重要原因。家庭经济条件贫穷,父母的失业状况都是儿童虐待的显著预测因素,儿童虐待常见于贫困人口聚集、失业率高的欠发达地区,社会经济的贫困程度与儿童虐待的发生呈正相关(Coulton, Crampton, Irwin, Spilsbury, & Korbin, 2007)。我国学者程培霞等人(2010)也指出,与非留守儿童相比,留守儿童更易受到大量的情感虐待与忽视,并且引发了一定程度的情绪和行为问题。与发达地区相比,贫困人口集中、失业率高、流动人口较多和过度拥挤地区的儿童虐待发生的频率更为频繁。并且在战争,社会动荡的这类特殊时期,儿童也往往是虐待的受害者。经济状况和社会稳定程度是儿童虐待产生的一个不可忽视的原因。

有研究对社会经济结构与社会稳定程度对儿童虐待的作用机制进行研究,指出社会支持可以促进负面情绪的缓解,是儿童虐待的保护因素(Folger, Margaret, Dougherty Wright, 2013)。但是,贫困地区家庭享有的社会资源有限,往往缺乏社会支持,故儿童虐待在经济贫困地区发生率更高。

3. 邻里特征

研究者们注意到,儿童虐待发生率具有一定的区域性特征。国内外研究者发现邻里特征是儿童期虐待发生的一个重要影响因素,研究一致表明,邻里特征是儿童处境不利的根源(Sampson, Raudenbush, & Earls, 1997; Sampson, 2012),社区种族和民族异质性的增加可能具有更高的虐待率 (Klein & Merritt, 2014)。

研究者(Gao, et al., 2017)通过分层整群抽样设计,调查了深圳667名农民工和496名当地的青少年,发现消极的邻里特征会增加儿童虐待的发生概率。邻里受教育水平与邻里的经济条件是儿童虐待的影响因素，儿童虐待会因邻里受教育水平低、经济条件差等邻里结构性因素而增加发生的风险（Gracia，López-Quílez，Antonio，Marco，2017）。

Molnar 等人（2016）发现不仅邻里特征会对儿童虐待的发生造成影响，邻里间的社交活动同样也是儿童虐待发生的危险因素，他们同时考察了集体效能感、代际间的封闭性、邻里间的社会网络这 3 种邻里间的社交活动和邻里间结构性因素与儿童虐待间的关系。调查结果表明，邻里间的社交活动与儿童虐待具有相关性，甚至其相关性高于邻里间的结构性因素对儿童期虐待的影响，且社交活动与邻里间的结构性因素存在交互作用，同时考虑邻里间的社交活动和结构性因素对预防儿童虐待有重大意义，研究者可以通过增加邻里间的社交活动进一步改善社区的贫困状况，从而保护儿童免受父母或他人的虐待和忽视。

第三节　儿童虐待对个体发展的影响

虐待不仅对儿童生理发展造成不良影响，更对儿童的心理如认知、情感及行为等方面造成消极影响。

一、儿童虐待对个体生理发展的影响

（一）儿童虐待对个体身体健康发展的影响

儿童虐待对儿童的伤害表现在多个方面，其中最容易直接观察到的外显伤害形式则表现在躯体和身体的疾病上。儿童虐待很可能导致儿童的躯体伤残、生长发育滞后。儿童身体虐待是世界上一个主要的公共卫生和社会福利问题，因为它的流行率很高，却

很容易被人们忽视，但是它与有害的健康和社会后果有关。躯体虐待主要体现在，故意用强力对儿童实施暴力，如打、抖、咬、踢、烫、烧、毒害、窒息等，令其受到严重伤害甚至死亡；也包括制造病态，如制作假血尿、假发烧、用不当药物致其呕吐等，让儿童接受不必要的医疗程序、测试和操作（杨世昌，杜爱玲，张亚林，2007）。研究表明，儿童期虐待、忽视和家庭功能障碍与许多风险密切相关，如瘀伤、伤痕、烧伤、擦伤、撕裂、伤口、骨和颅骨骨折以及其他身体伤害的不良影响。在城市地区儿童遭受躯体虐待的发生概率为41.2%—67.3%，农村地区为32.4%—39.4%（陈晶琦，2004）。在受到暴力对待的儿童当中，大部分儿童在被责打后会产生哭叫和皮肤的红肿青紫，而情况严重的儿童也会发生骨折和出血现象，因责打导致的骨折为的儿童占1.74%。男童出现较为严重后果高于女童（凤尔翠等，2003）。也有研究表明，儿童期遭受虐待和忽视会影响成年人的健康。不良的童年经历或儿童期性虐待是成年期健康问题的主要决定因素。根据对成年人健康状况的评估发现，儿童期虐待增加了患糖尿病、肺病、营养不良和视力问题的风险，体重过重的成人在儿童期遭受虐待的现象也较为常见（Poole, Seal, & Taylor, 2014）。儿童虐待对缺血性心脏病的发病有密切的关系，在对患有缺血性心脏病的成年患者进行追溯研究时发现儿童期遭受虐待的患者占了很大比例，儿童期遭受虐待、忽视和家庭暴力容易导致儿童发展出不愉快的情感状态如抑郁和愤怒，儿童会因精神上不断的积压的压力进而产生的生理上的不良反应（Dong, et al., 2004）。

（二）儿童虐待对个体大脑发展的影响

近年来，人们对儿童虐待研究的热点逐渐转向对大脑的研究，婴幼儿期的大脑发育对人一生的发展都起到了重要的作用。大量的研究结果显示如果儿童在早期遭受长时间、严重或不可预知的外力作用如虐待，大脑的生理学过程很容易受到影响产生改变。这种大脑的机能变化很大程度上会对儿童的躯体、思维认知、情绪情感和社会适应性发展产生不良影响，并且儿童期的虐待对大脑造成的很难通过治疗进行修复。儿童在婴幼儿和童年早期的体验对大脑发育的影响是个体智力、情感和人格发展的关键期。如果儿童在这个时期遭受到虐待或者情感上的忽视则容易因为一直生活在这种巨大的压力和负面情绪的环境中而导致患有抑郁、焦虑、行为异常、适应不良等症状。儿童在大脑发育的早期也是产生移情的重要时期，如果在这个时间没有得到来自外界足够的安全感和建立良好的依恋关系，那么他很容易在早期的情感体验中产生负面的情绪积压，不能与外界社会建立良好的信任关系，从而不能从社会交往中学得更多良性的交往方式。

通过接受各种能够引起该区生理活动的刺激，大脑的各部分体积和密度随着年龄的增长会逐渐增大。儿童大脑的体积三岁时已经接近成人的 90%。如果由于父母的忽视而导致大脑所需营养缺乏那么大脑将会受损。由于大脑具有适应环境的能力，其很快就像适应正常环境一样适应不良环境。受虐经历会对个体大脑结构、神经化学物质和各脑区连接产生影响，产生器质性的改变。

儿童期虐待对下丘脑-垂体-肾上腺（hypothalamic-pituitary-adrenocortical，HPA）轴系统影响最为严重，HPA 轴主管压力反应和昼夜生物节律。儿童早期的经验对 HPA 轴的影响非常敏感，现有研究表明有受虐待经历的儿童表现出更为不规律的昼夜调节模式（Bruce，Fisher，Pears，& Levine，2009），HPA 内分泌轴功能改变以及海马、杏仁核、前额叶和胼胝体体积减小等大脑形态结构的改变是由于在儿童早期的不良的抚育经历将导致（Jackowski,et al.,2011)。遭受心理虐待的儿童内侧前额叶体积较小,持续的心理虐待环境将损害大脑形态,抑制生长。儿童期遭受虐待很有极大提高了大脑机能的损害而导致与大脑结构功能相对应的生理调节功能产生损害。如情绪调节功能、行为决策功能等,进而对成年期的精神健康产生极大的威胁。

儿童虐待会影响与情绪调节功能有关的额叶边缘网络(包括内侧前额叶皮层、前扣带皮层、杏仁核和海马结构)的发展。受虐待儿童出现一些情绪调节困难,很可能与杏仁核受损有关(Ellis, Fisher & Zaharie,2004)。

海马的发展极易受到早期压力的影响。在陈述性记忆和空间学习中海马起到非常重要的作用。为遭受虐待的成年人其海马容量要高于遭受虐待的成年人(Andersen,& Teicher,2004)。受虐待儿童的胼胝体、白质和皮质分化也出现一定损伤,儿童虐待会使胼胝体结构发生变化,受虐儿童胼胝体体积相比而言更小(Andersen, Tomada, Vincow, Valente, Polcari, & Teicher, 2008)。

儿童期虐待对大脑的危害是相当严重的。有证据表明,儿童虐待发生以后,全面的早期干预能使它对大脑发育的长期影响达到最小。但是我们不应该在虐待和忽视发生之后再对其采取补救的措施,而是尽可能的避免这类对儿童身心有害行为的产生,这样才能让儿童健康成长。

二、儿童虐待对个体认知发展的影响

(一)儿童虐待对个体认知功能

个体的认知功能主要是指短期记忆功能、语言达功能、智商水平等。研究表明,儿童虐待与认知发展的延迟有关,更严重的受虐经历预示着儿童存在更大的认知缺陷(Chae,Goodman,Eisen & Qin,2011),遭受虐待极有可能导致儿童认知功能出现障碍(Lutz-Zois,Phelps,& Reichle,2011),且遭受虐待的严重程度与儿童视觉记忆、大脑执行功能、空间工作记忆以及情绪处理功能缺陷密切相关(Gould,Clarke,Heim,Harvey,Majer,& Nemeroff,2012)。

与正常儿童相比,有受虐经历的儿童短期记忆能力存在明显缺陷,他们更倾向于笼统地报告记忆,而不提及具体的内容。受虐待儿童的短期记忆能力和非语言推理能力与临床访谈中的记忆错误呈负相关,而这些记忆错误与儿童虐待的调查结果呈负相关,受虐经历也会对情绪记忆产生影响。对童年期受虐待群体的研究发现,有受虐经历的个体更可能发展出连续的自动式思考、认知扭曲、异常信念以及信息加工偏向问题(Williams,et al.,2007)。此外,遭受性虐待经历的青少年的智商水平、知识掌握能力、逻辑推理能力等认知功能较正常青少年明显低下(Navalta,Polcari,Webster,Boghossian,& Teicher,2006),且其情感信息认知加工能力亦存在缺陷(Cromheeke,Herpocl& Mueller,2014)。认知功能障碍容易引发各种精神疾病如抑郁、双相情感障碍、精神分裂症等精神障碍,且儿童期遭受虐待的个体在日常生活中易产生创伤后应激障碍(Gould,2012)。

神经心理学家研究表明,相较于未遭受虐待的个体而言,儿童期遭受虐待的个体更易表现出认知偏差(Dodge,Lochman,Harnish,Bates,& Pettit,1997),同时在认知有虐待经历的儿童更容易对外界抱有怀疑的态度,更不愿意相信他人,童年期遭受虐待的女性更容易产生错误的认知导致他们无法区别其他个体在行为上是否是真诚的对待自己,认为其他个体是不可信的,无法确保自身所处环境的安全性,这样往往会让她们更容易处在一个相对危险的处境不能得到及时的帮助，这种正确信任能力的不足，反而更会增加其遭受性虐待的风险（Weiss，Dodge，Bates，& Pettit，1992）。

（二）儿童虐待对个体认知加工的影响

认知心理学家认为，每个个体都会拥有一个自己是什么的图式，即自我认知。每个个体根据自己的生活模式和经验形成一个独一无二的自我图式，这种稳定的模式是个体对自己和外界假设的认知结构。这种认知结构会随着我们的经历不断增加而进行补充和修改。稳定自我图式会指导新摄入的信息进行记忆的编码和加工的过程，并且会指导新旧信息进行整合，个体依靠新的整合信息而支配个体的行为方式和认知过程，人们在早期就已经完成了自我图式的建立和形成，包括对关于自身的外形、气质和人格特质的心理图式（Markus，1997）。Young（2003）认为个体异常的自我图式是由早期不良经历所引起，自我图式可以影响个体的思维、情绪、行为以及人际关系。研究表明，儿童期心理虐待易形成早期异常图式，进而导致以后情感障碍和行为问题的产生（Crawford，&Wright，2007）。

儿童期受到心理虐待的青少年容易产生认知偏差和消极情绪，导致自卑、人际交往障碍，形成退缩型人格。不同受虐类型的儿童产生的认知图式会存在偏差，且受多重虐待方式的儿童认知加工缺陷会更为严重（刘爱书，于锐，2011）。通过比较和分析现有的儿童期心理虐待神经作用机制和前人的研究总结分析发现，抚养者的忽视、诋毁及对生活的过分干涉是导致儿童期异常图式的主要来源，容易导致儿童后期难以建立正常的人际交往和产生精神及心理障碍（于增艳，2015）。在不同的信息加工阶段（识记、编码、回忆和再认）个体所偏爱使用的信息加工方式，主要表现在注意偏向、记忆偏向和解释偏向这三个方向上。遭受虐待的儿童在注意偏向、记忆偏向和解释偏向这三个方向上会存在着偏差，如更易接受到具有威胁性的刺激(Gibb，Schofield，&Coles，2009)。儿童期经历的创伤性事件会改变记忆的准确性，特别是情绪唤醒会削弱记忆的本源(Mccloskey，Wible，&Cohen，1988)，儿童期遭受虐待的个体在成年后海马容量减少，记忆表现却没有减少(Bremner，et al.，2003；Pederson，et al.，2004)。

三、儿童虐待对个体情感发展的影响

(一) 儿童虐待对个体情绪发展的影响

儿童遭受长期反复的虐待可能出现行为情绪问题及其他精神病理问题。在儿童早期，情绪发展受到与抚养者的依恋关系起到很大程度的影响了儿童的社会情绪的发展。若在早期抚养者有虐待行为将极大程度的破坏亲子间的依恋关系，这种不良好的依恋关系会使儿童的情绪发展将成为一种恶性的循环。一项以问题解决任务唤起受虐待婴儿情绪的实验表明，相比于参照组，这些儿童更易出现愤怒情绪、更顽固，同时对于外界缺乏热情(Ricdcr，& Cicchetti，1989)；有研究表明，学龄前儿童的人际情感距离及情绪的社会性参照寻求也会受到遭受虐待程度不同的影响(Aber & Allen，1987)。从对自我的情绪体验来看，受虐待婴儿典型地表现出对点红实验镜子中自我影像的消极或中立的情绪，这表明婴儿受虐后其对自我的感觉是相当不好的或是具有羞耻感的，而且在学龄阶段，受虐儿童的抑郁症状也比正常儿童更加频繁出现(Toth & Cicchetti，1996)。

遭受虐待还将影响儿童的移情和对情绪的判断，受虐儿童相比正常儿童更固执、易怒。受虐待者难以与父母建立起安全型依恋关系，常常产生强烈、持久的负性情绪情感体验，长期伴随着无价值感、低劣感、羞愧感等成长。除了抑郁情绪之外，虐待还会引起儿童强烈的孤独感。研究显示，反复情感虐待、反复中度躯体虐待以及反复非接触性性虐待是影响青少年产生重度孤独感的危险因素。儿童被忽视尤其是交流忽视、安全忽视对儿童孤独感的正向预测作用非常显著，且越是被忽视，孤独感越强（张婉婉，刘阳，余婷婷，2013）。

儿童虐待会造成个体直接的情绪问题之外，还会影响个体情绪发展的各个阶段如情绪的调节能力、控制能力以及稳定性。情绪调节会受到虐待经历的影响，受虐待个体更容易发展出不良的情绪调节模式。也有研究表个体明遭受的虐待方式不同，采用的情绪调节策略也会不同，如以女大学生为被试的研究中发现遭受心理虐待的被试较之躯体虐待和性虐待的被试更容易采用情绪回避和情绪抑制等调节策略（Harding，Zinzow，Burns，& Jackson，2010）。

儿童期遭受虐待对个体成年后的情绪控制能力会产生很大影响。有研究发现童年期遭受虐待经历的家长明显缺乏情绪控制能力，更容易对自己的孩子产生暴力行为（肖晚晴，陈晶琦，2011）。调查表明受虐待的学龄前儿童对其他儿童的难过缺乏敏感性，遭受身体虐待的儿童对痛苦和不幸有不恰当的反应，而不是有关的情绪或悲伤的表达。Smetana等人（1999）发现在情绪判断上受虐儿童与正常儿童存在差异，Smetana通过对真实情境和假象情境比较发现，在假想的犯过情境中，不同虐待形式的儿童之间以及与正常儿童相比所作出的判断存在着显著的差异，遭受忽视儿童更倾向于认为过错者在过错行为实施的过程中是悲伤的情绪，躯体受虐儿童则更倾向站在被害者的角度来产生情绪体验，认为他们是害怕的；在真实的犯过情境中，无虐待经历的男孩比受过躯体虐待的男孩更多地认为受害者是生气的，受过躯体虐待的男孩则更多地认为受害者是难过的。

儿童期遭受虐待经历对个体的情绪稳定也会产生极大的影响。杨世昌(2011)通过对遭受躯体虐待的大学生进行调查的研究发现，儿童期遭受躯体虐待的大学生的情绪不稳定性跟神经质更为严重。尽管还很难确定这些微妙的情绪理解差异的深远意义，但有一点可以肯定，即它们将表现在儿童的社会交往之中，并会对其社会适应带来不同程度的影响。

由于情绪问题所引发的常见的心理情感问题主要表现为躯体性病症、社会适应功能障碍、抑郁、焦虑、恐惧症、人格障碍等，长期受虐儿童易出现自我否认和情感麻木的心理状态，他们往往会容易对自己产生更低的自我评价。陈晶琦(2005)通过调查研究表明与没有儿童期虐待经历的同龄者相比，83%有性虐待史的人存在抑郁症状，他们在青春期时容易产生精神异常、情感行为问题更容易产生自杀的念想。

(二) 儿童虐待对个体抑郁的影响

尽管不同国家和地区的文化背景不同，但均存在不同形式的儿童虐待。国内外研究表明，童年期所遭受的虐待经历是儿童青少年直至成年人心理卫生问题的危险因素之一。个体儿童期所受的虐待与抑郁症的发生有着密切的联系(王永红，陈晶琦，2012)。抑郁症被研究者们广泛认为是儿童受虐待后最常发的精神障碍。受早期多方面创伤经历的影响，受虐待的儿童常常会感觉到所处的环境充满敌意不安全，总是受到忽视且需要不能被很好的满足，因此很难对社会产生良好的适应性，这导致受虐待儿童是抑郁症的高发人群。同时还有很多的研究表明儿童期的虐待与儿童的抑郁水平呈明显的正相关，他们比未遭受虐待的儿童相比具有更高的抑郁水平

(Buzi, Weinman, & Smith, 2007)。Poulton 等(2002)经过一项长达 23 年的前瞻性研究表明儿童期性虐待是成人抑郁症的重要风险因素。国外纵向追踪研究表明儿童期虐待会使抑郁发生的可能性上升 2—5 倍，虐待水平越高产生的抑郁程度也越严重。在不同的虐待类型中，性虐待是最容易引发抑郁也是造成抑郁症状最严重的一种形式。有研究表明遭受性虐待的女性抑郁症患者是无性虐待史患者的 3 倍(王莹，杨建立，焦清艳，2015)。

随着近年来对受虐儿童情绪问题的重视，研究者将研究的重心逐渐从儿童虐待的危害转变为危害发生的机制和过程。根据无助理论，遭受过长期虐待经历的儿童，将逐渐内化施虐者大量的消极的负面评价以及带有批评和指责的信息，进而形成消极推理认知，认为由于自身的缺点才导致消极事件的发生，从而增加了抑郁的易感性(Alloy, et al., 2001; Gibb, et al., 2001)。后续一些研究在该理论模型基础上，证明了消极认知在儿童期心理虐待和抑郁情绪之间中介作用。Wang 等(2011)在对受虐待儿童注意力的研究中发现，遭受虐待的儿童拥有更高的沉思水平，在注意力偏差水平试验中表现出更多的会关注痛苦难过的表情，会跟多的选择注意与抑郁情绪有关的线索。因此，由于他们过多的关注抑郁相关的线索又具备较高的沉思水平，进而使其患有抑郁症的风险大大的增加了。Calvete(2014)的研究表明，儿童的心理虐待经历通过早期异常模式对个体抑郁和社交焦虑产生影响，气质在早期心理虐待经历中对不良模式产生的调节作用。

四、儿童虐待对个体行为发展的影响

随着对儿童虐待研究的重视，越来越多的学者开始从最外显直观的行为表现中来探讨其背后的形成原因是否与受童年期的虐待经历有关，并对童年期的虐待行为的实施对个体的行为发展的影响进行了讨论研究。现有许多研究表明，在童年期虐待行为的实施对个体的社会适应发展有着极其严重的负面影响。从发展的角度来看，在童年早期，虐待或者对儿童的忽视很容易让其产生不安全的依恋，从而会让其产生更多的焦虑，形成更多的不安全感，这种不安全感可能会出现在潜意识中对他人的不信任，最终将会对其人际交往的能力造成影响。而在童年中期，虐待行为的实施对个体的攻击行为以及退缩行为会造成很大的影响，使其在同伴交往以及学校适应等方面产生诸多的问题。在青春期，儿童心理虐待和内化性精神病理问题之间也存在一致的关系。遭受虐待的儿童更容易产生各种心理疾病，并且研究已发现心理虐待与青少年自卑有关，如兴趣缺失和对未来悲观失望。研究发现有过受虐经历的青少年比未受虐者在对事物的处理上消极应对得分高出许多，因此，他们更容易运用错误的应对方式比如通过吸烟、酗酒，暴饮暴食或药物依赖等消极方式来释放或弥补内心的空虚及不安全感，形成成瘾行为。并且在现在的大环境下，有过虐待经历的青少年也容易封闭自己的内心，从而对网络产生依赖，产生网络的成瘾行为。

（一）儿童虐待对个体亲社会行为的影响

自 20 世纪 70 年代以来，儿童虐待对个体社会行为的影响已成为心理学家关注的话题。社会行为是指个人在人际关系中表现出来的个人，事物和事物的一系列态度和行为反应。根据其性质，它们可以分为积极行为和消极行为。积极行为主要指对他人或集体有益的建设性行为，如帮助、分享、谦卑、关心、安慰和合作；消极行为指与亲社会行为相悖的行为，例如对他人或团体的破坏性推动、抢劫、咒骂、威胁等。儿童的社会行为通常是指儿童的亲社会行为、攻击行为、欺凌行为和退缩行为。研究人员通常对儿童的社会行为与同伴接纳之间的关系感兴趣，并探讨他们的同伴关系如何与具有不同行为倾向的儿童相关。儿童的社会行为与其后来的适应之间的关系已被研究人员广泛认可，包括心理适应和学校适应。

儿童社会行为的积极程度与后期的适应程度呈正相关。Shields 等人(2001)通过为期七天的夏令营，允许不熟悉的儿童和控制组儿童进行小组互动和娱乐，第四天，根据合作、分裂、害羞、斗争发起人、领导者等五个特征，让他们之间互相开展提名活动。结果发现有受虐经历的儿童表现出大量的适应不良行为，他们常常在同伴提名中被认为是最具分裂性、缺乏合作性以及打架的发起者。在另一项研究中，还发现有受虐经历的弱势儿童更有可能避开其他孩子，远离友好的同龄人；与对照组中关心他们表现的孩子不同，他们不仅不关心那些悲伤和悲伤，往往还会避免甚至发生攻击行为。一般而言，有受虐经历的儿童很少发起同伴互动，显示更多负面的社交互动，更多的外化问题行为和不恰当的行为，减少亲社会行为，这些儿童很少受欢迎，更有可能被同伴拒绝。

近几年为了进一步研究虐待与亲社会行为的关系，通过对 HPA 轴功能的研究发现，社会功能受损的受虐待儿童多巴胺调节的压力系统，这一点可以通过低皮醇和或高皮醇症状得到证实(Kim & Cicchetti，2010)。Alink 等人(2012)通过为期一周的夏令营活动对 236 名儿童进行研究，其中受虐待儿童 125 名，未受虐待儿童 111 名，分别每天进行上午和下午的皮质醇水平的测试，探讨虐待、社会功能和皮质醇水平的关系，通过一周的观察研究发现，遭受虐待的儿童表现出更少的亲社会行为、更多的破坏和孤僻行为，受虐经历通过亲社会行为和攻击行为间接影响了儿童的皮质醇水平。

（二）儿童虐待对个体同伴关系的影响

同伴互动是孩子学习社交技能的重要背景。发展心理学家普遍认为，童年时期缺乏社会互动是增长的风险因素。儿童的社会互动和同伴关系对认知和情感的发展具有重要意义。同伴关系是具有相同或相似年龄并且彼此合作的个体之间的关系，或者主要指他们的同伴。在具有可比较的心理发展水平的个体之间的相互作用过程中，个体之间建立和发展了人际关系（俞国良，辛自强，2004）。儿童的同伴关系是维持儿童健康发展的重要动力，也是其适应社会生活的主要内容。有研究结果显示，当个体在童年时期遭受到情感方面的虐待时，可能会导致成长发育的过程中乃至成年后不安全依恋的形成（Riggs，Cusimano，& Benson，2011）。具有不安全依恋的个体在与他人交往的过程中，可能会出现在潜意识中对他人的不信任，而这种潜意识中的不信任往往不易被个体本身所发觉，最终将会对其人际交往的能力造成影响。国外学者通过对大学生与异性交往的研究发现，当大学生在童年时期遭受过来自情感方面的虐待时，会导致其在不能较好的调节与异性的关系（Riggs & Shelley，2010）。儿童期虐待通过认知、情感、社会等途径影响个体人际交往困扰，儿童时期遭受的情感虐待可能会影响个体成年后认知和情感的发展，导致个体自我评价较低，在生活中可能会遇到一些障碍如缺乏信任感、感到绝望和愤怒。Kim和Cicchetti（2010）的研究表明，在控制其他类型虐待影响的前提下，曾遭受心理虐待的儿童在整个小学时代的自尊远低于没有心理受虐史的儿童，且他们不能很好地调节责任与宽恕的冲突。在人际交往中，信任非常重要，当虐待发生的时候，儿童的信任感很容易受到破坏，影响个体与他人之间的沟通与交流。儿童期虐待可能会综合性的影响个体的发展，单一的儿童虐待类型也会给个体带来负面影响。

Bronfenbrenner 的生态系统理论，将人类发展的环境从小到大分为四个层次，家庭是儿童社会化的最早执行者和基本执行者，它对儿童社会性发展有着极为重要的影响（Bronfenbrenner，1977）。对于儿童来说，同伴关系是社会生态系统中的一个分支，儿童在同伴文化中的经验可以被看作是家庭教育的扩展和延伸。

许多研究发现，不利的家庭环境对儿童的同伴交往能力影响很大，这种环境下的儿童比良好家庭环境的儿童更难发展良好的同伴关系。通过家庭成分对儿童行为的预测研究发现，受虐程度不仅能预测儿童的攻击性，而且还能因家庭其他不利成分而预测儿童的其他行为，受虐待和被忽视的兄弟姐妹的比例也可以预测儿童的多动和注意力不集中的行为（Herrenkohl，Herrenkohl，& Egolf，2010），并且容易产生更多的破坏性和攻击性行为。如果在家庭环境中遭受抚养者的虐待或者被忽视也会造成儿童在同伴交往中表现出退缩行为，而这种逃避退缩行为是造成青少年犯罪的原因之一。

（三）儿童虐待对个体攻击性行为的影响

对受虐待儿童行为的研究中，攻击性行为的研究一直是心理学的重点。目前对攻击性的研究已经取得了一定的进展，但目前国际上尚未对攻击性有明确、统一的概念。Dollard 等（1939）指出攻击性是指个体蓄意对其他有机体实施伤害的行为，强调个体行为的目的性，且伤害的意图必须有外在的行为表现。也就是说，没有意图的情况下对别人造成的伤害并不属于攻击行为。例如，在上下楼梯时由于对向的人流都比较多，A 同学无意间踩碰到了 B 同学那这种不是刻意而为的伤害不能算作是攻击性行为。但

Buss 等对这种定义产生了质疑，他认为意图是无法客观测量的主观意识，无法对其进行精确的测量。所以 Dollard 认为在对攻击性进行研究到时候只需要关注外显的行为表现，而不用明确个体的内在意图究竟是什么。

在生活中，遭受虐待的儿童容易产生各种社会适应不良问题。虐待问题对儿童成长产生巨大的消极影响，会直接导致儿童的消极情绪、抑郁、自杀、人格障碍等问题。当前儿童虐待现象已经是各领域研究中的一个较为受关注的社会问题，由于关于虐待的知识普及的还不够全面，所以还有很多受虐待的儿童没能得到很好的保护。虐待相对于儿童来说，是一种负性生活事件，也是一种逆境或挫折。以往研究表明负性生活事件以及逆境或挫折也是攻击性发生的重要影响因素。在早期关于儿童虐待能够影响其攻击性的理论就通过实证性的研究得到了有效的证明。大量的研究显示儿童期遭受虐待可以正向预测个体的攻击性行为。如早期 Caspil (2002)的一项追踪研究表明，与没有遭受虐待的个体相比，有严重虐待经历的个体，表现出更多的暴力行为。我国学者禚振华(2012)针对不同虐待类型的研究中指出，情感虐待与攻击性存在显著正相关，且能够显著正向预测攻击性。邹枫(2012)以工读学校男生作为研究对象，通过问卷法对工读男生的攻击性和童年期受虐经历进行研究，结果表明工读男生的受虐经历对其攻击性有着一定的影响。

有关早期家庭教育研究发现，父母对儿童的温情、敏感性、适度的要求以及彼此一致的反应等能够促进儿童行为的健康发展，与之相反那些习惯于使用暴力惩罚方式以及父母亲在教养过程中有矛盾则与儿童的攻击行为有关(陈欣银，李伯黍，李正云，1995)。Hoffman(1960)的研究表明，父母惩罚、专断的教养方式的使用次数与幼儿在幼儿园的攻击行为表现有显著正相关。受虐经历会造成儿童一定的人际关系问题。儿童期虐待使个体成人期出现人际问题的危险性增加，有儿童期虐待经历的青少年在人际关系中表现出更多的攻击、暴力和社会退缩(陈晶琦，2008)。

冲动行为和攻击行为往往是儿童在早期受到虐待而导致情绪控制能力相对较弱引起的。有研究显示攻击性人格产生的主要原因也是由于儿童期受虐待而产生的，对结果的路径分析表明儿童虐待既可直接促进攻击性人格的发展，也可通过不安全依恋的形成促进攻击性人格的发展(李翔，朱相华，李娇，2008)。由于在成年之前受到父母的忽视、过度的惩罚或者虐待等不合理的教养方式，大大的促进了儿童通过暴力的行为方式来解决和处理问题，极大的提高了其攻击性。邹志礼(2012)在对因为暴力犯罪行为入狱的男性青年进行调查时发现，他们在童年受到的虐待和忽视程度比普通的非暴力倾向的人要严重许多，这促使他们在青年期更容易产生暴力犯罪。

(四) 儿童虐待对个体成瘾行为的影响

儿童期虐待是否会引起个体成年后各种物质和行为成瘾的发生一直备受众多学者关注。研究表明，儿童期的虐待与各种物质成瘾有关。国外的一些学者对儿童期虐待经历与成瘾行为之间的关系做了大量的研究。对成年期酗酒行为的研究显示成年期的酗酒行为与儿童期缺少父母的关爱有关，如果个体在儿童期遭受虐待，则成年期酗酒的概率是没有遭受童年期虐待个体的 2.5 倍(Shaw & Benjamin，2006)。2014 年德国学者 Potthast 等人对 Bielefeld 市 75 名门诊或住院治疗的酒精成瘾病人进行调查发现，与其他形式的早年创伤相比，儿童期心理虐待是最能预测个体酒精成瘾的因子，这一因子是构成酒精成瘾的主要致病原。为预防酒精成瘾的发生,Potthast 提出建议应该在成年的早期就及时的进行干预,以防后期的成瘾行为的产生。

成瘾患者的脑-边缘多巴胺系统由于药物刺激的影响从而引起伏隔核内多巴胺释放量产生改变,导致间隙多巴胺增多,产生奖赏效应。成瘾者也因此更加渴求药物,产生成瘾反应。Gilberto 等(2010)发现成瘾患者血浆 ACTH 和皮质醇水平与童年期受忽视直接相关,血浆高香草酸(HVA,DA 代谢产物)水平与童年期受忽视得分呈负相关,童年期忽视及不良的亲子关系可能会对 HPA 轴功能产生长久的影响,甚至延续到成年,进而影响中枢多巴胺功能,从而增加个体对物质滥用的易感性。由于早期家庭环境的影响以及父母教养方式的不正确而导致童年期产生创伤经历的儿童的大脑发育产生不良的影响,尤其是儿童期受虐待儿童在成年后也更容易形成药物依赖,其发生概率是普通人的 3.8 倍。有躯体损伤的病人比一般人更容易药物滥用(Ahmadi, Tabatabaee, & Gozin, 2006),躯体虐待与终生的药物依赖有很强的关联(Afifi, Brownridge, Cox, & Sareen, 2006)。

赌博成瘾与儿童期的虐待经历有关(Petry & Steinberg, 2005),除了物质成瘾后果外,对于心理虐待和忽视的行为成瘾后果的研究也发现了相似的结论。Grant 和 Kim(2002)发现 43%的病理性赌博患者报告了父亲忽视性的养育方式,39%的个体报告了母亲忽视性的养育方式。研究者认为这些遭受父亲或母亲忽视的个体可能是将赌博作为一种逃离消极情绪状态的工具,当个体完全沉浸在病态的赌博之中,他们似乎也顺利地摆脱了自己是无价值的、无能的感受,而这种感受恰恰是父母早年的忽视所带来的。Felsher(2009)在对加拿大 1324 名青少年和青年人的调查发现,存在成瘾风险的赌徒更可能去报告儿童期遭受的情感虐待和忽视，而病理性赌博成瘾者则报告了更高的情感忽视和躯体忽视。Jacobs(2002)的研究也论证了这点，他发现80%的赌博成瘾者在童年经受过一种或者多重的虐待和忽视，儿童期虐待与忽视经历可以显著预测成年人的赌博成瘾问题。

近年来随着科技和时代的发展，人们将研究的方向从对实际物质性成瘾的研究转向了对虚拟世界电子产品的依赖上。对于网络的过度沉迷而影响到了日常的生活和学习，并且在脱离网络的情况下会出现适应不良的行为，即网络成瘾行为。Yates等(2012)研究发现亚裔美国人的网络成瘾比率高于非亚裔美国人的比例，且童年期虐待是网络成瘾的一个重要预测因素。一些研究者也发现儿童期心理虐待和忽视与网络成瘾有关。董方虹等人(2010)对临沂市初一、初二年级的初中生进行调查发现受到心理虐待和忽视的初中生可能会求助网络，更易发生网络成瘾。胡塔静等(2012)研究发现，情感虐待可以直接预测中学生网络成瘾，也可以通过抑郁症状间接预测网络成瘾。此外，其他研究也表明网络成瘾组的个体比非成瘾组的个体遭受过更多的心理虐待和忽视(黄莉，邓云龙，2009；郭邑霞，2010)。

另外，手机成瘾倾向这一概念是以“行为成瘾”的概念为基础提出来的。网络成瘾倾向和手机成瘾倾向都属于行为成瘾，在回顾和对比了网络成瘾和手机成瘾的原因时也发现了较强的一致性。研究显示，不良的父母养育方式和心理虐待有着密切的关系，不良的父母养育方式往往蕴含着心理虐待(Whipple & Stratton，1991)，他们常常会使儿童产生较低的自尊，孤独感以及自我认识出现障碍，因此更容易产生手机成瘾。研究者发现心理虐待和忽视对手机成瘾倾向有显著的预测作用，在童年时期经历了干涉、责骂等虐待方式的儿童更容易产生成瘾倾向(王惠玲，2014)。

第四节 儿童虐待的干预

针对儿童虐待现象，全球不同组织和机构均已引起重视，并从不同层面探讨了儿童虐待现象的有效预防和干预措施。这些预防和干预措施主要是从个体、家庭、学校、社区及国家政策等层面来展开。

一、个体干预

儿童出身时生理和智力水平是否正常将影响到其是否会遭受父母的虐待。一些有生理缺陷或智力发育迟缓、出生前后脑损伤等病史的儿童，其父母由于在养育过程中负担和压力过重容易实施虐待。有一些生理和智力正常但有着困难型气质的儿童容易表达消极情感、哭闹无常也容易激发父母的消极情绪进而遭到忽视或虐待。行为特征上淘气、多动、攻击性强的儿童也容易遭受父母打骂。此外，受虐经历可能对儿童造成身心发展的问题，而进一步增加抚养者的负担和压力，虐待现象可能长期反复出现（静进，2003）。

当前对儿童虐待的个体干预，主要是从提高或缓解受虐儿童的某些心理素质或者消极反应出发有针对性的干预，譬如针对受虐儿童的情绪调节、心理韧性特质等进行干预，从而提高儿童应对消极事件的能力，降低负性事件对儿童消极影响的程度；此外，还有针对受虐儿童开展的游戏治疗，期望通过游戏治疗，降低儿童的不适应程度。

（一）情绪调节干预

情绪调节是指通过一定的策略和机制，在主观体验、生理唤醒和表情上发生改变的过程。情绪调节并不只是针对愤怒、悲伤等负性情绪,也包括快乐等正性情绪(陈伟,陶瑞,包广亮,李守彦,李健,2012)。情绪调节是影响儿童问题行为的主要原因,掌握和运用调节负性情绪的技巧,有助于儿童减少问题行为。尽管儿童的问题行为多种多样,但大多都与儿童的情绪发展密切相关。调节和控制情绪是儿童发展社会适应的一项重要技能。因此,针对儿童情绪调节的培训或干预措施十分紧急和必要(刘方,刘文,于腾旭,2019)。

儿童虐待是影响情绪调节自我效能感能力发展的重要危险环境之一(王佳慧,刘爱书,2014)。长期处于虐待处境的儿童,其自身的发展和需要通常未能得到较好满足,具有较深的无力感与自责感,从而进一步破坏个体的自我效能感(Lisak,1994)。身体虐待和性虐待可能会破坏个体的自我认知成分包括自我效能感的发展(Harter,1999),如童年遭受性虐待的女性更容易表现出自责、诽谤和低效,当他们面对一些负面事件时,更多的是进行内归因,而非将事件归咎于其他外部原因(Paunovic,1998)。情绪自我效能可以缓解情绪压力,维持自我调节,特别是在控制情绪冲动和减少负面情绪频率时控制负面情绪效应(窦凯等,2012)。班杜拉和他的同事在一项青少年的研究中发现,自我效能和抑郁在管理消极情绪方面有很高的相关性。此外,研究发现,自我效能的情绪调节对不良行为和抑郁有显著的干预效果。情绪自我效能感与抑郁密切相关(Bandura,2003)。儿童期虐待对个体成年后抑郁具有重要影响。Poulton(2002)发现大部分抑郁症患者在发病前都有过负面经历,而且性虐待经历导致抑郁的几率非常高。个体早期遭受的身体虐待和性虐待均是抑郁和焦虑的主要危险因素,其中性虐待能有效地预测抑郁症状及并发症(Levitan,Rector,Sheldon，& Goering，2003）。

基于情绪调节的干预能有效提高受虐儿童调节和控制情绪的策略，帮助儿童积极思考和管理负面情绪的方法，从而减轻其抑郁、焦虑等症状，进一步提高社会适应能力。

（二）心理韧性干预

心理韧性是指个体的心理功能没有因严重压力或逆境而产生损伤性后果的情况，并整理出四种心理韧性模型（席居哲，2006），其中"挑战模型（challenge model）"更具代表性。模型认为适度的压力/逆境可以让孩子学会如何克服压力和逆境，如果暴露在严重的压力/逆境中，孩子将无法应对（Luther，2003）。总体而言，无论研究者从何种研究角度，对心理韧性的操作性定义都包含个体遭遇逆境和个体成功应对这两个因素。另外，心理韧性的干预可以从三方面入手，在学校对学生进行心理韧性的训练，帮助他们面对面对压力和困境；在心理咨询与治疗中，利用心理韧性的积极作用，增强来访者的自我效能感；通过社区服务，促进成员心理韧性的发展（江瑞辰，2012）。因此，可以提升个体心理韧性这一保护性因素，帮助儿童获得应对压力/逆境的能力，促进儿童身心健康的发展。

（三）游戏治疗

游戏疗法对儿童的社会适应问题有显著治疗效果，有研究发现游戏治疗对儿童的攻击性行为、焦虑、孤独症、抑郁症、自我意识等具有显著治疗效果（Sue & Dee，2000）。受虐经历容易导致儿童攻击性行为、情绪问题、自我意识等方面问题，因此，采用游戏治疗对受虐儿童的攻击性行为、情绪问题等社会适应问题进行干预具有较好的效果。以往研究针对游戏治疗干预及改善儿童虐待导致的消极后果具有较好的效果，其主要集中在以下几个方面：

1. 攻击性行为

游戏治疗对攻击行为有显著影响。在观察到的157名儿童中,全体儿童均有改善。其特点是遵守的情况增加,父母与子女之间不可接受的行为锐减,减少了儿童的愤怒,减少了父母的体罚,增加了有孩子的父母所花费的时间,以及儿童与他人交流的愿望(Wong,Morgan,Crowley,& Baker,1996)。

2. 焦虑或恐惧

缓解焦虑和恐惧心理障碍是游戏治疗的另一个主要指征。在接受治疗的601名儿童中,78%的儿童显着有效,焦虑或恐惧减少或消失。(Burroughts,1997)Judy总结了游戏疗法在住院儿童中的应用及效果,提示游戏疗法能有效缓解儿童在医院环境中的恐惧和焦虑,增强自信心,满足儿童的迫切需要(Judy,1995)。

3. 情绪调节

Iris等人(1997)尝试使用游戏疗法来调整中美父母之间的心理矛盾。通过为父母进行为期10周的培训,结果与对照组相比,实验组父母与子女之间的矛盾得到明显解决。例如,西方文化中的亲子关系漠不关心以及儿童对父母的不尊重使许多中国父母担心,这将会无法维持稳固的亲子关系。研究人员还发现,一些儿童的智商和学习能力明显提高,他们的人格特征也显著改善(Brandt,1999)。

二、家庭干预

父母或监护人可能因为非计划内怀孕、经济条件低下、夫妻关系破裂等原因而虐待儿童。部分虐待儿童的父母缺乏自我情绪控制能力,出现应激事件时易将自己的负性情绪转嫁到孩子身上,还有许多施虐父母自身在儿童期就遭受过虐待。针对施虐父母的干预,一方面可以设立热线电话,短期内提供及时有效的帮助和建议;另一方面对父母进行长期心理咨询和治疗。针对低收入单亲家庭干预措施的跟踪研究发现,家访对减少家庭暴力和虐待儿童的情况效果显著(Alexander,2003)。家庭干预主要从以下几个方面开展工作,如开展家访、完善缺陷家庭的结构模式、宣传合适的家庭教养方式、建议安全的亲子依恋模式等。

(一) 家访

所谓家访是对危险家庭的长期评估,对高危父母进行培训和教育,其目的是通过影响与虐待有关的父母因素来达到预防或减少虐待儿童的效果(Brayden et al.,1993)。家访是比较早的一种的干预方式,指训练有素的人员到父母和儿童的家中访问,给父母提供相关知识以预防儿童虐待的发生。许多学者基于对结果直接测量的“好的”或“强有力”的证据,推荐早期儿童家访项目,以预防儿童虐待(Bilukha, et al., 2005; MacMillan, et al., 2001)。但Barlow等人(2006)认为早期儿童家访结果有效的证据并不充分,主要是访问的过程中存在监视偏差(如由于家中有访客,儿童受到虐待的可能性会增加,并会被报告)。也有研究者(Bull, McCormick, Swann, & Mulvihill, 2004)认为,由于方法上的问题,包括监视偏差,早期儿童家访结果有效的证据都不具决定性,Sweet和AppelbAum(2004)发现,在实际的虐待案例中,家访干预的效果并不总是理想。同样,在使用随机对照实验进行评估时,大多数早期儿童家访项目都没有显示出减少身体虐待和忽视的效果(Olds, Sadler, & Kitzman, 2007)。但一些系统的包括元分析在内的评论认为在不考虑家访的不同项目之间差异的情况下,早期的儿童家访在预防儿童虐待上是有效的结果(Gomby, 2007; Bilukha, et al., 2005; MacLeod & Nelson, 2000)。

（二）完善缺陷家庭的结构模式

健康家庭结构中虐待儿童的发生率低于结构缺陷家庭（申丹萍，2016）。由于家庭结构的变化，虐待儿童事件的比例占51.94%（儿童保护体系与网络建设项目报告，2010）。因家庭结构不完整而导致虐待儿童的后果往往难以弥补，其中父母或监护人的行为和态度十分关键。虐待儿童的行为不仅发生在结构畸形的家庭，也发生在正常的家庭结构中，这表明家庭教育在防止虐待儿童方面具有十分重要的作用。对于经过重组以改善其结构的家庭，父母应加强与子女的沟通，并尝试了解子女的真正需求（段亚平，李长山，孙言平，孙殿凤，2006）。

（三）加强父母的教养技能、宣传适当的养育观念和方教养式

父母对子女的教育方法十分重要。养育技能缺乏的父母往往缺乏自信和自我效能感，在教育方式上，养育技能缺乏的父母往往采用惩罚、批评或放任不管等方法，其教育目标常反复无常、前后矛盾，这些父母不能很好地管理和监督儿童的行为，或由于忽视或惩罚儿童的行为导致对儿童不良行为的强化等现象（Patterson & Stouthumer-Loeber，1984；Sansbury & Wahler，1992；Van Beveren，Harding，Beyers，& Braet，2018）。

东方国家传统的养育观念是家庭虐待儿童行为的一个重要因素，如有些家庭中父母认为使用惩罚性方法教育孩子是有益且有效的方式，这些不合理的养育方法促使虐待儿童现象的发生。在中国传统文化概念中，好孩子是需要进行系统训练的，这在一定程度上增加了家庭中虐待儿童现象发生的可能性。因此，引导健康家庭建立健康的儿童教育理念是非常必要的。宣传适当的家庭教养方式，还应加强对儿童家庭权利知识的宣传，科学引导家长建立正确的教育方法，家庭氛围的健康是儿童保护系统的重要组成

部分。

（四）建立安全型的依恋模式

遭受儿童虐待的个体均存在依恋问题。因此，改善亲子关系能有效的预防和干预儿童虐待现象。改善亲子关系的活动要以特定时期儿童的发展任务为中心。特定时期儿童自身的认知、社会、情感和身体能力均得到提高，儿童独立性也越来越强，其对日常照料的需求逐渐减少，相应的儿童与父母之间的关系变得越来越具有交往性。因此，可以通过亲子游戏的治疗方法改善亲子之间的依恋关系。此外，因为父母对子女不合理期望也是导致虐待现象发生的一个原因，应引导父母对儿童的发展持合理期望。父母儿童期的经验也会影响其对孩子的抚养质量，这些父母建立的亲子关系模式常常是他们自己在儿童时代被剥夺的结果，须要花费很大的努力来改变亲子关系并建立安全的依恋模式，因此，社会工作者应帮助父母改变和重建亲子关系模式（张艳敏，赵艳，2019）。

三、学校干预

儿童成长过程中，学校是仅次于家庭活动的主要场所，学校在保护儿童方面发挥着重要作用。学校应提供保护和促进儿童权利的课程，帮助儿童知悉在遭受虐待时如何保护自己。学校针对儿童虐待现象的干预，可以通过开展相关课程及团体辅导与资料来进行。

针对虐待对儿童造成的如情绪、行为偏差等问题，学校可以开设相关的心理课程及有针对性的团体辅导活动。

（一）开设情绪调节类的相关课程

学会及时调整自己的情绪，对于承受着巨大压力与关注的学生来说无疑变得日益重要。随着技术的革新，人们的观念也逐步提高,非智力因素在工作学习中的作业也越来越被认可。而情绪便是非智力因素中的终于组成部分之一,情绪和学习的关系非常紧密,对学生的成长尤为重要。·项研究发现,学生在接受情绪调节干预课程后,在表达积极情绪和管理消极情绪等各因素上的得分均有所提高(张田,2018)。在课堂上,让学生体验自身情绪的变化,重视学生的自我意识,调动学生对心理课的兴趣。在经过一段时间的课程干预,儿童的情绪调节自我效能感与应对方式成绩有所提升(张月荣,2018)。学校开展情绪调节的相关课程,能缓解受虐经历对儿童社会适应发展的消极影响,从而促进儿童健康成长。

(二)团体辅导

团体辅导有利于自己从多个角度来认识自己了解自己,在团体辅导的感染力中,成员更易受到多方面的积极影响。有研究发现,通过团体辅导可以有效地培养个体的高级情感,缓解成员的暴力攻击性(俞晓歆,2015)。一项对攻击性较强的留守儿童的团体辅导干预研究发现,移情训练能显著减少儿童的攻击性行为(田维,2009)。还有研究以贝克自动思维理论为基础实施团体辅导活动后发现,实验组成员攻击性明显降低,情绪调节能力明显提高(于晓明,2011)。

四、社区干预

社区在支持儿童权益的合法维护、反对任何形式的儿童虐待和忽视方面具有重要作用。社区干预可以通过妇联、居民委员会、村民委员会等机构组织,监督和预防儿童虐待的发生,同时要对已发生的虐待现象及时干预和治疗。社区工作者必要时可以直接进入虐待儿童的家庭,纠正不健康的教养方式,增进亲子沟通与交流。对存在人格障碍、情绪异常的父母进行相应的心理治疗与干预。

社会工作者充分利用电视专题片和电影等大众媒体，关注儿童家庭暴力主题电影，并扩大儿童家庭暴力中的社会暴力意识。关注零暴力促进儿童生活是每个儿童保护儿童免受暴力侵害的权利。鼓励国内虐待儿童的受害者主动寻求帮助，同时吸引更多的志愿者加入儿童保护小组，并使反儿童暴力成为一种社会规范。

社会工作者应充分利用国家发展社区社会工作和家庭教育的机遇，促进家长学校或家庭教育指导服务场所的建立，促进城乡社区服务的家庭教育指导服务。未来的社区干预工作应引领当地家庭教育和社会工作服务，特别是在社会工作中打击“儿童家庭暴力”全面深入的家庭教育指导和家庭教育实践活动。

五、政策干预

虐待给儿童身心发展带来的负面影响显而易见，不同国家和地区均认识到建立健全的法律和政策保护体系的重要性，纷纷出台有关防止和干预儿童虐待的法律法规。

上个世纪 90 年代，面对日益严重的虐待儿童问题，日本颁布了第一部防止虐待儿童的法律，即《儿童虐待防止法》，逐步建立从立法和行政方面预防到早期发现、早期反应，保护和援助受虐儿童的综合防控体系。瑞典在整个儿童保护过程中，不同层次政府各司其职，制定相关法律、政策，组织实施家庭服务和儿童服务，并对服务质量进行评估和监督，承担保护儿童的主要的责任。瑞典的儿童保护制度，建立了可操作性强的儿童保护法律体系、环环相扣的工作程序，以政府为主导，重视与家庭的合作关系和社会参与，共同为家庭提供全方位的支持性服务来增强家庭功能，发挥了儿童保护制度的优势(何娟，2018)。

（一）明确界定儿童虐待内涵

确定虐待儿童的法律概念是建立虐待儿童国家干预系统的起点。只有明确了什么构成虐待儿童，才能确定国家是否需要启动干预程序。就目前受法律保护的儿童的利益而言，国家保护的儿童的利益仅限于儿童的生存和安全利益，不包括儿童的身体健康、认知发展和社会发展的利益，这不能满足孩子的基本利益。还有一些与国际社会相悖的做法。因此，我国立法中"虐待儿童"的概念应扩大儿童保护法律保护的范围，涵盖儿童生存和发展利益的内容。至于儿童利益受到多大程度的损害，立法还应该降低国家干预的水平，不仅严重的儿童伤害或死亡的后果都可能导致国家干预。只要它对儿童的身体健康，认知发展，社会发展或使儿童处于严重危险中产生重大影响，国家就应该遵循干预程序。只有为儿童提供广泛的保护，才能保护儿童免，明确界定虐待儿童的含义是有效保护儿童的先决条件，此外，对儿童虐待内容的科学定义也应注意文化差异(乔东平，谢倩雯，2015)。

（二）加强儿童虐待立法保障

立法是干预手段的一种。1947 年，日本确立了《儿童福利法》，为了保护儿童的福利，以促使儿童健康成长，而且该法在不断地修改完善。除此之外，日本还于 2000 年颁布了《虐待儿童防止法》(邓元媛，2012)。20 世纪以来，英国实施的《儿童法》几乎涵盖了所有关于儿童的法律，并成为当前英国最为重要的儿童保护立法，且在 2000 年和 2004 年该法进行了修订和补充。而且，英国的全国防止虐待儿童协会(NSPCC)还设立了免费的举报儿童虐待的电话服务专线。在英国，任何人，不管与儿童之间是否存在监管关系，只要怀疑儿童正在被虐待，都可以拨打该热线进行举报(梅文娟，2014)。美国关于儿童虐待的干预工作相对比较完善。早在上世纪 70 年代，美国就建立了儿童虐待和忽视统计局(NCANDS)和国家儿童虐待和忽视研究机构(NISAN)。该机构检测、评估、报告关于儿童虐待的情况，并将受虐儿童送往地方保护服务机构(CPS)(Reading et al.，2009)。除此之外，美国还确立了儿童虐待登记报告制度(Newberger，1973)，形成一套完整的儿童虐待法律保护体系(胡巧绒，2011；Osofsy & Lieberman，2011)。

（三）设立专门的儿童保护机构

虐待儿童制度的国家干预系统包括处理案件报告、调查、评估、干预等方面。一方面，不同的功能和不同环节的实施方法，需要工作人员合作，实现国家干预的无缝整合，两者都需要使用大量的社会资源；另一方面，案件的处理非常专业，要求员工具备相关的法律、社会学、医学、科学、儿童发展、教育和其他专业知识，以妥善处理儿童虐待案件。上述两个方面已经超过现有民政部、公安机关、检察院和法院合作模式提供的资源。只有建立特殊的儿童保护机构，我们才能专注于所需的人力和社会资源，可以实现国家干预的无缝整合。作为国家父母权利的代表，儿童保护局承担了国家保护儿童的责任。通过儿童保护机构的独立性和专业化，明确儿童保护机构的职责和职能，积极履行国家保护儿童的责任。这是所有国家儿童保护制度的普遍做法，也是“联合国儿童权利公约”的一般性要求。专门的儿童保护机构不仅意味着机构的独立性，还需要为儿童保护机构配备一定的人力资源并提供必要的财政支持。儿童保护机构内的组织结构和工作人员的安排必须根据案件处理的需要进行设定。至少应该确保干预系统的每个必要部分都配备一名专职人员。从处理案件报告、案件调查、评估、保护儿童、对父母的帮助和监督、对儿童替代监护的责任要求具有相关专业背景的工作人员。从目前中国政府机构的设立来看，儿童保护机构是民政部的一部分,因此在民政部下设立儿童保护机构是可行的。但是,儿童保护机构保护的特殊问题是政府必须为儿童保护机器提供必要的资金来履行保护功能,并用于建设必要的办公空间,专业人员和信息共享(王慧,2015)。

（四）建立强制报告制度

家庭和学校是虐待儿童的重要场所,尤其是家庭中的虐待儿童,因为家庭的隐蔽性,且儿童缺乏自我保护。如果没有找到虐待儿童,国家干预过程将无法启动。当公众知道虐待儿童时,儿童经常遭受的损害已经非常严重。通过建立强制性报告制度,可以有效地克服发现难以及时发现虐待儿童的障碍。但是,中国目前的强制性报告义务只能针对特定人员,如教师、医生、护理人员、社会工作者、亲属等,让一些人与孩子有密切接触,或者因为他们的位置,他们可以检测到儿童受伤的可能性及时。除澄清强制性报告机构外,国家还应建立方便的虐待儿童举报渠道,以方便公众向国家举报涉嫌虐待儿童的案件。最可行的方法是设立 24 小时免费热线,专门接收有关虐待儿童的报告,并广为宣传,提高公众对儿童虐待的认识并了解报告途径。

第三章　社会适应

社会适应是儿童发展与逐步成熟的主要标准，是儿童发展的重要组成部分。本章对社会适应的概念进行了梳理，分析了社会适应的内容、影响因素及其在儿童发展过程中的重要性。

第一节　社会适应的概念

社会适应的概念最早由斯宾塞提出，斯宾塞认为个体对外界环境做出反应，通过一些适应方式来使得内外达到一定的和谐。社会适应对于个体发展来说非常重要的，不能适应新环境会给个体发展带来重要影响。

Searld 和 Ward(1990)认为社会适应包括心理和社会文化适应。心理适应是指在新的文化环境中心理健康程度和对环境的满意成都，社会文化适应是指在新环境中运用社会认知和社会技能来学习和适应新的社会文化。皮亚杰认为个体就是不断通过同化和顺应来适应社会环境，让自身与环境达到平衡。以上学者均是认知的视角出发，认为个体要与外界达到平衡，应该通过认知做出改变来适应新的环境。也有学者认为平衡是个体的人格与环境达到和谐,社会适应是人格适应(聂衍刚,林崇德,彭以松,丁莉,甘秀英,2008)。我国学者朱智贤(1989)将社会适应定义为个体接受现存的社会生活方式、道德规范和行为准则的过程。张春兴(1992)认为社会适应是个体根据外界社会、环境的要求改变自己的行为,以使个体自己和外界保持一致或者平衡。有学者认为社会适应是对促进和谐社会互动的无数技能的统称,适应在社会心理学和社会学中指社会或文化倾向的转变在进化理论中指任何具有生存价值的结构或行为的改变(阿瑟.S.波雷,1996)。由于每个研究者的研究视角不同,对社会适应概念的界定也存在一定差异,但存在一致共识,认为社会适应是个体内部与外界环境的一种平衡或协调的状态。

从以往研究文献可以看出,社会适应是人们调整自己的行为使其适应当时所处环境的一个过程,是个体与社会环境的相互作用过程中说表现出来的一种相对平衡的心理状态的动态过程,也是个体成长过程与所处环境交互作用下的心理适应(杨彦平,2007)。

第二节 社会适应的内容

个体的社会适应是其在发展和顺应环境的过程中面临的任务与挑战构成的。早期有关社会适应的研究认为社会适应是由两个因素构成,如 Meyers 等认为自我满足和社会责任是社会适应的两个基本组成部分;也有学者(Greenspan & Grandfield,1996)认为社会适应是适应生活、社会环境的能力,并基于社会交往的视角把社会适应分为交往技能和社会理解两类型。

随着研究的深入,有研究学者提出了多因素说,如认为社会适应能力也是儿童社会性发展的主要任务之一，社会适应行为包括对新环境的适应能力、与同伴交往的适应能力、对陌生人的适应能力（陈会昌，1994）。研究者们后来提出了社会适应的纬度说，主张在对社会适应进行评价时，从不同纬度对社会适应能力进行了具体的划分，如对中小学社会适应能力的评价中，通常将评价内容分为人际交往、学习适应、日常生活、社会支持等纬度。聂衍刚等人（2008）把社会适应分为良好适应和适应不良，其中良好适应和适应不良均可表现为外在适应良好/不良行为和内在适应良好/不良行为。

目前关于社会适应的内容问题还未达成一致共识，这是社会适应的复杂性和多元性所致。不同研究者的研究视角不同，因而对社会适应的划分也有所区别。综合前人研究，可以看出，社会适应的内容主要包括内隐的心理适应和外显的行为适应两大部分，其中内隐的心理适应如情绪适应、认知适应等方面，而外显的行为适应则主要有环境适应（如学校适应、生活适应）、人际适应及行为适应等。无论是内隐的适应还是外显的适应，均存在适应良好和适应不良两个维度。

第三节　社会适应的影响因素

众多研究认为影响社会适应的因素主要包括个体因素和环境因素，其中环境因素主要有家庭、学校和社会等，而个体因素则指个体的认知水平、人格特点、自我概念、归因方式等等。

一、环境因素

人不仅是自然人，也是社会人，必定会受到所处环境的影响。

环境在儿童发展中具有非常重要的地位，研究者应该在自然环境和具体的社会背景下研究个体发展问题(Bronfenbrenner，1977)。个体在不断的成长时，环境也在不停的改变着，所以个体需要积极主动地和环境保持平衡，只有适应了环境的平衡，才能让个体得到发展(陶沙，2003)。个体在进入社会之前，影响个体社会适应环境因素包括家庭、学校和社会，其中家庭和学校对于个体的影响是最大的。

个体出生后最先接触的环境是家庭。很多研究证明，家庭因素中亲子关系、亲子沟通、家庭教养方式甚至遗传基因等方式都会对个体的社会适应产生影响(刘亚鹏，2015)。如龚沁宜(2018)关于家庭教养方式对中学生社会问题解决的研究结果表明，积极的父母教养方式对个体社会问题解决能力发展有着重要意义，应该重视父母在家庭中对待孩子的教养行为。除了教养方式，父母与孩子的亲子关系、父母的性格、沟通方式等等都会对孩子产生很大的影响。方晓义等(2004)对亲子沟通与青少年社会适应关系调查结果显示不同亲子沟通方式不仅会对个体产生积极的社会适应，也同时会给个体带来消极的社会适应。在家庭中，父母给孩子营造的情境也会他们能力的发展产生影响。刘亚鹏(2015)研究发现拥有语言天赋的父母，不仅会遗传有利的语言发展基因，也会给孩子营造有有利于需要发展的情境，父母对于孩子的影响随着孩子年龄的增长可能会减弱，但仍然存在重要的影响。Grob 等(2019)的研究发现，同龄人对青少年的影响越来越重要，但父母参与对孩子的教育在整个青春期都有显著的影响，强调父母参与对个体社会适应的发展具有重要意义。

儿童进入学龄阶段后，离开家庭进入到学校。学校是儿童接触到的第一个社会环境，儿童进入学校后，与家庭的关系慢慢减弱，与学校的关系逐渐加强，在学校里学习知识及其他发展诸如社会行为、社会情绪、社会认知等方面的能力（殷颢文，贾林祥，2013）。在学校里最大的影响因素是老师和同学。良好的师生关系能提高学生的能力，就连师生的日常接触都会对学生个性、社会性和学业成绩等发展产生影响，教师对考试成绩的影响只占其人力资本影响的小部分，教师对学生其他社会技能也会产生影响（Kirabo Jackson，2018）。个体的一生都在不断发展，依恋对象在每个阶段都会不同。个体到了入学的适龄阶段之后，依恋关系发生巨大变化，依恋对象从父母转向同伴（Ma & Huebner，2008）。有研究表明同伴间的支持会对个体的生活满意度和自尊产生影响，同伴能给个体带来信任感、安全感和亲密感，可以降低个体的孤独感，良好的同伴关系能增进青少年的心理健康（钟歆，刘聚红，陈旭，2014）。由此可见，初中生的同伴关系能对个体的认知、认知、心理、情感及社会适应等方面产生重要的影响。初中生同伴间的沟通和依恋能够正向预测社会适应，同伴依恋品质越高则个体的社会适应能力越强。同时，遇到挫折时有同伴的帮助与陪伴，能够增强个体的心理弹性，也提高了社会适应水平（张梦圆，2018）。

二、个体内部因素

个体的发展是遗传与环境共同作用的结果。基因在心理特征的起源中扮演着重要角色，所有的心理特征都是可以遗传的（董琴，戴晓阳，2006）。很多研究都证明遗传基因对于人格、心智、精神疾病甚至是对社会态度等都有影响。遗传因素和环境因素不仅能影响社会适应的发展，也能解释社会适应发展的原因（Tsai，Hong，& Cheng，2002）。王美萍（2010）的研究表明，个体的遗传基因和个体所经历的负性生活事件对其社会适应有显著的影响。

性格开朗的儿童会主动去结识玩伴，比较能适应新的环境。所以，遗传基因对社会适应也是有影响的。

人格是多方面、多层次的复杂心理特征的整合，它是个体在遗传基因的基础上，通过与后天环境的相互作用而形成的相对稳定、独特的心理行为模式，以往的很多研究都表明个体的社会适应行为与人格有密切的关系（董增云，2007）。研究表明，人格对社会价值观具有良好的心理测量特征，性格倾向与个体的社会化有关，并且起主要作用（Luis F. García，Anton Aluja，& Victoria del Barrio，2006）。人格特征能影响个体良好的社会适应行为，也能影响不良的社会适应行为（聂衍刚等，2008）。特别是对青少年药物滥用、危险的冒险等不良社会适应行为有显著的预测作用。

自我意识是意识的一种，是主体对自己的反映过程，即个体对自己以及自己周围环境关系的认识。自我意识包括三种成分：自我认识、自我体验和自我监控，它们都是个体人格发展的基础。个体的自我意识和社会的适应行为有着非常密切的关系（吴雪峰，2015）。良好的自我意识是青少年心理和行为发展的重要因素，它能够让人的心理保持健康并增加幸福感（张振梅，2017）。聂衍刚等（2009）的研究表明青少年自我意识对形成良好社会适应行为发挥着重要作用，大部分自我意识因子能够正向预测良好的社会适应行为。并且从整体上看，自我意识对良好的适应行为的影响要大于不良的适应行为。

在影响社会适应因素的多种因素中，人格和社会问题解决能力是其中最重要的两个人体变量，人格是相对稳定的因素，而社会问题解决能力是相对容易改变的部分（金燕徽，余益兵，2016）。社会问题解决能力由问题取向和问题解决两个部分组成。社会问题解决能力是个体怎么看待问题、评价自己、然后用各种有效的方法解决生活中的问题、促进良好的社会适应能力(Huband, McMurran, Evans, & Duggan, 2007)。社会问题解决能力可以通过干预或个体的努力来提升。幼儿期是个体获得社会情绪和行为技能的关键期,因此,早期干预消极的行为是很重要也是很有价值的,通过干预可以促进幼儿的积极社会适应行为,预防和改善儿童的行为困难(Barnes, Wang, & O'Brien, 2018)。社会问题解决能力能显著预测社会适应的类型,而社会问题解决能力中的问题取向也是不同社会适应类型的敏感指标,并且不同的社会适应类型的个体具有独特的社会问题解决能力(金燕徽,余益兵,2016)。

第四节 社会适应对儿童发展的重要性

从以往研究来看,人们对于社会适应的理解都是从社会适应能力的角度出发,而且研究的对象大多为儿童群体。国外学者研究范围较为广泛,研究内容也日趋具体化,他们的研究主要集中于角色适应、社会交往、学校适应、心理适应等方面。国内对于社会适应的研究群体多以大学生为主,也有部分集中于儿童社会适应的研究,并且研究内容也逐渐集中在家庭适应、人际适应、社会适应、学校适应等方面。许多研究也证实了社会适应对儿童有着非常重要的作用。Margaret(2001)研究发现儿童获得与年龄相符合的各种能力,减少社会情绪和行为问题的严重性,确保儿童心理健康需要是至关重要的。张光珍等人(2017)研究显示,学生的学校适应能力与外显问题、内隐问题、学习问题存在负相关,而且学生的适应能力对他们的发展至关重要,甚至会影响他们的一生。Hernandez(2018)的研究表明,如果儿童学校适应不良,与教师、同龄人的关系质量不高,儿童在学校的参与度就越低,就会影响儿童各方面的发展。所以，我们从这些的研究可以发现对儿童社会适应能力的发展是必要的。

研究者对儿童社会适应的影响研究中，很多都是对个体因素和环境因素的研究。外部因素，如家庭环境、学校氛围、父母教养方式等等，这些都会对儿童社会适应发展产生很大的影响。个体在出生之后首先接触第一环境就是家庭环境，而家庭环境中最重要的就是父母，父母的一言一行、对儿童的教养方式，父母与儿童间的亲子关系都会对儿童的发展产生影响。很多研究发现受虐待儿童的各种社会能力都比未受虐待儿童的社会能力要差。朱相华(2006)等研究表明，受虐待的中专学生社交能力低于未受虐待的学生，并且受虐待的时间越长，对社会适应能力的影响越严重(魏贤玉，朱相华，李娇，杨永杰，田玉湘，2007)。张倩(2017)对儿童社交退缩的研究中发现，父母对儿童的社交退缩有重要影响，父亲对儿童的保护和母亲对儿童支持与社交退缩呈现正相关。亲子关系与儿童社会发展有很大的关系，特别是母子关系。母子关系是儿童所有关系中的主要关系和中心关系，为儿童未来探索环境、与他人互动提供了基础，对儿童的社会化发展有着重要的影响。亲子关系对于幼儿时期的影响是非常重要的。有研究显示母女的关系密切预示着女儿的社交能力更强，问题行为更少，而女孩如果缺乏与母亲的亲密关系可能导致女孩的行为障碍和问题行为，父子冲突则能预测男孩的社交能力更差，问题行为更多(Xu，Liu，Li，Liu，& Huntsinger，2018)。由此可以看出父母的对于孩子的影响是潜移默化，深远持久的。父母不仅要给孩子物质基础，更应该花时间在孩子身上，培养与孩子的关系，并要有意识的发展孩子各方面的能力，才会让孩子的社会适应得到好的发展。

儿童除了家庭之外，接触最多的另一个环境就是学校。在学校里他们要和老师、同学接触，还要处理好自我管理和学业等等方面的问题，这些对于他们来说也是一种挑战。谢敏芳等(2018)对流动儿童学校适应的研究中发现，流动儿童的学校不适应会影响到他们学业和个人能力的发展。程绍珍等人(2018)对某初中的班级氛围进行了12个月的干预，结果显示实验组的社会文化适应得分明显高于干预之前，表明班级氛围能直接影响儿童的社会文化适应。在学校环境中对儿童社会适应影响很大的还有同伴关系。同伴依恋对于儿童的社会适应的发展有着重要影响。个体在进入到学校之后，对同伴也逐渐产生依恋，特别在初中以后对于父母的依恋转化为以同伴依恋为主。他们从同伴依恋中获得支持和亲密感，可以促进他们社会适应的发展。有研究表明，同伴沟通和同伴依恋可以正向预测社会适应，同伴依恋的品质越好，社会适应能力就越强(张梦园，曹运华，王明辉，2018)。综上所述，学校是儿童除了家庭以外的主要活动场所，学校里的成功体验是儿童社会适应的重要影响因素，而社会适应能力对儿童是很重要的发展，学校也应重视儿童社会适应能力的培养。在有条件的情况下可以进行家校互动，与家长进行沟通，可以更好的为孩子创造良好的发展环境。

个体因素主要包括个体的人格特征、个体的社会问题解决能力等。McCrae等(1997)的研究中发现，德国、葡萄牙、中国、韩国和日本等国家发现社会适应行为与人格有密切的关系。人格不仅会对个体带来良好的社会适应行为，它也会对不良的社会适应行为带来影响。研究表明，认知中神经质与大部分良好社会适应行为呈显著负相关，而人格的开放性、严谨性、宜人性、严谨性与大部分良好社会适应行为呈显著正相关(聂衍刚等，2008)。随着研究的进一步发展，发现应对方式、自尊、情绪调节能力等因素可以调节或者缓冲危险性因素的破坏性，对儿童社会适应性的发展有着积极作用。如与人格相比，社会问题解决能力是个体因素中相对容易改变的部分，社会问题解决能力与个体的身体发展、心理发展、学业和职业的适应等都有着很大的关系，在个体的适应过程中，它不仅可以解决问题，还能调节消极情绪。有研究表明，社会问题解决能力具有可塑性，并能够预测适应类型，所以在学校心理健康教育中，要根据学生的适应类型来提高他们社会问题解决能力（金燕徽，余益兵，2016）。个体因素中心理品质也是重要影响因素。杨明（2018）对儿童积极心理品质与社会适应关系进行了调查，结果显示，积极心理品质与社会适应呈现正相关，其中自我效能感和韧性对社会适应的影响最为显著。

社会适应对于儿童发展有着重要意义，如社会适应发展会影响儿童的智力发展，影响儿童的社会性认知水平，甚至影响儿童从"自然人"走向"社会人"。随着研究的不断深入，Ladd 等（1997）的研究表明适应不只影响孩子的学习学业成就，还影响他们对学校的情感和态度、对学校活动的参与程度，适应是儿童在环境中得到愉快的体验并投入到活动中取得成功的过程。适应能力好的儿童能够很好的解决遇到的各种问题，儿童也能较好的协调好自我外部与内部，而适应不良的儿童会对环境越来越冷漠和不适，产生许多的逃避行为及其他不良行为。如果儿童在十岁之前产生了行为问题，这些行为问题可能会严重而持久，最后导致物质滥用、犯罪和抑郁等风险（Mash & Barkley2006）。

从以上可以看出，我们应重视儿童的社会适应发展，根据儿童的心理发展规律培养儿童社会适应能力，从而促进儿童更好发展。

第四章　儿童虐待与社会适应的关系

儿童虐待对个体社会适应会产生负面影响作用，但是儿童虐待与社会适应之间还有一些其他变量起着保护作用或促进作用。本章对儿童虐待与社会适应之间的关系进行了梳理，以期进一步认识儿童虐待与社会适应之间的关系，厘清儿童虐待对社会适应的作用机制及其保护性因素。

第一节　儿童虐待与社会适应的相关研究

社会适应主要分为为外显和内隐两个方面。外显的社会适应主要表现为行为的适应，如攻击性行为、亲社会行为、同伴关系、学校适应等；内隐的社会适应主要有情绪的适应、认知的适应等，如抑郁、焦虑、孤独感、自尊、自我评价等方面。

儿童处于不良环境下，其认知发展会受到消极影响，甚至造成学习困难、厌学等现象。研究发现，有忽视经历的儿童比没有忽视经历的儿童在解决问题过程中表现出更多的没有耐心、受挫感、愤怒和更少的灵活性和创造性（Egeland, Sroufe, & Erickson, 1983）。有受虐经历的儿童在智力和学习成绩上的得分更低

(Erickson, Egeland, & Pianta, 1989)；在儿童语言接受和表达能力上，受到关心较少儿童的语言发展要晚于那些受到关心较多的儿童(Allen & Oliver, 1982)；此外，遭受虐待的儿童在人际关系中经常出现负面的归因趋势(Jacqueline Corcoran, 2000)，在注意力上则呈现易分心、易过度反应、易做白日梦、呆视及非病态解离症状等现象(Rossman, 1994; Shields & Cicchetti, 1998)。

儿童虐待往往与个体成年后的低自尊、情感紊乱和低自我价值感有关(Mullen, Martin, 1996)；受虐经历破坏儿童自我力量、自我效能感、自尊心，从而损害儿童的幸福与满足感(肖长根，唐秋萍，邓云龙，潘辰，袁秀洪，2007)；经常的蔑视、侮辱或拒绝儿童，或嘲讽、贬低儿童，会伤害儿童的自我价值感、自我效能感和自信心(杨世昌，杜爱玲，王新友，李恒芬，2003)。童年期的创伤经验对个体自尊具有显著负向预测作用，受虐儿童的自尊水平明显偏低(张敏，王礼桂，邢艳菲，2007；刘桥生，蔡太生，朱虹，申自力，罗兴伟，2009)。

虐待对儿童情绪情感发展影响的研究主要体现在对儿童情绪的表达能力、情绪意识等方面的影响。受虐儿童符号表征能力缺乏且较少使用语言来表达内在的情绪感受(Beely & Cicchetti, 1994)，准确表达自我情绪、识别情绪方面的能力相对较差(Allessandri, 1991)。儿童的虐待和忽视经历不同，他们理解情绪信号也会有所不同(Pollak & Kistler, 2002)。有些研究检验了情绪表达不能在童年期创伤经历对社会适应问题(如人际功能受损、社会焦虑等)影响过程中的间接作用(Turner & Paivio, 2002)。这些研究均表明，童年期的受虐经历会损害个体情绪功能的发展，进而影响到个体应对应的成长问题、生活事件等激起的情绪唤起。

许多受虐儿童表现出抑郁、自卑、孤僻、焦虑等心理健康问题

(王瑶，钱胜，王文霞，2008；王瑶等，2008；杨文娇，2012)；受虐经历与个体外向乐观、开朗合群、情绪稳定、好强兴奋、有恒负责、冒险敢为、自律严谨、处事安详机警等积极的性格特征呈负相关，而与个体刚愎多疑、抑郁紧张、烦恼焦虑、对环境的适应能力不足等消极个性呈正相关(廖英，邓云龙，潘辰，2007)。有研究发现，儿童情感虐待与青少年抑郁存在因果联系，儿童期虐待会导致个体使成年后出现物质滥用、饮食失调、自杀、高危性行为、吸烟和睡眠障碍等问题行为，还可能会导致个体人际关系失调、自我封闭、缺乏热情、缺乏社会关系等问题。个体受虐待后产生抑郁症和创伤后应激障碍也较常见(王庆雄，2006)。

第二节　儿童虐待影响社会适应的机制

综观儿童虐待和社会适应的相关研究，儿童虐待到底如何影响社会适应即儿童虐待对社会适应的作用机制的系统探讨相对较为缺乏。当前关于儿童虐待对社会适应作用机制的探讨主要存在中介机制和调节机制这两种。对儿童虐待影响社会适应的中介效应和调节效应的探讨，有助于研究者解释自变量与因变量之间的关系是如何发生的或是为什么发生的(Baron & Kenny，1986)，探讨儿童虐待对社会适应作用的中介机制和调节机制，也为预防和干预儿童虐待对社会适应不良影响提供较好的理论基础和更广阔的视野。

一、儿童虐待对社会适应的中介机制

儿童虐待对社会适应作用的中介机制的基本观点主张，儿童虐待对社会适应的影响主要通过一系列中介过程来实现。梳理当

前相关研究来看，研究者关注儿童虐待对社会适应作用的中介变量主要分类为个体特征、环境特征等方面。

（一）儿童虐待对社会适应的影响：个体特征的中介作用

儿童虐待主要是通过应对方式、心理韧性、人格特质、自尊、情绪调节等这些个体特征变量的中介作用来影响个体社会适应。

1. 儿童虐待可以通过应对方式的中介作用影响社会适应。有儿童期虐待经历的儿童更倾向于采用消极的应对方式(傅鹃花，2016)，经历过情感虐待的儿童比未经历者的积极应对方式得分低，而消极应对方式得分更高(侯艳飞，赵静波，杨雪岭，2011)。儿童虐待与应对方式紧密相关，与积极应对呈负相关，与消极应对方式呈正相关(杨蓓，张会会，郭春红，曹枫林，2018)。儿童虐待程度越严重，越可能采用指向情绪的应对方式，也意味着更严重的情绪行为问题，反之则采用指向问题的应对方式，情绪行为问题更少出现，具有良好的心理适应(滕艳霞，2012)。应对方式是影响心理健康的重要中介变量，压力事件通过积极应对方式的中介作用对学校适应产生间接效应(阳红，2015)。

2. 儿童虐待可以通过心理弹性来影响社会适应。心理弹性是个体经历逆境或者创伤后仍能保持或很快恢复正常的心理机能，是“自我调适机制”的成功应对。有研究发现心理弹性在小学生受虐待经历与焦虑关系中发挥部分中介作用(朱茂玲，2016)，心理韧性对受虐儿童学校适应的影响通过自我效能感和同伴依恋的双重中介效应发挥作用，心理韧性对学习成绩的影响则部分通过自我效能感的中介效应发挥作用(田艳辉，2015)。因此，在心理受虐待的个体中，弹性和自尊似乎在情感问题和行为问题中发挥着保护作用，心理弹性也在儿童创伤与抑郁的关系中起着保护作用。心理弹性在童年创伤对抑郁症的影响过程中起直接作用(Ding，

2018)。

3. 儿童虐待可以通过自尊来影响社会适应。自尊作为一种较为常见的中介变量自尊受到来自家庭、学校、社会等多方面因素的影响。自尊直接关系到心理健康的状况(晓波等,2005),儿童期的不良经历可能通过自尊影响儿童的身体健康,并起到一定的中介作用(Hong-Juan,2010)。童年经历过父母忽视和虐待的孩子更有可能从事不健康的行为或经历肥胖。Park(2018)通过结构方程模型分析发现,自尊在父母忽视与儿童肥胖、躯体虐待与儿童肥胖之间具有显著的中介作用。Wolf 和 Elklit(2018)的研究也证明自尊在儿童饮食失调和创伤后应激障碍间起到中介作用。自尊在父母忽视与儿童肥胖、身体虐待与儿童肥胖之间具有显著中介作用,自尊在儿童期躯体虐待行为与青少年网络成瘾行为间也具有中介作用(Zhang,2012),自尊作为中介变量调节儿童期虐待对大学焦虑、抑郁症状(倪林英,2017)。对有不良经历的儿童来说,自尊在儿童早期心理虐待和忽视行为与攻击性行为、情绪稳定性、心理健康水平之间起部分中介作用(刘桥生,2009;姜红娟,2010;朱相华,2010),Greger(2017)研究发现自尊在儿童虐待和主观幸福感之间起到中介作用。

4. 儿童虐待可以通过自我概念影响社会适应。自我概念是指个体在社会化过程中逐渐形成的对自己相对稳定的认知评价,是个体对自身各个方面的知觉,其形成主要来自于社会互动中他人对自身的评价(Marsh,Shavelson,1985)。青少年对自己的认识越清楚,他们的心理适应能力也就越强,所以它是个体发展中的一个重要资源(Parise,Canzi,Olivari,Ferrari,2019)。童年创伤会影响个体的心理健康,自我概念会将外在事物的影响内化为心理能量,在童年创伤与心理健康间起到中介作用(王云,闻素霞,2014)。

研究表明，自我概念在童年创伤和心理健康之间起着部分中介的作用，即童年创伤既可以对个体心理健康水平产生直接的影响，也可以间接地通过自我概念对心理健康产生影响(张燕，2016；杨玲，苏红婷，曹华等，2018)。陆凤英等(2015)研究发现，自我概念在儿童虐待与自我效能间起部分中介作用。自我概念也可以作为儿童虐待与自我伤害的中介变量，且儿童虐待和自我概念对自我伤害有显著预测作用(李佳桐，2013)。

5. 情绪调节在儿童虐待与社会适应间的中介作用。近年来针对不同年龄层被试的研究发现，情绪认知调节在早期的受虐经历与儿童攻击暴力行为、违纪违法行为、自杀自残行为、吸烟酗酒行为、暴饮暴食行为、等行为问题间起中介作用，(杨静，2018；陈丽华等，2016；周良凯，2015；Mills，2015；Hodgdon，2009；Walters & Glenn，2017；Choi & Oh，2013)，情绪调节在儿童性虐待和抑郁症状间起部分中介作用(Ullman，2014)。Ullman(2014)的研究表明儿童性虐待的严重程度与PTSD和抑郁症的严重程度有关，间接原因是应对不当和情绪调节减少，其他创伤与症状有直接关系，并通过不良应对和情绪调节起部分中介作用。

6. 人格在儿童虐待与社会适应之间具有中介作用。长期遭受心理虐待的儿童在生活中容易产生负性情绪偏向，从而形成神经质人格(Rogosch & Ciccheti，2004)，而过于敏感的人格又会促使个体在情绪调节过程中采用不适当的调节策略(Andres et al.，2016)。研究发现，神经质在心理虐待与儿童不适应性认知情绪调节策略关系间起完全中介作用(刘文，刘方，陈亮，2018)。近期亦有研究考察了神经质人格在儿童期情感虐待与抑郁间的中介作用Hovens，Gitay，yanHemert，& Penninz，2016；Navrady，2017)，结果表明情感虐待经历造成了个体的高神经质特点，对生活事件更多地采取消极评价，因而更易产生情绪问题。神经质可以作为中介变量对心理虐待和情绪问题产生影响（刘文，2018），大五人格在儿童期虐待和自尊之间起完全中介作用，其中神经质和外向性作为中介变量在儿童期虐待对自尊的影响中起着中介作用（朱相华，2012；范兴华，2014）。

（二）儿童虐待对社会适应的影响：环境特征的中介作用

儿童虐待除了通过个体特征变量的中介作用影响其社会适应外，还通过环境特征变量的中介作用进而影响个体的社会适应。当前研究主要是集中在社会支持、依恋等变量来探讨儿童虐待与个体社会适应的中介作用的。

1. 儿童虐待通过社会支持的中介作用影响社会适应。有研究发现，社会支持在儿童心理虐待和忽视与大学新生自动思维之间起到部分中介作（于增艳，2014），社会支持在童年期虐待与非自杀性自伤的关联中存在部分中介效应，良好的社会支持有助于有童年期虐待经历者自伤行为的预防和控制（刘婉，2017）。社会支持可分为主观支持和客观支持两类。主观支持即领悟社会支持，指个体能够深切体会到社会的扶持和帮助。这一感受来源于个体的主观想法，他们在日常生活的各个环节能够察觉和发现社会的帮助，并能够被尊重、被理解，进而能提升自身的幸福感，最大程度提升对社会的满意度。另一类实际社会支持即客观的、可见的支持，这一类支持在眼目所及之处能够被发现，当个体遭遇挫折时，旁人能够及时予以扶持，能够赐予生活的勇气和力量（Barrera，1986）。社会支持的不同成分对心理健康起着不同的作用。有研究表明，在虐待与虐待产生的不良后果之间，个体感受到可利用的社会支持起中介作用（Jones，1997；Crouch，2001），领悟到的社会支持越少，越能体验到孤独感。吴晗菲（2017）对受虐待的儿童进行调查，研究发现领悟社会支持会间接影响孤独感，即自我隐瞒与领悟社会支持在心理虐待与孤独感间存在链式中介作用。

2. 儿童虐待通过依恋的中介作用影响社会适应。根据依恋理论，与护理人员建立安全依恋是否会影响个体安全的内部安全模型的发展。研究表明，不安全依恋在儿童期虐待和成年期情绪障碍和人际关系中起着中介作用，张迎黎(2010)的研究发现，无论男生还是女生，亲子依恋在儿童期虐待和抑郁之间都起着部分中介作用。亲子依恋对精神虐待与攻击行为的中介作用显著(欧阳敏，2013)。一项关于韩国学生的同伴依恋、自尊、抑郁和儿童虐待的发展轨迹的研究发现，从 5 年级到 8 年级，虐待和抑郁的程度增加，自尊随着同伴依恋的慢慢降低而逐渐降低，自尊初值呈现部分中介效应，而变化率呈现完全中介效应，纵向中介效应显著，青少年早期遭受虐待的经历越多，同伴依恋程度越低，而同伴依恋程度越高，抑郁程度越低，同伴依恋的初始值和变化率均存在显著的部分中介效应，且存在纵向中介效应(Ju & Lee，2018)。

二、儿童虐待对社会适应的调节机制

儿童虐待影响个体社会适应，然而，儿童虐待并不是以同等程度影响个体的社会适应程度，儿童虐待和个体社会适应之间的关系还有可能会受到调节变量的影响。相对于中介作用的研究来说，当前儿童虐待对社会适应的调节作用的研究相对较少，主要考察自尊、心理弹性、情绪调节等变量在儿童虐待和社会适应间的调节作用。

Arslan(2016)的研究表明，心理弹性和自尊可以部分调节青少年心理虐待-行为问题与心理虐待-情绪问题之间的关系，因此，对心理受虐的个体来说，心理弹性和自尊似乎在情感问题和行为问题中发挥着保护作用。心理弹性也在儿童创伤与抑郁的关系中起着保护作用。

积极心理学认为积极心理品质对个体心理健康的发展至关重要,可以缓解风险因素对个体产生的消极影响。心理弹性和希望作为积极心理品质中的重要内容,其在儿童虐待与社会适应间起着重要保护作用。

心理弹性是个体能适应好生活中的逆境、创伤、悲剧等重大事件的重要条件(许静,2010)。心理弹性可以理解为运用保护因子来抵御压力及逆境的能力,可以调节由压力事件所带来的负面影响,与适应能力、幸福感等都有关系(苏文静,2019)。研究证明,心理弹性可以作为调节变量,在同样应激事件下,不同心理弹性水平的个体表现出不同的发展结果(Lee & Cranford,2008),心理弹性水平低的个体在面对压力或者逆境时常采取逃避等消极方法,容易对压力或逆境产生消极态度(栗诗羽,2016)。儿童期创伤正向预测抑郁症状,心理弹性在二者关系间起保护性作用,可作为调节变量。因此,对青少年抑郁症状的预防和干预,不仅可以通过避免或减少儿童期创伤,还可以通过提升青少年的心理弹性,增强心理弹性对青少年心理健康的保护作用,以减少抑郁症状的发生(丁慧思,2017)。希望是个体应对消极事件所产生的不良影响的重要弹性资源,能够在风险因素对心理健康的消极影响中起有效的缓冲作用(Gum & Snyder, 2002; Salgado, Deane, Crowe, & Oades, 2010; Valle, Huebner, & Suldo, 2006)。有研究者(李越,2017)发现希望调节了心理虐待对特质抑郁的直接影响以及心理虐待通过认知偏向对特质抑郁的间接影响。

应对方式还可作为调节变量,对童年遭受逆境带来的负面影响起到缓冲作用。尽管个体在童年经历过虐待,但可以在家庭以外的环境中获得更复杂的应对策略(Thomson,Jaque,2018)。研究发现,经常采用任务导向的应对策略来管理压力的受虐待的参与者报告的抑郁症状水平较低。在未受虐待的参与者中也观察到任务导向策略对抑郁症状的保护作用。这些研究表明,在使用更多以任务为导向的应对策略的个体中,负面心理症状较少,任务导向的应对策略在虐待-抑郁症状关系中具有调节作用(Cantave,Langevin,Marin,Brendgen,Lupien,& Ouellet-Morin,2019)。

此外,也有研究发现同伴关系和父母关系中的安全依恋对儿童期虐待的负面影响具有保护作用,起着部分调节作用(Aspelmeier,Elliott,& Smith,2007)。

第五章 理论构建:儿童虐待影响社会适应的资源保护模型

一些理论模型有助于我们进一步深入了解和研究儿童虐待影响社会适应的机制。本研究将在生态系统理论、发展系统理论、心理弹性理论、压力缓冲假说及资源保存理论的基础之上,结合相关研究,构建儿童虐待影响社会适应的理论模型,即儿童虐待资源保护模型。

第一节 儿童虐待的相关理论基础

一、生态系统理论

美国心理学家 Bronfenbrenne 认为对儿童发展特点的研究要强调其发展的情景性,并提出了生态系统理论的观点。生态系统理论(ecological systems theory)(Bronfenbrenner,1989)认为,个体发展是个体与环境交互作用的结果,具有相同或类似个体特征的青少年因所处环境的不同而有不同的行为表现(叶宝娟,李董平,陈启山,王艳辉,2011;Lazuras,Eiser,& Rodafinos,2009)。

Bronfenbrenner 认为,应当在自然环境和具体社会背景下探讨个体发展问题。Bronfenbrenner 将个体生活于其中并与之相互作用的不断变化的环境称为行为系统，行为系统主要分为微系统、中系统、外系统和宏系统。这些行为系统以对儿童发展的影响直接程度进行划分，其对儿童的影响也从直接到间接(Harden, Turkheimer, & Loehlin, 2007)。微系统处于生态系统的最里层，指个体活动和交往的直接环境，其不断变化和发展着。对大多数婴儿来说，微系统仅限于家庭。随着婴儿的不断成长，活动范围不断扩展幼儿园、学校和同伴关系不断纳入到婴幼儿的微系统中来。对学龄儿童来说，学校是除家庭以外对其影响最大的微系统。Bronfenbrenner 认为，必须看到所有的关系都是双向的，也就是说成人影响着儿童的反应，但儿童决定性的生物和社会的特性-其生理属性、人格和能力也影响着成人的行为(郭力华，2007)。中间系统处于生态系统的第二个层次，是指各个微系统之间的联系或相互关系。如果微系统之间存在较强的积极的联系，其发展可能实现最优化。反之，微系统间的非积极的联系则会产生消极的后果。如果儿童在家庭中处于被溺爱的地位，在玩具和食物的分配上总是优先，那么一旦在学校中享受不到这种待遇则会产生极大的不平衡，就不易于与同学建立和谐、亲密的友谊关系，甚至还会影响到教师对其指导教育的方式。生态系统的第三个层次是外层系统，是指那些儿童并未直接参与但却对他们的发展产生影响的系统，如父母的工作环境就是外层系统影响因素。儿童在家庭中的情感关系可能会受到父母是否喜欢其工作的影响。生态系统的最后一个层级是宏系统，指存在于以上 3 个系统中的文化、亚文化和社会环境，它规定如何对待儿童，教给儿童什么以及儿童应该努力的目标。在不同文化中这些观念是不同的，但这些观念存在于微系统、中系统和外系统中，直接或间接地影响儿童知识经验的获得(刘杰，孟会敏，2009)

二、发展系统理论

发展系统理论是沃丁顿(1951)首先提出的，他认为基因是发展系统的核心，基因控制着每一个发展阶段(Waddington，2012)。Gottlieb(1992)提出的一种发展系统观点认为发展和进化分析的核心在于变化中的基因-情境或生物-情境间的关系。Gottlieb(1997)的发展系统观认为，有机体发展所经历的是一个或然渐成的过程。发展系统观最重要的特征是明确地指出基因是这一整合系统中的一部分，而且基因的活动受该系统其他水平事件的影响，这些影响也可以来自生物个体所在的环境。Ford 和 Lerner(1992)以一种以生物-环境相互作用为核心的方式定义了发展系统理论，他们认为发展包括有机体的一系列功能转变，由人的当前状态与当前环境的相互作用而产生的。

美国心理学家 Richard 提出的发展情境论是发展系统论体系的代表性观点，其强调发展中的个体与其所生活的生态环境间随时间发生双向交互作用(张文新，陈光辉，2009)。在交互作用观点的基础上探讨系统性影响因素与人的发展之间随时间所形成的循环作用，是将人类发展置于实际的生态环境之中的研究，其核心思想为个体与其所处的多元化情境间不断变化、互惠(或动态交互作用)关系构成了人类发展的本质过程(Lerner，1986)。

三、压力缓冲假说

压力缓冲假说的基本观点认为，个体的积极因素会缓冲压力带来的影响，保护个体更好地应对面临的压力，拥有积极品质的个体无论在低压力还是高压力环境下均表现出适应良好(Cha & Nock，2009；Laborde，Brill，Weber，& Anders，2011；Martins，Ramalho,& Morin,2010)。

生活中的重大事件和小麻烦的处理都与身心健康问题有关(Dobrenwend & Dohrenwend,1978),但个体对于压力事件的反应是不同的,有些个体比其他个体更容易受到压力的负面影响。Linville(1987)提出的自我复杂性模型表明,个体对压力的脆弱性的不同部分是由于自我认知表征的不同,更具体地说,是由于自我表征复杂性的不同。在累积压力情况下,较高自我维度可以缓冲压力带给个体的不利影响,尤其在累积压力较高的情况下,自我维度的数量越高则越有助于青少年应对压力(孙晓玲,李晓文,吴明证,2006)。面对压力时,青少年自身的保护性因素可以起到缓冲作用,个体的心理素质就是其中一个重要的保护性因素。研究表明,心理素质可以缓冲负性事件对个体的消极影响(王鑫强,霍俊妤,张大均,刘培杰,2012)。根据压力缓冲假设理论,心理素质具有缓冲同伴侵害不利影响的作用,高心理素质水平的青少年从低同伴侵害情境到高同伴侵害情境会出现相对较少的内外化问题行为,而低心理素质水平的青少年在同样情况下其内外化问题行为则会急剧增加(赵占锋,刘广增,李淑芬,张兴举,2018)。

人作为社会性动物,最根本的特性是社会性,个体的自尊、幸福感等都是取决于他人的评价(Crocker & Park,2004),个体的发展离不开社会,而社会也会给个体带来各种压力。Zhang 和 Renwen(2017)研究发现,随着互联网的发展,人们越来越多的在网络上进行自我表露,如 Facebook 和 Twitter 可以让个人即时分享他们的故事和感受,并向各种各样的联系人表达他们基于支持的需求,个体在自己的自我表露可以缓冲压力对心理健康的有害影响。无论是在现实生活中还是在虚拟现实中,言语和非言语情感支持都可能减少急性社会评价应激源的负面影响(Kothgassner,Goreis,& Kafka,2019)。

压力缓冲假说表明社会资源可能阻止或减弱压力对健康的影响(Cohen,1985),研究表明,个人拥有更多的社会资源,特别是在获得更多社会支持后,更有利个体的心理健康(Baek,Tanenbaum,& Gonzalez,2014),且缓冲假说认为压力对健康相关因素的负面影响会随着社会支持的作用而减少(Ditzen & Heinrichs,2014)。

积极心理学的兴起使心理学家开始关注个体的积极心理特质。积极心理学认为那些可测量的积极特质能在个体面临的风险因素中起到缓冲和保护作用(Masten & Coatsworth,1998; Rutter,1993)。希望作为一种重要的积极心理品质,能够作为人们面对风险性因素和压力事件的保护性因子,对于压力性事件起到调节和缓冲作用,是个体预防心理疾病和应对压力的重要心理资源(Valle,Huebner,& Suldo,2006)。

四、心理弹性理论

Rutter(1987)认为心理弹性可以作为保护性因子,能缓和、改善或改变个体对容易引起适应不良的环境危害的反应。心理弹性是个体在遭受挑战或威胁的状况下仍能成功适应的过程、能力或结果。Connor 等(2003)认为心理弹性使个体在逆境中仍能蓬勃发展的个人品质,是个体成功应对重大改变、逆境或风险的能力,可以让个体在严重逆境中的稳定性或快速康复甚至成长(Leipold et al. ,2009)。

个体自身内在品质和能力、以父母为中心的家庭支持、来自核心家庭外部的支持构成个体的保护性因素系统。它们之间不是孤立存在而是产生交互作用的,会有心理弹性内部机制作用的存在

(冯岩,2018)。现在学术界对于如何理解弹性的内在结构也存在分歧,但在进行科学研究时,一般都将弹性机制从操作意义上定义为具体的保护性因素作用的结果(马伟娜,桑标,洪灵敏,2008)。心理弹性是个体内部和外部的保护性因素。人格中的积极因素、支持性的环境,都属于个体的保护性因素(Garmezy,1993)。Block(1996)研究发现,个体心理弹性的高低与人格中的积极情绪、信心、担当、正义感、主动性、自尊、乐观、自我肯定等呈正相关。心理弹性说包含的保护性因素一方面将危险处境对个体产生的负面影响起到降低作用,另一方面还能使个体心理弹性更好地发展(胡月琴,甘怡群,2008)。Masten 和 Coatsworth(1998)发现不同的心理弹性研究中都提到了类似的保护性因素,而这些保护性因素在家庭暴力、贫困等消极情形中都起积极保护作用。

五、资源保护模型

资源保护理论提供了一个框架来理解、预测和检查个体及其生存环境动态变化之间的关系,进而改造环境以达到更优的资源投入与收益的平衡(Hobfoll,2011)。资源的动态变化伴随资源螺旋获得和资源螺旋式损失两个过程。人有动机获得、保持他们认为有价值的资源如亲密关系、自尊等,并且现有资源可以产生新资源,伴随该过程,资源完成积累的过程。与之相对的是资源螺旋式损失。当人们遇到问题时,就会面临资源可能或实际的损失,进而产生心理压力,如果没有成功地应对问题,资源会进一步损失,此时拥有较多资源或替代资源的个体可以更好地应对压力,受到的负面影响较小。此外,资源保护理论也强调不同类型资源之间可以互相补偿,尽管资源的损失能对个体产生压力,但个体可以使用其他资源来弥补这些资源的损失(Pearlin,1981)。Hobfoll(2001)

认为,资源并不是由个体决定的,它是某种特定文化的产物,不同的资源与不同的结果变量(工作、家庭、社会适应等相关变量)存在相关且不同的资源彼此联系可以更好地预测结果变量。

第二节 受虐经历对儿童社会适应的作用机制:资源保护模型

上述理论均反映了个体成长过程中环境等因素对个体社会适应发展的作用机制,即个体成长中所遇到诸如环境等压力会影响个体的发展,而这些压力会导致个体产生适应不良。儿童期虐待作为一种非常典型的不良处境或生长环境,同时也是个体成长的压力,其给个体的社会适应发展带来较大的负面影响,因此,本研究在前人理论和实证研究的基础上,提出儿童虐待影响社会适应的资源保护模型。儿童虐待影响社会适应的资源保护模型的主要观点为:儿童虐待会影响儿童社会适应发展,但是儿童所拥有的资源(个体资源和环境资源)在儿童虐待和社会适应之间起到保护作用。

此外,尽管儿童虐待会导致个体社会适应发展的负面影响,但对于不同特征个体来说,其影响程度也不尽相同。因此,儿童虐待和社会适应之间可能还存在一些调节变量。通过对前人研究的分析,部分个体资源和环境资源在儿童虐待和社会适应之间具有中介作用,但也有一些个体资源和环境资源在儿童虐待和社会适应间充当调节变量,如自尊和心理韧调节青少年心理虐待-行为问题与心理虐待-情绪问题之间的关系(Arslan,2016)。因此,资源在儿童虐待与社会适应之间的保护可以进行拓展。资源在儿童虐待和社会适应间的作用如下图 5-1 所示。

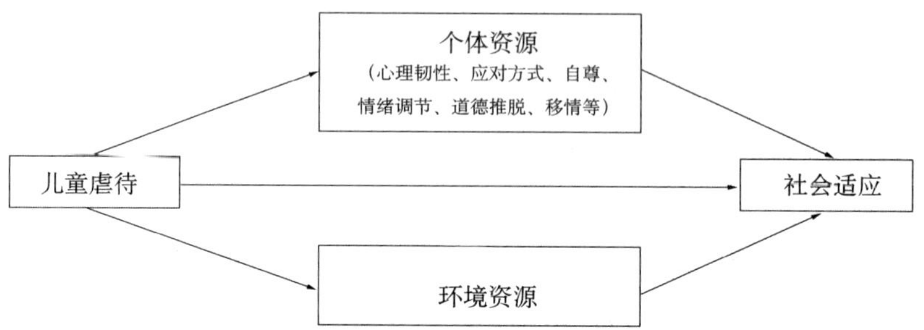

图 5-1 儿童虐待对社会适应影响的资源保护模型

第六章　我国儿童虐待发生的特点及影响因素

以我国广西、广东、贵州、湖北、湖南、安徽、江苏、内蒙古、宁夏等9省部分地区的中小学生为调查对象，分析我国学龄儿童受虐情况，初步了解我国儿童虐待的发生特点及其发生的影响因素。

第一节　调查对象和方法

一、调查对象及抽样方法

研究调查对象为广西、广东、贵州、湖北、湖南、安徽、江苏、内蒙古、宁夏等9省抽样地区4—9年级学龄儿童，年龄为9—16岁。

采用分层随机整群抽样的方法，每省在省会城市地区和其他市县级共抽取中小学生样本1500左右，实际共发放问卷13500份，回收有效问卷11276份，有效率为83.53%。

二、调查方法、问卷内容及设计

调查主试均由应用心理专业本科生或心理健康教育专业硕士研究生担任。调查前先由研究者对调查主试进行统一培训，交代问卷调查的注意事项，并统一指导语；调查过程中，申请被调查学校同意并由班主任协调在教室向学生统一发放问卷，当场回收问卷。

调查问卷内容主要由两部分组成。

第一部分为基本信息调查表。基本信息调查表主要内容为人口学信息，主要有性别、年级、年龄、父母职业、父母文化程度、家庭类型、家庭所在地、是否为独生子女、感知到的家庭经济水平和家庭氛围等。

第二部分为儿童虐待调查问卷。儿童虐待问卷由美国心理学家 Bernstein 等人编制、赵幸福等人(2005)修订的中文版儿童虐待问卷。儿童虐待问卷内容简单易懂，是目前公认的能有效测量儿童虐待的工具之一(黎燕斌，蔺秀云，侯香凝，方晓义，刘娅军，2016)。问卷共 28 个条目，共 5 个分维度，即躯体忽视、躯体虐待、情感忽视、情感虐待及性虐待。每个分维度各 5 个条目，另外 3 个条目为效度评价条目。量表采用 5 级计分(1"从未有过"、2"偶尔"、3"有时"、4"经常"、5"总是")，得分越高则表明遭受虐待程度越严重。中文版儿童虐待问卷具有良好信效度，其 Cronbach's α 系数为 0.77，内容效度系数为 0.45～0.76(赵幸福等，2005)。

三、数据统计分析

数据回收后，采用 spss22.0 建立数据库录入数据并进行统计分析，对样本特征及样本虐待检出率采用描述统计分析；样本虐待检出率差异分析采用 χ^2 检验；样本受虐程度的组间比较采用方差分析；样本遭受虐待的影响因素采用 logistic 回归分析。

第二节　调查结果分析

一、儿童虐待调查样本特征

回收的调查问卷中，若符合以下条件之一，则被判定为无效问卷:① 问卷漏答题量超过 1/3;② 整份问卷所勾选项皆为同一等级;③整份问卷所勾选项具有一定规律性,如选择 1,2,3,4,5,5,4,3,2,1 等。根据以上 3 个条件对问卷进行筛查,剔除无效问卷后,最后获得有效样本数据 11276 份。

有效样本中,男性 5731 人(51.2%),女性 5462 人(48.8%);4 年级 644 人(5.8%),5 年级 1072 人,(9.6%),6 年级 1308 人(11.7%),7 年级 3581 人(32.1%),8 年级 2880 人(25.8%),9 年级 1664 人(14.9%);以非独生子女为主,非独生子女 7563 人(67.5%),独生子女 3646 人(32.5%);家庭所在地在城市 5188 人(47.0%),在乡镇 1844 人(16.7%)在农村 4003 人(36.3%);单亲 1085 人(10.0%),家庭类别以与父母共同生活为主共 7076 人(65.0%),与父母以外的亲人共同生活 2068 人(19.0%),其他 655 人(6.0%);家庭氛围中,父母和睦相处 5293 人(49.6%),父母偶尔吵架 4608 人(43.1%),父母经常吵架 780 人(7.3%);家庭经济水平上,非常好 279 人(2.5%),比较好 2248 人(20.2%),一般 7209 人(64.9%),不太好 1217 人(11.0%),非常不好 156 人(1.4%),具体数据见下表 6-1 可知。

表 6-1　儿童虐待调查样本分布

项　目	分　类	例数(人)	构成比(%)
性　别	男	5731	51.2
	女	5462	48.8
年　级	4 年级	644	5.8
	5 年级	1072	9.6
	6 年级	1308	11.7
	7 年级	3581	32.1
	8 年级	2880	25.8
	9 年级	1664	14.9

（续表）

项　目	分　类	例数(人)	构成比(%)
独生子女	是	3646	32.5
	否	7563	67.5
家庭所在地	城市	5188	47.0
	乡镇	1844	16.7
	农村	4003	36.3
家庭类别	单亲	1085	10.0
	与父母共同生活	7076	65.0
	与父母以外的亲人共同生活	2068	19.0
	其他	655	6.0
家庭氛围	父母和睦相处	5293	49.6
	父母偶尔吵架	4608	43.1
	父母经常吵架	780	7.3
经济水平	非常好	279	2.5
	比较好	2248	20.2
	一般	7209	64.9
	不太好	1217	11.0
	非常不好	156	1.4

调查的11276例样本中，儿童的父亲、母亲以初中及以下文化程度者居多，其中父亲为7309人(66.9%)，母亲为7550人(70.6%)；父母职业以体力劳动和个体经营或临时工、待业为主，

这两种职业在所调查样本父亲共计 8557 人(占总人数的 78%);在所调查样本母亲共计 8378 人(占总人数的 78.4%)。父母文化程度构成和职业构成的具体数据见下表 6-2。

表 6-2 儿童虐待调查父母教育水平及职业构成

项目	分类	父亲		母亲	
		例数(人)	构成比(%)	例数(人)	构成比(%)
教育水平	小学及以下	2351	21.5	3379	31.6
	中学	4958	45.4	4171	39.0
	高中/中专	2597	23.8	2269	21.2
	大学/大专及以上	1017	9.3	871	8.1
职业	一般管理、专业技术、事务性工作人员	1143	10.4	1209	11.3
	体力劳动和个体经营	6079	55.4	4888	45.7
	中层管理、科学技术人员	834	7.6	790	7.4
	临时工、待业	2478	22.6	3490	32.7
	高级管理与技术人员	444	4.0	308	2.9

二、我国学龄儿童遭受虐待检出率分析

根据 Bernstein 等对儿童虐待的判断标准,情感忽视或情感虐待因子分数≥15,躯体忽视或躯体虐待因子分数≥10 分,性虐待因子分数≥8 的即视为遭受虐待(谭晶晶,2014),若被试在情感忽视、情感虐待、躯体忽视、躯体虐待和性虐待这 5 个维度上的任一维度中被检出阳性则被判断为遭受儿童虐待。

数据分析显示,调查样本中儿童虐待率为 55.50%;5 种受虐类型的发生率分别为:躯体忽视 42.40%,(男生 44.60%,女生

40.20%);躯体虐待 10.30%,(男生 12.40%,女生 8.10%);情感忽视 32.8%,(男生 33.5%,女生 32.2%);情感虐待 4.30%,(男生 4.20%,女生 4.40%);性虐待 9.80%,(男生 11.90%,女生 7.60%)。具体数据见下表 6-3。

表 6-3 儿童虐待总体情况与不同类型儿童虐待在总体样本、不同性别样本上的发生率

	总 体	男 生	女 生
儿童虐待	55.50%	58.1%	51.90%
躯体忽视	44.00%	46.10%	42.03%
情感虐待	5.00%	5.10%	4.80%
情感忽视	33.80%	34.40%	33.20%
性虐待	10.80%	13.30%	8.20%
躯体虐待	11.10%	13.54%	8.50%

按性别、年级、独生子女、家庭所在地、家庭类别、家庭氛围、家庭经济水平等因素分组,对儿童虐待总体检出率及其 5 个分类型检出率进行组间比较分析。数据分析结果表明,不同性别儿童除在性虐待、躯体虐待及躯体忽视上的检出率均存在显著性差异,具体表现为男生在儿童虐待这 3 种类型上的检出率要显著高于女生;此外,不同年级、是否为独生子女、不同家庭所在地、不同家庭类别、不同家庭氛围及不同经济水平的儿童在儿童虐待 5 种类型上的检出率均存在显著性差异。在 5 种类型虐待检出率上 4—9 年级不同虐待检出率均呈波浪形发展趋势,其中,7 年级检出率显著高于其他年级;而非独生子女遭受不同类型虐待的检出率均显著高于独生子女;而来自农村的儿童遭受不同类型的检出率显著高于来自城市和乡镇的儿童;与父母共同生活的儿童在不同类型儿童虐待上的检出率要显著低于单亲家庭或与父母之外的人共同

生活的儿童;家庭氛围和睦的儿童在不同类型儿童虐待上的检出率也要显著低于其他家庭氛围;此外,家庭经济水平较好的儿童在不同类型儿童虐待上的检出率也要显著低于其他家庭经济水平的儿童。具体数据分析结果见下表 6-4。

表 6-4　儿童虐待检出率分析

项目	分类	调查人数	儿童虐待率	情感虐待率	情感忽视率	性虐待率	躯体虐待率	躯体忽视率
性别	男	5731	58.1	5.1	34.4	13.3	13.5	46.1
	女	5462	51.9	4.8	33.2	8.2	8.5	42.0
	χ^2		42.58	0.54	1.71	73.51	67.96	18.85
	p		0.00	0.46	0.19	0.00	0.00	0.00
年级	4 年级	644	29.2	2.4	9.6	9.3	10.0	19.2
	5 年级	1072	40.1	1.8	19.3	7.9	5.2	31.6
	6 年级	1308	46.8	2.7	25.1	9.4	9.3	34.3
	7 年级	3581	63.6	5.4	43.7	13.6	13.5	51.9
	8 年级	2880	56.9	4.2	35.6	11.2	11.7	46.1
	9 年级	1664	59.6	4.9	35.3	7.6	10.3	49.2
	χ^2		427.81	80.69	457.95	59.39	64.74	378.88
	p		0.00	0.00	0.00	0.00	0.00	0.00
独生子女	是	3646	50.3	3.3	29.5	8.5	8.6	40.7
	否	7563	57.2	5.8	35.8	11.9	12.2	45.5
	χ^2		46.98	31.67	43.14	28.71	31.18	22.34
	p		0.00	0.00	0.00	0.00	0.00	0.00
家庭所在地	城市	5188	46.2	5.1	26.7	9.5	9.8	35.2
	乡镇	1844	54.3	5.6	30.4	11.5	12.5	44.6
	农村	4003	66.4	4.9	44.4	11.8	11.7	55.1
	χ^2		371.68	5.53	315.73	13.89	13.52	351.01
	p		0.00	0.06	0.00	0.00	0.00	0.00

（续表）

项目	分类	调查人数	儿童虐待率	情感虐待率	情感忽视率	性虐待率	躯体虐待率	躯体忽视率
家庭类别	单亲	1085	59.3	6.9	32.9	12.9	14.7	47.1
	与父母共同生活	7076	49.8	3.9	30.0	9.1	9.2	39.2
	与父母以外的亲人共同生活	2068	66.0	6.6	44.2	12.7	13.6	55.3
	其他	655	61.5	6.9	37.5	15.3	14.8	48.6
	χ^2		194.94	40.93	142.73	46.22	62.11	179.47
	p		0.00	0.00	0.00	0.00	0.00	0.00
家庭氛围	父母和睦相处	5293	47.1	2.3	28.2	7.7	6.9	37.9
	父母偶尔吵架	4608	61.0	4.3	37.5	10.1	11.8	48.1
	父母经常吵架	780	58.3	12.9	31.3	12.8	19.9	43.7
	χ^2		195.69	195.42	94.96	30.43	153.74	102.36
	p		0.00	0.00	0.00	0.00	0.00	0.00
家庭经济水平	非常好	279	50.4	9.0	24.7	21.1	19.2	38.7
	比较好	2248	47.8	3.4	28.7	10.0	8.9	37.8
	一般	7209	55.1	4.4	34.1	9.9	10.4	44.1
	不太好	1217	65.2	8.3	40.9	13.3	15.1	53.5
	非常不好	156	69.7	16.7	45.6	24.7	27.8	57.7
	χ^2		113.54	96.44	70.64	73.49	95.11	92.97
	p		0.00	0.00	0.00	0.00	0.00	0.00

三、我国学龄儿童遭受虐待程度分析

1. 不同虐待类型发生率及共发性百分比

根据儿童虐待量表中，情感忽视或情感虐待因子分数≥15、躯体忽视或躯体虐待因子分数≥10分、性虐待因子分数≥8的标准即判定被试遭受虐待，结果表明，五种受虐类型的发生率分别为：躯体忽视 44.00%，(男生 46.10%，女生 42.03%)；躯体虐待 11.10%，(男生 13.54%，女生 8.50%)；情感忽视 33.80%，(男生 34.40%，女生 33.20%)；情感虐待 5.00%，(男生 5.10%，女生 4.80%)；性虐待 10.80%，(男生 13.30%，女生 8.20%)。从不同性别受虐的比例上看，男生受虐的比例(58.1%)大于女生(51.90%)；从不同性别在受虐类型上的比例来看，检出率最多的是躯体忽视，其次是情感忽视。此外，分析发现，儿童往往同时遭受多种虐待类型，各类型虐待的受害者同时受到其他类型虐待的百分比见下表 6-5。

表 6-5 不同虐待类型发生率及共同发生百分比[a]

	儿童虐待类型				
	躯体忽视	躯体虐待	情感忽视	情感虐待	性虐待
全样本(n=11276)					
躯体忽视(n=4835)	—	17.10%	64.50%	8.40%	16.67%
躯体虐待(n=1209)	68.15%	—	52.09%	25.75%	44.94%
情感忽视(n=3674)	83.61%	16.85%	—	9.67%	16.45%
情感虐待(n=545)	80.70%	57.56%	66.93%	—	53.33%
性虐待(n=1186)	68.66%	46.47%	52.98%	24.16%[b]	—
男生(n=5731)					
躯体忽视(n=2596)	—	19.52%	63.00%	8.00%	19.14%
躯体虐待(n=758)	67.27%	—	51.96%	24.55%	46.16%
情感忽视(n=1914)	84.01%	20.05%	—	9.15%	19.36%
情感虐待(n=288)	78.43%	65.07%	63.77%	—	61.78%
性虐待(n=748)	67.18%	47.08%	51.88%	22.73%	—
女生(n=5462)					
躯体忽视(n=2239)	—	14.30%	66.21%	8.87%	13.83%

（续表）

	儿童虐待类型				
	躯体忽视	躯体虐待	情感忽视	情感虐待	性虐待
躯体虐待(n=451)	69.61%	—	52.29%	27.78%	42.95%
情感忽视(n=1760)	83.18%	13.37%	—	10.22%	13.32%
情感虐待(n=257)	83.18%	49.18%	70.28%	—	44.62%
性虐待(n=437)	71.16%	45.43%	54.78%	26.54%	—

a 每种受虐类型中，受到其他类型欺凌的百分比。

b 例如在 1186 个性虐待的受害者中，68.66%，46.47%，52.98%，24.16%分别也是躯体忽视，躯体虐待，情感忽视及情感虐待的受害者。

2. 不同人口学变量在儿童虐待及其各类型上的差异分析

采取独立样本 t 检验，将性别作为自变量，受虐个体在儿童虐待量表的总分与各个维度上的得分作为因变量，分析性别在儿童虐待总分及其各个维度上的得分差异。数据分析结果表明，男女儿童在儿童虐待总分、躯体忽视及情感虐待上的得分不存在显著性差异，男女儿童在情感忽视、性虐待和躯体虐待上存在显著差异（$P<0.001$）。其中，女童在情感忽视上的得分要显著高于男童，而在性虐待和躯体虐待上则男童显著高于女童。具体数据分析见下表 6-6。

表 6-6　不同性别受虐儿童的受虐程度分析

	男生(N=3298) M±SD	女生组(N=2806) M±SD	t
儿童虐待总分	50.69±11.26	50.40±11.04	0.94
躯体忽视	11.82±3.14	11.79±3.02	0.32
情感虐待	8.73±3.53	8.81±3.73	−0.78
情感忽视	16.12±6.04	16.82±5.93	−4.52***
性虐待	6.71±3.27	6.22±2.87	6.16***
躯体虐待	7.70±3.41	6.92±3.03	9.12***

注：p<0.05，** p<0.01，*** p<0.001；下同

采用方差分析，对不同家庭所在地儿童在儿童虐待总分及不

同维度上得分的差异进行分析。数据结果表明，不同家庭所在地的被儿童在躯体虐待、性虐待、情感忽视、躯体忽视与情感虐待上均存在显著性差异($P<0.01$)。

进一步事后检验发现，在躯体忽视类型上，农村儿童受虐程度显著高于城市儿童($P<0.01$)，乡镇儿童受虐程度显著高于城市儿童($P<0.01$)；在情感虐待类型上，乡镇儿童受虐程度高于农村儿童和城市儿童($P<0.01$)；在情感忽视类型上，农村儿童受虐程度显著高于乡镇儿童和城市儿童($P<0.01$)；在性虐待类型上，城市儿童和乡镇儿童受虐程度显著高于农村儿童($P<0.01$)；在躯体虐待类型上，城市儿童和乡镇儿童受虐程度均显著高于农村儿童($P<0.01$)。具体结果如下表6-7所示。

表6-7 不同家庭所在地受虐儿童受虐程度差异分析

	城市(N=2380) M±SD	乡镇(N=993) M±SD	农村(N=2624) M±SD	F	事后检验
儿童虐待总分	50.44±12.49	50.46±11.28	50.54±9.46	0.05	
躯体忽视	11.60±3.26	11.87±3.02	11.96±2.70	8.44**	③>①** ②>①**
情感虐待	8.96±3.80	9.04±3.70	8.43±3.38	17.05**	②>③** ②>①**
情感忽视	16.09±6.38	15.68±5.71	17.03±5.67	24.01**	③>②** ③>①**
性虐待	6.59±3.27	6.59±3.13	6.30±2.84	6.54**	①>③** ②>③**
躯体虐待	7.40±3.25	7.56±3.54	7.19±3.15	5.34**	①>③** ②>③**

注：①=城市 ②=乡镇 ③农村

将家庭经济水平作为自变量，儿童虐待总分及儿童虐待各维度得分作为因变量，分析不同家庭经济水平在儿童虐待总分及儿童虐待各维度上的得分差异。数据分析表明，不同家庭经济水平在儿童虐待总分及躯体忽视、躯体虐待、情感虐待及性虐待上的得分均存在显著差异（其中躯体忽视的显著性水平为 $P<0.05$；儿童虐待总分及躯体虐待、情感虐待及性虐待的显著性水平为 $P<0.01$）。

进一步进行事后检验，结果表明，在儿童虐待总分上，家庭经济水平非常好的儿童得分显著高于家庭经济水平比较好和家庭经济水平一般的儿童（$P<0.01$），而家庭经济水平非常不好的儿童得分显著高于家庭经济水平比较好、家庭经济水平一般和家庭经济水平不太好的家庭（$P<0.01$）。

在躯体忽视类型上，家庭经济水平非常不好的儿童得分要显著高于家庭经济水平一般的儿童（$P<0.01$），家庭经济水平比较不太好的儿童其得分要显著高于家庭经济水平一般和家庭经济水平比较好的儿童（$P<0.01$）。

在情感虐待类型，家庭经济非常好的儿童其情感虐待得分要显著高于家庭经济水平比较好的儿童和家庭经济水平一般的儿童（$P<0.01$）；家庭经济水平一般的儿童得分显著高于经济水平比较好的儿童（$P<0.01$）；家庭经济水平不太好的水平儿童的得分要显著高于家庭经济水平比较好的儿童和家庭经济水平一般的儿童（$P<0.01$）；家庭经济水平非常不好的儿童的得分要显著高于家庭经济水平非常好的儿童、家庭经济水平比较好和家庭经济水平一般的儿童（$P<0.01$）。

在躯体虐待类型上，家庭经济水平非常好的儿童及家庭经济水平非常不好的儿童其得分均显著高于家庭经济条件比较好的儿童和家庭经济一般的儿童的得分（$P<0.01$）。

在性虐待上，经济条件非常好的儿童的得分要显著高于家庭经济水平比较好、家庭经济水平一般及家庭经济水平不太好的儿童（$P<0.01$）；家庭经济水平不太好的儿童在性虐待上的得分要显著高于家庭经济水平一般的儿童（$P<0.01$）；家庭经济水平非常不好的儿童在性虐待上的得分要显著高于家庭经济水平比较好、家庭经济水平一般和家庭经济水平不太好的儿童（$P<0.01$）。

在躯体虐待上，儿童家庭经济水平非常好的儿童的得分要显著高于家庭经济水平比较好、家庭经济水平一般及家庭经济水平不太好的儿童（$P<0.01$）；家庭经济水平不太好的儿童的得分要显著高于家庭经济水平比较好及家庭经济水平一般的儿童（$P<0.01$）；家庭经济水平非常不好的儿童的得分要显著高于家庭经济水平比较好的、家庭经济水平一般与家庭经济水平不太好的儿童（$P<0.01$）。

具体数据分析结果见下表 6－8。

表 6－8　不同家庭经济水平儿童受虐程度差异分析

	家庭经济水平非常好（N=138）M±SD	家庭经济水平比较好（N=1066）M±SD	家庭经济水平一般（N=3938）M±SD	家庭经济水平不太好（N=788）M±SD	家庭经济水平非常不好（N=108）M±SD	*F*	事后检验
儿童虐待	54.05±13.67	49.85±11.10	50.21±10.84	51.91±11.38	55.56±13.83	11.82**	①>②** ①>③** ⑤>④>②** ⑤>④>③**
躯体忽视	12.09±3.19	11.71±3.12	11.76±3.07	12.01±3.06	12.40±3.26	2.51*	⑤>③** ④>②** ④>③**
情感虐待	9.57±4.29	8.24±3.38	8.62±3.53	9.70±3.78	11.01±4.17	32.04**	⑤>①>②** ⑤>③>②** ④>③>②** ①>③>②**

（续表）

	家庭经济水平非常好（N=138）M±SD	家庭经济水平比较好（N=1066）M±SD	家庭经济水平一般（N=3938）M±SD	家庭经济水平不太好（N=788）M±SD	家庭经济水平非常不好（N=108）M±SD	F	事后检验
情感忽视	15.09±5.65	16.45±6.52	16.50±6.00	16.39±5.41	15.91±5.13	1.92	
性虐待	8.39±4.65	6.50±3.00	6.34±2.97	6.61±3.13	7.99±4.32	21.20**	①>②** ①>④>③** ⑤>②** ⑤>④>③**
躯体虐待	9.21±4.70	7.26±3.30	7.16±3.05	7.82±3.49	9.25±4.74	27.46**	①>④>②** ①>④>③** ⑤>④>②** ⑤>④>③**

注：①=家庭经济水平非常好 ②=家庭经济水平比较好 ③=家庭经济水平一般 ④=家庭经济水平不太好 ⑤=家庭经济水平非常不好

将家庭类别作为自变量，儿童虐待总分及其各维度得分为因变量，采用方差分析方法分析不同家庭类别儿童在儿童虐待总分及各维度上得分的差异。结果表明，不同家庭类别儿童在儿童虐待的总分及其各个维度间均存在显著差异（$P<0.01$）。

进一步进行事后多重检验发现，在儿童虐待总分上，单亲家庭儿童的得分要显著高于与父母共同生活的儿童（$P<0.01$）；与父母以外的亲人生活儿童的儿童虐待总分要显著高于单亲家庭或与父母共同生活家庭的儿童（$P<0.01$）；其他家庭类型儿童在儿童虐待总分上显著大于与父母共同生活家庭的儿童（$P<0.01$）。

躯体忽视上，与父母以外的亲人生活家庭儿童的躯体忽视程度显著大于单亲家庭、父母共同生活家庭和其他家庭的儿童（$P<0.01$）。

情感虐待上，单亲家庭儿童的情感虐待程度显著大于与父母共同生活家庭和与父母以外的亲人生活家庭的儿童（$P<0.01$）；

与父母以外的亲人生活家庭儿童的情感虐待程度显著大于与父母共同生活家庭的儿童($P<0.01$);其他家庭儿童的情感虐待程度显著大于与父母共同生活家庭和与父母以外的亲人生活的儿童($P<0.01$)。

情感忽视上,与父母共同生活家庭和与父母以外的亲人生活家庭儿童的情感忽视程度显著大于单亲家庭儿童($P<0.01$);与父母以外的亲人生活家庭儿童的情感忽视程度显著大于与父母共同生活家庭的儿童($P<0.01$);与父母共同生活家庭和与父母以外的亲人生活家庭儿童的情感忽视程度显著大于其他家庭儿童($P<0.01$)。

性虐待上,其他家庭儿童的性虐待程度显著大于与父母共同生活家庭儿童。在躯体虐待上,单亲家庭儿童的躯体虐待程度显著大于与父母共同生活家庭和与父母以外的亲人生活家庭的儿童($P<0.01$);与父母以外的亲人生活家庭和其他家庭儿童的躯体虐待大于与父母共同生活家庭的儿童($P<0.01$)。具体结果见下表6-9。

表6-9　不同家庭类型儿童受虐程度差异分析

	单亲(N=636) M±SD	与父母共同生活(N=3498) M±SD	与父母以外的亲人生活(N=1347) M±SD	其他(N=399) M±SD	F	事后检验
总虐待	50.78±11.43	49.69±10.70	51.94±11.64	50.47±11.07	14.05**	③>①>②** ④>②**
躯体忽视	11.76±3.11	11.64±3.04	12.18±3.15	11.83±3.14	9.73**	③>①** ③>②** ③>④**
情感虐待	9.49±3.80	8.46±3.50	8.92±3.67	9.50±3.94	22.54**	①>③>②** ④>③>②**

(续表)

	单亲(N=636) M±SD	与父母共同生活(N=3498) M±SD	与父母以外的亲人生活(N=1347) M±SD	其他(N=399) M±SD	F	事后检验
情感忽视	15.41±5.32	16.37±6.20	17.22±5.90	15.99±5.46	14.20**	③>②>①** ③>②>④**
性虐待	6.60±3.01	6.35±3.01	6.54±3.13	6.88±3.37	4.49**	④>②**
躯体虐待	7.90±3.61	7.16±3.18	7.36±3.23	7.91±3.47	13.57**	①>③>②** ④>②**

注:①=单亲 ②=与父母共同生活 ③=与父母以外的亲人生活 ④=其他

将家庭氛围作为自变量,儿童虐待总分与各个维度的得分作为因变量,探讨家庭氛围在儿童虐待总分与各个维度上的得分差异。结果表明,不同家庭氛围儿童在儿童虐待总分与情感虐待、情感忽视及躯体虐待上的得分均存在显著差异($P<0.01$),但是在躯体忽视和性虐待上则无显著性差异($P>0.05$)。

进一步进行事后多重检验发现,在儿童虐待总分,父母偶尔吵架家庭儿童的总虐待程度显著大于父母和睦相处家庭的儿童($P<0.01$);父母经常吵架家庭儿童的总虐待程度显著大于父母和睦相处和父母偶尔吵架家庭的儿童($P<0.01$)。

情感虐待上,父母偶尔吵架家庭儿童的情感虐待程度显著大于父母和睦相处家庭的儿童($P<0.01$);父母经常吵架家庭儿童的情感虐待程度显著大于父母和睦相处和父母偶尔吵架家庭的儿童($P<0.01$)。

情感忽视上,父母和睦相处家庭儿童的情感忽视程度显著大于父母偶尔吵架与父母经常吵架家庭的儿童($P<0.01$);父母偶尔吵架家庭儿童的情感忽视程度显著大于父母经常吵架家庭的儿童($P<0.01$)。

躯体虐待上，父母偶尔吵架家庭儿童的躯体虐待程度显著大于父母和睦相处家庭的儿童（$P<0.01$）；父母经常吵架家庭儿童的躯体虐待程度显著大于父母和睦相处和父母偶尔吵架家庭的儿童（$P<0.01$）。

具体数据分析结果见下表 6－10。

表 6－10　不同家庭氛围儿童受虐程度差异分析

	和睦相处（N＝2473）M±SD	偶尔吵架（N＝2782）M±SD	经常吵架（N＝450）M±SD	F	事后检验
儿童虐待	48.62±9.68	49.81±9.03	52.73±12.32	31.94**	③>②>①**
躯体忽视	11.67±2.85	11.55±2.87	11.65±3.41	1.14	
情感虐待	7.72±3.09	8.91±3.34	10.91±4.46	197.44**	③>②>①**
情感忽视	16.60±6.67	16.09±5.33	14.79±5.19	18.03**	①>②>③**
性虐待	6.17±2.81	6.18±2.59	6.49±2.75	2.82	
躯体虐待	6.79±3.02	7.35±3.12	8.68±4.07	70.55**	③>②>①**

注：①＝和睦相处　②＝偶尔吵架　③＝经常吵架

四、我国学龄儿童遭受虐待影响因素的 Logistic 回归分析

以“是否遭受虐待”为因变量，以“性别”、“是否为独生子女”、“家庭所在地”、“家庭类别”、“家庭氛围”等 6 个变量为自变量，采用多因素二元 logistic 回归分析，纳入和排除模型的检验水准定为 0.05，性别、家庭所在地、家庭类别、家庭氛围均是儿童虐待检出率的重要影响因素。数据分析表明，女童遭受虐待的可能性是男童的 0.79 倍，即男童遭受虐待的可能性比女童高，是女童受虐的 1.27 倍；年龄越大虐待发生的可能越大；家庭为乡镇的儿童其遭受虐待的可能性是家庭为城市的 1.30 倍，家庭为农村的儿童遭受虐待的可能性则是家庭为城市的儿童 2.13 倍；与父母共同生活的儿童虐待发生的可能性最低，是单亲家庭的 0.82 倍，而与父母

以外的亲人共同生活的儿童遭受虐待的可能性是单亲家庭的1.22倍;父母偶尔吵架的儿童遭受虐待的检出率是父母和谐相处儿童遭受虐待检出率的1.64倍,父母经常吵架的儿童遭受虐待的检出率是父母和谐相处儿童遭受虐待的1.54倍。

具体logistic回归分析结果见下表6-11。

表6-11 人口学变量对受虐发生的多因素Logistic回归分析

项　　目	受虐阳性组	受虐阴性组	OR	95%CI	Wald
性别					
男	3298(58.1%)	2383(41.9%)	1.00		
女	2806(51.9%)	2602(48.1%)	0.79	0.73—0.86	30.20**
独生子女					
是	1817(50.3%)	1798(49.7%)	1.00		
否	4282(57.2%)	3208(42.8%)	0.94	0.86—1.03	1.99
家庭所在地					
城市	2380(46.2%)	2777(53.8%)	1.00		
乡镇	993(54.3%)	835(45.7%)	1.30	1.16—1.45	19.43**
农村	2624(66.4%)	1326(33.6%)	2.13	1.94—2.35	239.60**
家庭类别					
单亲	636(59.3%)	436(40.7%)	1.00		
与父母共同生活	3498(49.8%)	3527(50.2%)	0.82	0.71—0.95	7.40**
与父母以外的亲人共同生活	1347(66.0%)	693(34.0%)	1.22	1.04—1.44	5.59*
其他	399(61.5%)	250(38.5%)	1.04	0.84—1.29	0.13
家庭氛围					
父母和睦相处	2473(47.1%)	2776(52.9%)	1.00		
父母偶尔吵架	2782(61.0%)	1779(39.0%)	1.64	1.51—1.79	128.38**
父母经常吵架	450(58.3%)	322(41.7%)	1.54	1.30—1.82	25.81**
常数			0.13		101.70**

注:受虐待赋值状况　0=遭受虐待　1=未遭受虐待

第三节　结果讨论

一、不同类型儿童虐待发生率及受虐程度的人口学特征分析

性别是儿童虐待发生及受虐程度的危险因素之一。根据 χ^2 分析与独立样本 t 检验对儿童虐待总体情况及不同类型儿童虐待的发生率与受虐程度进行差异分析。结果表明，儿童虐待总体情况在发生率上男女存在显著差异，即男童的虐待发生情况大于童，但在儿童虐待总分、情感虐待得分及情感虐待发生率上则无性别差异，这与 Arata 和 Bowers 等人(2007)的研究结果一致。情感忽视在发生情况上男女性别间无显著差异，在受虐程度上女童情感忽视水平显著高于男童。女童的性虐待发生率低于男童，与赵幸福等人(2005)的观点一致。在性虐待上，男童的得分明显高于女童，此外，男童在躯体虐待的发生率与得分上均显著高于女童，与杨林胜等人(2004)的研究结果一致。这可能与在我国男童被寄托家庭更多的期待，或男童的性格更为调皮存在一定关系。男童的躯体忽视发生率大于女童，与前人研究中男性儿童忽视检出率高于女性儿童的结果相一致(韩芳，秦明芳，马春明，潘建平，焦锋，2015)，因此，性别可能是忽视的危险因素之一。

儿童是否为独生子女也是虐待发生的一个重要危险因素。通过卡方分析对儿童遭受虐待的总体情况及不同类型虐待的发生率进行差异分析，结果表明，其中非独生子女在儿童虐待总分及各个维度上的得分及遭受虐待的检出率上均显著高于独生子女，这与张敏(2007)的研究结果一致。本研究发现，不同家庭类别的儿童在儿童虐待总体检出率及各维度的检出率上均有显著差异，具体表现为与父母共同生活的儿童不论在儿童虐待总体情况及不同类

型儿童虐待的发生情况还是受虐程度均小于其他家庭类型的儿童，与前人研究结果一致（Krug，2002；Sedlak，2010）。与正常家庭（亲生父母共同抚养）的孩子相比，离异家庭或重组家庭的孩子及孤儿遭受儿童虐待的危险性更高。同时，家庭氛围的不同也会导致儿童虐待总体情况及不同类型儿童虐待的发生率与受虐水平存在差异，父母和谐相处的家庭儿童虐待的检出率显著低于父母偶尔或经常吵架的家庭，这与前人研究结论相符（Furstenberg，2007；Al Dosari，Ferwana，Abdulmajeed，Aldossari，& Al-Zahrani，2017）。在受虐程度上，除情感忽视外，其他维度的受虐程度均为经常吵架家庭最大，偶尔吵架家庭其次，和睦相处家庭最小，但在情感忽视的受虐程度上却是相反的，可能与本次受虐样本情感忽视频数小于其他样本有关。

家庭经济水平是儿童虐待的重要影响因素之一。本研究发现不同经济水平儿童在儿童虐待总及各维度上得分及发生均有显著差异，儿童虐待均多发于贫困家庭，并受虐水平相比较更为严重，与前人研究结论相一致（Sedlak，Mettenburg，Basena，Peta，McPherson，& Greene，2010；Slack，Berger，DuMont，Yang，Kim，Ehrhard-Dietzel，& Holl，2011）。

二、不同类型儿童虐待的共发性特点

本次研究结果显示儿童总虐待率为 55.50%，表明在我国存在一定程度的儿童虐待现象。5 种受虐类型的发生率分别为：躯体忽视 42.40%，（男生 44.60%，女生 40.20%）；躯体虐待 10.30%，（男生 12.40%，女生 8.10%）；情感忽视 32.8%，（男生 33.5%，女生 32.2%）；情感虐待 4.30%，（男生 4.20%，女生 4.40%）；性虐待 9.80%，（男生 11.90%，女生 7.60%），发生率最高的是躯体忽视，其次是情感忽视。其中情感忽视，情感虐待及性虐待共发性最高的均是躯体忽视分别为 83.61%，80.70%，68.66%。这与 Kaplan 等人(1999)的研究结果相一致。

三、人口学变量对儿童虐待发生率及受虐程度的影响

性别、家庭所在地、家庭类别、家庭氛围等人口学特征均是儿童遭受虐待的重要影响因素。男性儿童遭受虐待发生率约为女性儿童遭受虐待发生率的 1.27 倍，表明性别是儿童虐待发生的危险因素之一。前人研究表明，不同类型的虐待在受虐者性别上存在不同(杨林胜等，2004；陈晶琦，2006)本研究结论与前人研究相一致。

研究发现，单亲家庭的儿童遭受虐待的检出率约是与父母共同生活家庭儿童的 1.22 倍；在家庭氛围中父母偶尔吵架是父母和谐相处家庭的 1.64 倍，父母经常吵架是父母和谐相处家庭的 1.54 倍．由此可见，家庭环境与儿童虐待的发生上关系密切。前人研究发现，和谐与稳定的家庭环境是儿童虐待的保护因素(Straus, et al., 1998；Furstenberg, 2007；Dosari, & Ferwana, 2017)，单亲家庭是中度及重度躯体虐待的危险因素。单亲家庭孩子情感虐待与躯体虐待的发生率均明显高于双亲家庭的孩子(陶芳标等，2006)。本研究结论与前人研究结论相符。

第七章　儿童虐待对社会适应的影响机制研究

受虐经历对儿童社会适应的发展具有不可忽略的破坏作用。一般来说，受虐程度越高的儿童，其社会适应发展水平相对越低。尽管儿童虐待会导致个体社会适应发展的负面影响，但虐待带给儿童的消极影响并不等同，有些受虐儿童的社会适应发展仍然处于较好水平。我们猜测，有一些因素对受虐儿童的社会适应发展起到了保护作用。本章在儿童虐待对社会适应影响的资源保护模型理论指导下，进一步探讨心理资源与社会资源在儿童虐待与社会适应指标间的保护作用。

第一节　儿童虐待对社会适应的影响：心理资源的保护作用

本节内容拟采用问卷法考察儿童虐待对社会适应的影响及心理资源在二者间的中介或调节作用。将通过 4 个子研究来探讨受虐经历经历对儿童社会适应的影响及心理资源在受虐经历和社会适应间的中介或调节作用。

一、儿童虐待对抑郁的影响:心理韧性的中介作用

（一）研究目的

采用问卷调查法,分析不同受虐水平儿童在心理韧性及抑郁上的差异;探讨儿童虐待、心理韧性与抑郁之间的关系,进一步分析心理韧性在儿童虐待与抑郁中间的中介作用。

（二）研究假设

假设 1:不同受虐水平儿童在心理韧性及抑郁上存在显著性差异;

假设 2:儿童虐待与抑郁存在显著正相关,与心理韧性存在显著负相关,心理韧性与抑郁之间存在显著负相关;

假设 3:儿童虐待负向显著预测心理韧性;儿童虐待正向预测抑郁水平;

假设 4:心理韧性在儿童虐待及抑郁之间起中介作用,中介假设模型如下图 7－1 所示。

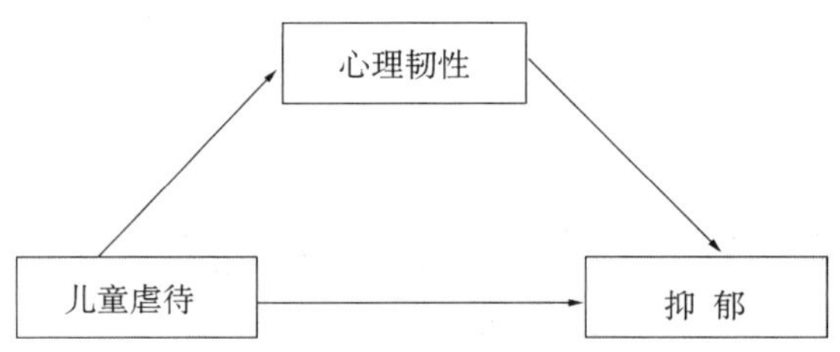

图 7－1　理论假设模型

（三）研究方法

1. 被试

采用分层方便随机整群抽样的方法,以河南郑州和驻马店地区、湖北武汉和宜昌地区、安徽合肥及巢湖地区的部分中小学生为被试,共发放调查问卷 1200 份,回收问卷 1000 份,回收率

83.3%。剔除漏选，多选或明显乱填的问卷，有效问卷995份，问卷有效率为82.91%。被试年级分布在5—8年级，其中五年级235人，六年级291人，七年级192人，八年级221人，男生543人，女生452人。被试年龄范围为9—17岁，平均年龄为12.68岁。

2. 研究工具

儿童虐待问卷　采用美国心理学家Bernstein等人编制、赵幸福等人(2005)修订的中文版儿童虐待问卷。问卷包含五个分量表，其分别为情感虐待量表、躯体虐待量表、性虐待量表、情感忽视量表和躯体忽视量表，共28个项目。量表采用5级评分，分别从"完全不符合"到"完全符合"。本研究中问卷内部一致性系数为0.789。

儿童抑郁量表(Children S Depression Inventory，CDI)　采用Kovacs(1981)编制、俞大维和李旭(2000)修订的儿童抑郁量表。儿童郁量表共27个条目，分为5个分量表，分别是快感缺乏、负性情绪、低自尊、低效感、人际问题。量表中每个条目均有三个描述不同抑郁症状程度的选项，分别计为0—2分，其中0表示抑郁症状程度最轻，1次之，2表示抑郁症状程度最重，量表总分54分，分数越高表示抑郁程度越重。对CDI中文版的信效度研究分析发现，CDI中文版的内部一致性系数为0.88，间隔1个月的重测皮尔逊相关系数为0.81($p<0.001$)，平均组内相关系数(ICC)为0.89，量表及分量表总体上具有良好的信效度，适合国内中小学生的使用(洪忻，李解权，梁亚琼，王志勇，徐斐，2012；王君等，2009)。本研究中量表的内部一致性系数是0.811。

心理韧性量表　采用胡月琴、甘怡群(2008)编制的青少年心理弹性量表。该量表共有27个题目，分为个人力与支持力两个因素，共有人际支持、积极认知、目标专注、家庭支持、情绪控制五个因子。量表得分越高说明心理复原力水平越好。此量表的内部一致性系数 α 为 0.85，外部效度和结构效度均良好，与心理复原力量表(RS)相关系数为 0.53，呈显著正相关，且与中学生生存质量相关系数为 0.49，呈显著正相关，表明青少年心理弹性量表外部效度良好。量表在本研究中的内部一致性系数是 0.835。

3. 施测程序

以年级为单位抽取若干被试进行调查，采用不记名方式。测试前由调查员介绍施测目的，宣读指导语，有任何不清楚的问题均可询问调查员，使每一位被试都能准确理解作答要求，严格按照指导语独立真实完成问卷。测试时长为 25—30 分钟。

4. 数据处理与统计

本次调查由研究者及应用心理学大四本科生对班级进行集体施测，当场收回问卷。调查完成后，剔除无效问卷，利用 SPSS20.0 进行有效数据统计，利用统计描述、独立样本 t 检验和单因素方差等方法分析不同变量的人口学特征。使用 process 插件分析心理韧性在儿童虐待和抑郁间的中介效应，并检验中介效应的显著性。

5. 共同方法偏差检验

由于本研究的数据均来自被试的自我报告，在施测过程中，为避免出现共同方法偏差问题，研究采用匿名作答，并对部分条目使用了反向计分。此外，本研究还采用 Harman 单因素检验法对儿童虐待、心理韧性和抑郁三个变量进行共同方法偏差检验(Podsakoff, MacKenzie, & Podsakoff, 2012；周浩，龙立荣，2004)，结果表明特征值大于 1 的因子共有 23 个，且第一个因子解释的变异量为 13.60%，远小于 40%的临界值，因此本研究不存在严重的共同方法偏差。

（四）结果与分析

1. 不同受虐程度儿童在心理韧性及抑郁上的差异分析

根据 Bernstein 等人在儿童期虐待问卷（CTQ-SF）中对儿童虐待的定义，情感忽视或情感虐待因子分数≥15，躯体忽视或躯体虐待因子分数≥10 分，性虐待因子分数≥8 的即视为遭受虐待（谭晶晶，2014），将遭受虐待的样本组命名为阳性组，将未遭受虐待的样本数命名为阴性组，采用独立样本 t 检验的分析方法分析情感虐待阳性组与情感虐待阴性组、情感忽视阳性组与非情感忽视阴性组、躯体虐待阳性组与躯体忽视阴性组、躯体虐待阳性组与躯体虐待阴性组、性虐待阳性组与性虐待阴性组在心理韧性与抑郁上的得分差异。

独立样本 t 检验结果表明，情感虐待阳性组与情感虐待阴性组、情感忽视阳性组与情感忽视阴性组、躯体虐待阳性组与躯体忽视阴性组、躯体虐待阳性组与躯体虐待阴性组、性虐待阳性组与性虐待阴性组在抑郁及心理韧性上均存在显著性差异（$P<0.001$）。

具体来说，情感虐待阳性组在抑郁上的得分显著高于情感虐待阴性组（$P<0.001$），而在心理韧性上，情感虐待阳性组的得分则显著低于情感虐待阴性组（$P<0.001$）。

表 7-1　儿童虐待各维度阳性组和阴性组在抑郁及心理韧性上的差异分析

	抑郁 M±SD	t	心理韧性 M±SD	t
情感虐待阳性组（n=21）	21.28±4.53	8.742***	79.95±9.34	−6.894***
情感虐待阴性组（n=992）	12.47±6.39		94.3±14.90	
情感忽视阳性组（n=143）	17.00±6.52	9.009***	86.0±12.21	−8.188***
情感忽视阴性组（n=870）	11.94±6.18		95.3±14.94	
躯体虐待阳性组（n=93）	16.92±6.52	6.821***	87.0±12.23	−4.802***
躯体忽视阴性组（n=920）	12.22±6.32		94.7±15.01	

（续表）

	抑郁 M±SD	t	心理韧性 M±SD	t
躯体虐待阳性组(n=200)	15.72±6.61	7.692***	88.7±13.50	−5.721***
躯体虐待阴性组(n=813)	11.90±6.22		95.3±15.00	
性虐待阳性组(n=122)	15.56±6.52	5.361***	12.25±6.37	−3.663***
性虐待阴性组(n=891)	89.46±13.28		94.7±15.05	

2. 儿童虐待、心理韧性及抑郁的相关分析

采用 Pearson 相关检验儿童虐待及其 5 个维度、心理韧性和抑郁的相关关系。结果表明，儿童虐待总分与抑郁呈显著正相关（r=0.44，$P<0.01$）；儿童虐待总分与心理韧性呈显著负相关（r=−0.36，$P<0.01$）。其中，情感虐待与抑郁呈显著正相关（r=0.38，$P<0.01$），与心理韧性呈显著负相关（r=−0.31，$P<0.01$）；躯体虐待与抑郁呈显著正相关（r=0.27，$P<0.01$），与心理韧性呈显著负相关（r=−0.21，$P<0.01$）；性虐待与抑郁呈显著正相关（r=0.25，$P<0.01$），与心理韧性呈显著负相关（r=−0.14，$P<0.01$）；情感忽视与抑郁呈显著正相关（r=0.37，$P<0.01$），与心理韧性呈显著负相关（r=−0.30，$P<0.01$）；躯体忽视与抑郁呈显著正相关（r=0.22，$P<0.01$），与心理虐待呈显著负相关（r=−0.19，$P<0.01$）。具体数据见下表 7-2。

表 7-2　儿童虐待及其各维度与心理韧性、抑郁的相关分析矩阵

变　量	M±SD	1	2	3	4	5	6	7	8
1. 情感虐待	7.21±2.62	1							
2. 躯体虐待	6.42±2.27	0.53**	1						
3. 性虐待	5.75±1.88	0.34**	0.36**	1					
4. 情感忽视	9.68±4.18	0.44**	0.32**	0.20**	1				
5. 躯体忽视	7.47±3.40	0.29**	0.24**	0.23**	0.46**	1			
6. 儿童虐待总分	36.60±10.02	0.72**	0.64**	0.52**	0.79**	0.69**	1		
7. 抑郁	12.56±6.62	0.38**	0.27**	0.25**	0.37**	0.22**	0.44**	1	
8. 心理韧性	94.52±15.25	−0.31**	−0.21**	−0.14**	−0.30**	−0.19**	−0.36**	−0.54**	1

3. 心理韧性在儿童虐待与抑郁间的中介效应分析

研究拟进一步对儿童虐待、心理韧性及抑郁的关系进行探讨。在 Hayes(2012)编制的 spss 宏中选取模型 4 对儿童虐待与抑郁的中介作用进行分析，在控制人口学变量(性别、年级、家庭类别、家庭经济水平)的情况下，检验结果如表 7－3 所示：儿童虐待显著正向预测抑郁(β=.296，P<0.001)、儿童虐待显著负向预测心理韧性(β=－.569，P<0.001)；当儿童虐待、心理韧性同时进入回归方程时，心理韧性(β=－.201，P<0.001)显著负向预测抑郁，且儿童虐待对抑郁的直接预测作用显著(β=.182，P<0.001)。这表明心理韧性在儿童虐待对抑郁的影响中的中介作用显著，且是部分中介。

表 7－3 变量间的回归分析

回归方程		整体拟合指数			回归系数显著性	
结果变量	预测变量	R	R^2	F	β	t
抑郁	性别	.469	.220	34.612	－.025	－.051
	年级				.636	2.879**
	家庭经济水平				.678	－3.332***
	家庭类别				.099	.244
	儿童虐待				.296	11.844***
心理韧性	性别	.376	.141	20.168	.261	.225
	年级				.088	.167
	家庭经济水平				－1.784	－2.023*
	家庭类别				－.847	－.864
	儿童虐待				－.569	－9.483***
抑郁	性别	.633	.400	68.113	.028	.065
	年级				.653	3.372***
	家庭经济水平				.319	.985
	家庭类别				－.070	－.195
	儿童虐待				.182	7.752***
	心理韧性				－.201	－13.563***

中介效应的检验结果表明，心理韧性产生的间接效应的Bootstrap95%置信区间不含0值[0.078,0.151]，说明心理韧性在儿童虐待与抑郁之间存在显著的中介效应(.114，占总效应的38.49%)。如表7－4所示。

表7－4　中介效应分析

	间接效应值	Bootstrap SE	Boot CI 下限	Boot CI 上限	相对中介效应
间接效应	.114	.018	.078	.151	38.49%

根据中介分析结果，心理韧性在儿童虐待与抑郁的中介效应路径如下图7－2所示，心理韧性在儿童虐待与抑郁间起部分中介效应。

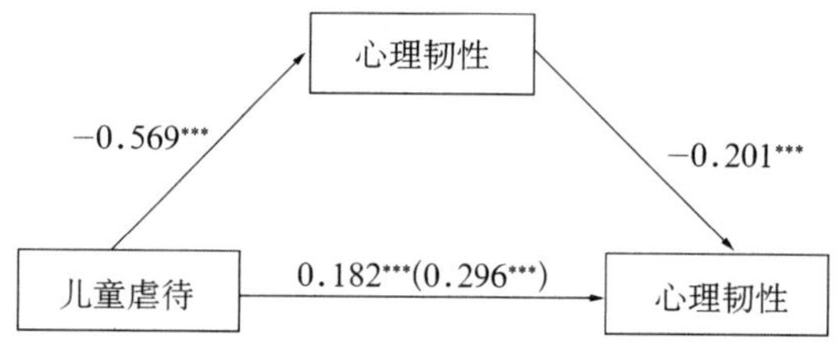

图7－2　心理韧性在儿童虐待与抑郁中介效应模型

（五）讨论

1. 不同儿童虐待类型上是否受虐儿童在心理韧性及抑郁上的差异分析

研究结果表明，在全部5种类型的儿童虐待中，受虐组儿童与非受虐组儿童在心理韧性得分上均存在显著差异，且受虐组儿童的心理韧性得分均低于非受虐组。说明无论哪种形式的虐待均会对儿童心理韧性的发展造成不利影响，与前人的研究结果基本一致。(郭黎岩，陈晨，2015；陈晨，2016；王红彬，2018)。

研究发现，在5种类型的儿童虐待中，受虐组的抑郁得分与非受虐组的抑郁得分存在显著差异，且受虐组儿童的抑郁得分普遍高于非受虐组儿童抑郁得分。以上结果验证了本研究的假设，说明受到虐待的儿童不仅会在心理韧性的发展上受到不良影响，同时也会加重其抑郁倾向，与前人的研究结果相吻合（宋锐，刘爱书，2013；王佳慧，刘爱书，2015；Li & Meng，2016）。

2. 儿童虐待、心理韧性与抑郁的相关分析

儿童虐待总分及各维度均与抑郁呈显著的正相关，说明儿童虐待的程度越严重，个体的抑郁倾向也就越高，在以往的研究中有研究者指出，儿童虐待是导致抑郁症状的危险因素（李卓阳，张野，张珊珊，2018；胡梓悦，李鹏声，郭蓝，潘丝媛，卢次勇，2019），本研究结果印证了这一观点。

结果表明，儿童虐待总分及各维度均与心理韧性呈显著的负相关，说明儿童遭受到的虐待越严重，则其心理韧性的水平就越低，这与以往的研究结果一致（陈雪，2015；陈晨，2016；李奕慧，刘小珍，2016）。

研究发现，抑郁与心理韧性呈显著的负相关，即心理韧性得分越高，则抑郁得分越低，反之则抑郁得分就越高，这一结果与前人的研究一致（陈雪，2015；季善玲，王惠萍，2018），说明心理韧性水平越高的个体，抑郁的程度就越轻。

3. 心理韧性在儿童虐待与抑郁间的中介作用

儿童虐待能够正向预测抑郁，儿童虐待能够负向预测心理韧性，心理韧性能够负向预测抑郁，且心理韧性在儿童虐待对抑郁的影响中起部分中介作用，这一结果验证了前面的研究假设。说明儿童虐待不仅可以直接影响儿童的抑郁水平，还可以通过心理韧性间接的影响儿童的抑郁水平。

许多抑郁症患者都有过不同程度的儿童虐待经历（李武，胡春凤，李龙飞，张永强，李猛，2018），儿童虐待是导致抑郁症状出现的危险因素（甘宁，史战明，胡华，2017；王湃，刘爱书，2017；胡梓悦

等,2019),而心理韧性则是儿童在逆境中的一个保护性因素(刘文,刘娟,张文心,2014)。结合本研究结果,心理韧性在儿童虐待对抑郁的影响中发挥了中介作用,儿童虐待可能会通过影响个体的心理韧性水平,进而进一步影响其抑郁水平。

二、儿童虐待对社交焦虑的影响:情绪调节策略的中介作用

(一)研究目的

本研究采用问卷法对儿童遭受虐待程度、情绪调节策略及社交焦虑之间的关系进行探讨,明确三者的关系,为减少童年期虐待对个体的不良影响的干预提供理论依据。

(二)研究假设

本研究提出以下研究假设:

假设 1:不同类型儿童虐待上受虐组和非受虐组在情绪调节和社交焦虑上存在显著差异;

假设 2:儿童虐待与消极情绪调节策略呈显著正相关,与积极情绪调节策略呈显著负相关,与社交焦虑呈显著正相关;

假设 3:儿童虐待正向预测消极情绪调节策略,负向预测其积极情绪调节策略;儿童虐待能正向预测其社交焦虑程度;

假设 4:情绪调节策略在儿童虐待及社交焦虑间起中介作用。具体假设模型如下图 7-3 所示。

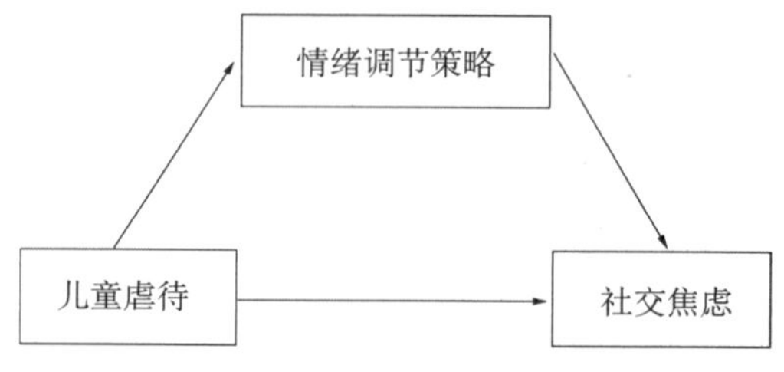

图 7-3　理论假设模型

（三）研究方法

1. 被试

采用随机整群抽样的方法，以湖北省宜昌地区两所中学学生为被试，发放问卷500份，剔除无效问卷，回收有效问卷483份，有效率为96.6%。其中男生233名，女生250名，年龄范围为11—15岁，平均年龄为12.94±0.864岁。

2. 研究工具

儿童期虐待问卷（CTQ-SF）　赵幸福等人（2005）修订的中文版儿童虐待问卷。

认知性情绪调节问卷（CERQ-C）　该量表包括以下9个维度：接受、积极重新关注、重新关注计划、积极重新评价、理性分析为适应性认知情绪调节策略又称积极情绪调节策略；自我责难、沉思、灾难化、责难他人为非适应性情绪调节策略又称消极情绪调节策略，共有36个题目，采用5点评分制。从认知的角度对个体情绪调节策略的使用情况进行探究，其修订版对于我国12岁个体均适用，总量表的Cronbach系数为0.81，总重测信度0.56（罗伏生，2006）。本研究中量表内部一致性系数为0.87。

青少年社交焦虑量表（SAS-A）该量表由La Greca和Lopez（1998）编制，可分为4个维度，共18题。我国学者朱海东（2008）对此量表进行修订，中文版包括害怕否定评价、陌生情境和一般情境下的社会回避及苦恼三个维度，共13题，采用5点评分制，修订后的量表信度系数为0.816（朱海东，2008）。本研究中量表内部一致性系数为0.88。

3. 施测过程

以班级为单位进行集体施测，由班主任协助心理健康教育专业硕士研究生发放问卷、宣读指导语，并确保研究对象认真、独立的完成测试。施测时间为30—45分钟,在施测过程中承诺并告知研究对象保密原则,可放心且真实的完成问卷。施测问卷由儿童虐待问卷、认知情绪调节问卷、青少年社交焦虑量表三部分组成,并在问卷的印制过程中根据量表的顺序分为三个版本,随机分发给研究对象,以保证问卷结果的真实可靠。

4. 数据处理与统计

本次调查采用不记名方式,对班级进行集体施测,并当场收回问卷。调查完成后,剔除无效问卷,利用SPSS20.0进行有效数据统计,利用统计描述、独立样本t检验和单因素方差等方法分析不同变量的人口学特征。使用process插件分析情绪调节策略在儿童虐待和社交焦虑两变量间的中介效应,并检验中介效应的显著性。

5. 共同方法偏差检验

本研究对儿童虐待,认知性情绪调节和社交焦虑三个变量进行共同方法偏差检验,通过Harman单因素检验方法对上述三个变量的所有题目进行未旋转的主成分分析(Podsakoff, et al., 2012;周浩,龙立荣,2004),结果显示生成21个因子,解释了64.74%的变异量,第一个因子解释的方差变异是15.13%,低于Harrion等建议的50%的标准(Harrion, Mclaughlin, & Cloater, 1996)。以上检验表明本研究的共同方法偏差不严重。

(四) 结果与分析

1. 是否受虐个体在情绪调节策略及社交焦虑上的差异分析

根据Bernstein等人在儿童期虐待问卷(CTQ-SF)中对儿童虐待的定义,情感忽视或情感虐待因子分数≥15,躯体忽视或躯体虐待因子分数≥10分,性虐待因子分数≥8的即视为遭受虐待(谭晶晶,2014)。将遭受虐待的样本组命名为阳性组,将未遭受虐待的样本数命名为阴性组，采用独立样本 t 检验的分析方法分析情感虐待阳性组与情感虐待阴性组、情感忽视阳性组与非情感忽视阴性组、躯体虐待阳性组与躯体忽视阴性组、躯体虐待阳性组与躯体虐待阴性组、性虐待阳性组与性虐待阴性组在心理韧性与抑郁上的得分差异。

采用独立样本 t 检验的分析方法分析躯体忽视阳性组与躯体忽视阴性组、躯体虐待阳性组在与躯体虐待阴性组、情感忽视阳性组与情感忽视阴性组、情感虐待阳性组与情感虐待阴性、性虐待阳性组与性虐待阴性组在认知情绪调节策略和社交焦虑上的得分差异。

独立样本 t 检验结果表明，躯体虐待阳性组在与躯体虐待阴性组、情感忽视阳性组与情感忽视阴性组、情感虐待阳性组与情感虐待阴性在积极情绪调节策略上存在显著差异；躯体忽视阳性组与躯体忽视阴性组、情感忽视阳性组与情感忽视阴性组在消极情绪调节策略上存在显著差异；躯体忽视阳性组与躯体忽视阴性组、躯体虐待阳性组在与躯体虐待阴性组、情感忽视阳性组与情感忽视阴性组、情感虐待阳性组与情感虐待阴性组在社交焦虑上存在显著差异。

具体来说，在积极情绪调节策略上，躯体虐待阳性组、情感忽视阳性和情感虐待阳性组的得分显著高于躯体虐待阴性组、情感忽视阴性和情感虐待阴性组的得分（$P<0.01$）；在消极情绪调节策略上，躯体忽视阳性组和情感忽视阳性组的得分显著低于躯体忽视阴性组和情感忽视阴性组（$P<0.001$）；在社交焦虑上，躯体忽视阳性组、躯体虐待阳性组、情感忽视阳性和情感虐待阳性组的得分显著高于躯体忽视阳性组、躯体虐待阴性组、情感忽视阴性和情感虐待阴性组的得分（$P<0.001$）。具体分析数据见下表 7－5。

表 7-5 儿童虐待各维度阳性组和阴性组在认知情绪调节策略及社交焦虑上的差异分析

	积极情绪调节 M±SD	t	消极情绪调节 M±SD	t	社交焦虑 M±SD	t
躯体忽视阳性组 (n=58)	53.95±13.24	1.90	52.76±13.70	−4.21***	36.13±12.00	4.45***
躯体忽视阴性组 (n=425)	50.85±11.41		59.15±10.40		29.43±10.59	
躯体虐待阳性组 (n=34)	58.98±13.06	4.08***	55.88±13.49	−1.37	38.41±10.47	4.60***
躯体虐待阴性组 (n=449)	50.63±11.36		58.58±10.82		29.62±10.78	
情感忽视阳性组 (n=46)	56.37±13.97	2.67*	53.02±12.54	−3.51***	35.60±12.08	3.53***
情感忽视阴性组 (n=437)	50.68±11.28		58.95±10.72		29.67±10.71	
情感虐待阳性组 (n=22)	63.63±13.83	5.24***	55.50±13.26	−1.26	42.95±10.50	5.75***
情感虐待阴性组 (n=461)	50.62±10.91		58.52±10.91		29.63±10.64	
性虐待阳性组 (n=14)	54.70±10.28	−0.01	58.12±11.47	−0.01	33.64±11.56	1.18

2. 各变量之间的相关分析

采用 Person 相关分析检验各变量的相关关系，结果表明(如表 7-6 所示)，儿童虐待与消极情绪调节策略、社交焦虑均成显著正相关(r=0.33，$P<0.01$；r=0.31，$P<0.01$)，与积极情绪调节策略呈显著负相关(r=0.20，$P<0.01$)；消极情绪调节策略与社交焦虑呈显著正相关(r=0.44，$P<0.01$)。

表 7－6　各变量间相关矩阵(N＝483)

	M±SD	儿童虐待	消极情绪调节策略	积极情绪调节策略	社交焦虑
儿童虐待	33.90±9.95	1			
消极情绪调节策略	39.16±9.48	0.33**	1		
积极情绪调节策略	70.44±13.09	－0.20**	0.37**	1	
社交焦虑	43.08±14.70	0.31**	0.44**	－0.01	1

3. 情绪调节策略在儿童虐待与社交焦虑之间的中介效应分析

在 Hayes(2012)编制的 spss 宏中选取模型 4 对儿童虐待与社交焦虑的中介作用进行分析，在控制人口学变量(性别、年级、家庭类别、家庭经济水平、家庭氛围)的情况下，检验结果如表 7－7 所示：儿童虐待显著正向预测社交焦虑(β＝.279，P<.001)、儿童虐待显著正向预测消极情绪调节策略(β＝4.280，P<.001)；当儿童虐待、消极情绪调节策略同时进入回归方程时，消极情绪(β＝－.367，P<.001)显著正向预测社交焦虑，且儿童虐待对社交焦虑的直接预测作用显著(β＝.191，P<0.001)。这表明消极情绪调节调节策略在儿童虐待对社交焦虑的影响中的中介作用显著，且是部分中介。

表 7－7　变量间的回归分析

回归方程		整体拟合指数			回归系数显著性	
结果变量	预测变量	R	R^2	F	β	t
社交焦虑	性别	.370	.137	12.291	.201	2.373*
	年级				.144	2.632**
	家庭经济水平				－.150	－2.015*
	家庭类别				.058	.780
	家庭氛围				－.109	－1.329
	儿童虐待				.279	4.979***

（续表）

回归方程		整体拟合指数			回归系数显著性	
结果变量	预测变量	R	R^2	F	β	t
消极情绪调节策略	性别	.418	.174	16.326	−.191	−2.245*
	年级				.232	4.226***
	家庭经济水平				−.134	−1.787
	家庭类别				.004	0.052
	家庭氛围				−.238	−2.884**
	儿童虐待				.241	4.280***
社交焦虑	性别	.504	.254	.721	.271	3.419***
	年级				.059	1.134
	家庭经济水平				−.101	−1.453
	家庭类别				.057	.818
	家庭氛围				−.022	−.284
	儿童虐待				.191	3.586***
	消极情绪调节策略				.367	8.524***

中介效应的检验结果如表 7－8 所示，社会支持产生的间接效应的 Bootstrap95％置信区间不含 0 值[0.42，0.144]，说明社会支持在儿童虐待与社交焦虑之间存在显著的中介效应(.088，占总效应的 31.53％)。

表 7－8　中介效应分析

	间接效应值	Bootstrap SE	Boot CI 下限	Boot CI 上限	相对中介效应
间接效应	.088	.026	.042	.144	31.53％

根据中介分析结果，消极情绪调节策略在儿童虐待与社交焦虑的中介效应路径如下图 7－4 所示，消极情绪调节策略在儿童虐待与社交焦虑间起部分中介效应。

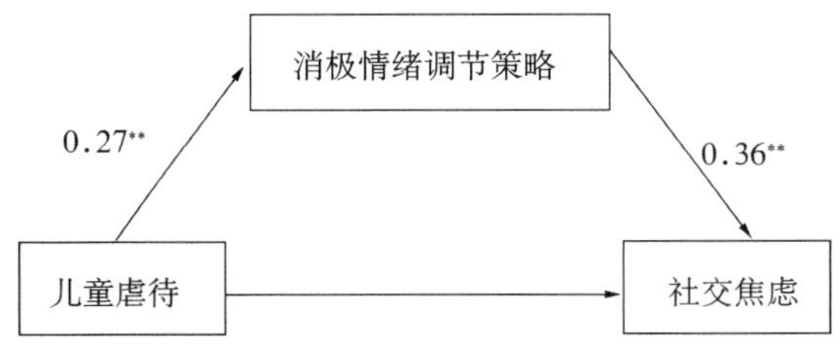

图 7－4　消极情绪调节在儿童虐待和
社交焦虑间的中介效应模型

（五）讨论

1. 儿童虐待不同类型上是否受虐儿童在情绪调节策略和社交焦虑上的差异分析

在 5 种儿童虐待的类型中，除躯体忽视和性虐待的受虐待组儿童积极情绪调节策略得分与非受虐组儿童积极情绪调节策略得分不存在显著差异外，其他类型儿童虐待的受虐待组儿童积极情绪调节策略得分均显著低于非受虐组儿童积极情绪调节策略的得分。而受到情感忽视和躯体忽视的儿童消极情绪调节策略得分则显著高于未受到情感忽视和躯体忽视的儿童，说明儿童虐待会影响情绪调节策略，降低其积极情绪调节策略而增加消极情绪调节策略，这与前人的研究结果一致(胡春凤，李武，2017；刘文，刘方，陈亮，2018；张慧会，张亮，2018)。

除性虐待以外，其他 4 种虐待类型的受虐待组儿童社交焦虑得分与非受虐组儿童的社交焦虑得分均存在显著差异，且受虐待组儿童的社交焦虑得分普遍高于非受虐组。说明儿童虐待可能会增加儿童的社交焦虑程度，这一结论与前人研究结果一致(何全敏，潘润德，孟宪璋，2008；漆光紫，李阳，廖建英，庞雅琴，2015；卜钰，陈丽华，郭海英，林丹华，2017)。

2. 儿童虐待、情绪调节策略和社交焦虑的相关分析

儿童虐待总分及各维度与消极情绪调节策略显著相关；儿童

虐待总分及情感虐待、忽视与积极情绪调节策略显著负相关，与消极情绪条件策略显著正相关；儿童虐待总分及各维度与社交焦虑显著正相关。这说明儿童在虐待量表中的得分越高，遭受的虐待越严重，个体就越偏向于消极的情绪调节策略的使用，减少积极情绪调节策略的调配，导致个体对于消极情绪的体验更多，在面对生活事件时经常处于无助状态，社交焦虑程度也就越高。儿童遭受虐待的严重程度会影响个体情绪调节策略的偏好，适应性的情绪调节策略会削弱虐待经历对儿童带来的负面影响，减少个体的焦虑程度。它们之间相互影响，所以应该促进个体改善情绪调节策略的选择，对未来抱有良好期望，减少个体的社交焦虑程度。

儿童虐待总分及儿童虐待各维度和社交焦虑均为正相关。国内外大量研究表明，童年期虐待给个体带来的心理方面的影响相较于躯体影响更为长久且深远，如受虐待儿童在成人期的心理健康水平下降，容易引发焦虑及抑郁相关障碍、物质滥用、性犯罪和自杀行为（徐耿，王路晗，韩阿珠，苏普玉，2017；袁彬，阴艾华，2010；Herrenkohl，Hong，Klika，et al，2012），早期虐待经历会对个体产生持续终身的心理影响，会增加个体青少年期和成年期的社交焦虑程度（何全敏，潘润德，孟宪璋，2008），社交焦虑与童年期虐待经历呈显著相关（卜钰，陈丽华，郭海英，林丹华，2017）。

本研究发现消极情绪调节策略与社交焦虑显著正相关；积极情绪条件策略与社交焦虑无明显相关。在情绪调节策略时，个体选择的调节策略越消极，其对于悲观情绪的体验越多，社交焦虑程度越高，此研究结果与前人研究结果一致（赵鑫，张雅丽，陈玲，周仁来，2014；吴永红，2017；朱艳新，2009）。

3. 情绪调节策略在儿童虐待和社交焦虑间的中介作用

研究发现，消极情绪调节策略在儿童虐待和社交焦虑之间起部分中介作用。对于情绪调节策略在儿童虐待与社交焦虑之间起中介作用的假设得到验证。这说明,儿童虐待不仅仅可以直接影响个体的社交焦虑程度,还可以又通过情绪调节策略的中介作用间接影响社交焦虑。

有过受虐经历的中学生更加倾向于非适应性的情绪调节策略,悲观的方式者易体验到失控感等消极情绪,使得他们对未来呈消极期望(金晓雨,肖晶,崔丽霞,2013;周碧薇,钱志刚,2018)。而个体的情绪调节策略越乐观,就会体验到更多积极情感,认为自己是有能力的,也是值得被爱的,不容易产生无助感,对未来仍会抱有积极的期望,在对于人际关系的处理上更得心应手,能够体会到更多的积极情绪及他人的反馈,从而降低其焦虑感(李丞凤,林慧,陈冲,刘铁桥,2011;陈丽华,2016;王耀梅,2018)。童年期经历过情感虐待及忽视的个体,在未来的发展中会出现更多的创伤应激障碍(Alink,Cicchetti,Kim,& Rogosch,2012),同时情绪调节策略会在虐待与个体心理问题之间起到中介作用,即虐待能够预测个体的情绪调节策略能力,进而预测个体在未来发展中的不良情绪问题(Burns,Jackson,& Harding,2010)。个体情绪调节策略既受到虐待经历的影响,又能有效的预测个体的焦虑抑郁等消极情绪问题,并且情绪调节策略在虐待和心理健康之间起到中介作用。但目前对情绪调节策略的探讨主要集中在情绪调节策略能力的高低上,较少的考察情绪调节策略的作用,忽略了不同策略的特异性。这提示人们日后在对受虐儿童进行干预时可以从其情绪调节策略上着手,引导学生选择积极的情绪调节策略,在遭遇负性事件时不气馁,在和他人交往时能够更多的体会到积极的体验从而消除自身的焦虑感。在受虐学生还未形成稳定的自我状态时加以干预,削弱虐待对儿童成年期甚至一生带来的不良影响。同时，情绪调节策略也是个体认知的重要方面，加强个体对自身认知功能的认识，也可以降低个体的社交焦虑感。因此，适应性的情绪调节策略能够帮助个体更好的克服不良情绪，促进个体更好的发展。

三、儿童虐待对生活适应的影响：应对方式的中介和调节作用

（一）研究目的

拟采用问卷调查的方法，探讨儿童虐待、应对方式与生活适应之间的关系，并进一步探讨应对方式在儿童虐待虐与生活适应之间的中介作用和调节作用。

（二）研究假设

假设1：不同受虐水平儿童在应对方式与生活适应上存在显著性差异；

假设2：儿童虐待与积极应对方式呈显著负相关、与消极应对方式呈显著正相关，儿童虐待与生活适应呈显著负相关，积极应对方式与生活适应呈显著正相关，消极应对方式与生活适应呈显著负相关；

假设3：应对方式在儿童虐待及生活适应间存在中介和调节作用，具体模型如下图7－5所示：

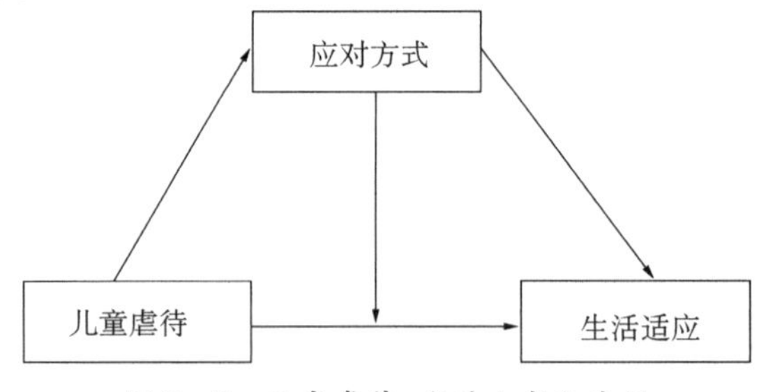

图7－5　儿童虐待、应对方式和生活适应关系的假设模型

（三）研究方法

1. 被试

采用整群随机抽样法，抽取内蒙古自治区的两所小学和初中，以班级为单位进行施测。发放 1152 份问卷，其中有效问卷 1110 份，有效回收率为 96.35%。其中男生 556 名，女生 554 名；四年级为 301 名，五年级为 361 名，六年级为 226 名，七年级为 73 名，八年级为 149 名；独生子女 809 名，非独生子女 301 名。年龄在 9 岁至 17 岁之间，平均年龄为 11.78 岁（SD=1.52）。

2. 研究工具

儿童虐待问卷　赵幸福等人（2005）修订的中文版儿童虐待问卷。

应对方式问卷　采用解亚宁（1998）编制的简易应对方式问卷。问卷共 20 题，其中 1—12 题是积极应对的维度，13—20 是消极应对的维度。问卷采用 4 级评分制，0 为“不采用”，1 为“偶尔采用”、3 为“有时采用”，4 为“经常采用”，得分越高这表明被试越倾向于选择这种应对方式。应对方式问卷的 a 系数为 0.91，重测相关系数为 0.89，积极应对分问卷的 a 系数为 0.88，消极应对分问卷的 a 系数为 0.78。本研究中积极应对方式 a 系数为 0.76，消极应对方式 a 系数为 0.67，应对方式总问卷的 a 系数为 0.77。

生活适应问卷　采用李文钦（2003）编制的中小学生生活适应问卷。问卷包括家庭适应、个体适应、人际适应和学校适应 4 个维度，共 27 个题目，问卷采用 4 级评分制，1—4 分别代表从“非常不符合”到“非常符合”，得分越高则表明被试生活适应更强。此问卷在应用信度检验时发现总量表的 a 系数为 0.92，各分量表内部一致性信度的系数分别为：0.75、0.82、0.84、0.84，此量表具有良好的信效度。

3. 问卷施测

本次调查采用不记名方式，由研究者和心理健康教育专业的研究生充当主试对班级进行集体施测，并当场收回问卷。

4. 数据处理与统计

研究采用 spss20.0 进行数据录入和数据统计工作，利用统计描述、独立样本 t 检验和单因素方差等方法分析不同变量的人口学特征。使用 process 插件分析应对方式在儿童虐待和生活适应两变量间的中介效应和调节效应。

5. 共同方法偏差

本研究对儿童虐待、应对方式、生活适应这三个变量进行共同方法偏差检验。在程序测试过程中采用部分题目反向计分等方式加以控制，采用 Harman 单因子检验法对原始数据进行共同方法偏差检验（Podsakoff，et al.，2012；周浩，龙立荣，2004）。结果显示，共生成 21 个因子，且第一个因子解释的方差变异为 14.454%，远小于 40%的临界值，说明本研究的共同方法偏差不严重。

（四）结果与分析

1. 是否受虐儿童在应对方式和生活适应上的差异分析

根据 Bernstein 等人对儿童虐待的定义，情感忽视或情感虐待因子分数≥15，躯体忽视或躯体虐待因子分数≥10 分，性虐待因子分数≥8 即视为遭受虐待（谭晶晶，2014）。将遭受虐待的样本组命名为阳性组，将未遭受虐待的样本数命名为阴性组，采用独立样本 t 检验的分析方法分析情感虐待阳性组与情感虐待阴性组、情感忽视阳性组与非情感忽视阴性组、躯体虐待阳性组与躯体忽视阴性组、躯体虐待阳性组与躯体虐待阴性组、性虐待阳性组与性虐待阴性组在应对方式和生活适应上的得分差异。

表 7-9 儿童虐待总分及各维度阳性组和阴性组在生活适应及应对方式上的差异分析

	生活适应 M±SD	t	积极应对方式 M±SD	t	消极应对方式 M±SD	t
情感虐待阳性组(n=18)	77.80±15.52	−2.54*	30.45±6.17	−2.06***	21.86±4.64	4.38***
情感虐待阴性组(n=1092)	89.80±19.97		35.21±7.72		16.99±4.68	
情感忽视阳性组(n=122)	76.89±17.11	−8.93***	30.88±7.66	−7.04***	18.32±4.73	3.06***
情感忽视阴性组(n=938)	91.85±19.53		35.94±7.43		16.93±4.73	
躯体虐待阳性组(n=66)	79.55±16.77	−9.33***	31.63±7.92	−7.18***	18.38±4.94	4.52***
躯体虐待阴性组(n=976)	91.94±19.95		35.93±7.53		16.76±4.63	
躯体忽视阳性组(n=66)	79.42±15.94	−4.80***	31.05±7.62	−4.73***	19.28±4.66	4.43***
躯体忽视阴性组(n=976)	91.35±19.74		35.67±7.67		16.69±4.59	
性虐待阳性组(n=81)	77.42±17.74	−5.73***	30.92±7.49	−5.02***	19.00±4.79	3.85***
性虐待阴性组(n=1032)	90.44±19.86		35.38±7.70		16.93±4.66	

独立样本 t 检验结果表明，情感虐待阳性组与情感虐待阴性、情感忽视阳性组与情感忽视阴性组、躯体虐待阳性组在与躯体虐待阴性组、躯体忽视阳性组与躯体忽视阴性组、性虐待阳性组与性虐待阴性组在适应各维度及应对方式上均存在显著差异。

具体来说，在生活适应和积极应对方式上，除情感虐待阳性组和情感虐待阴性组在个体适应的得分上差异不显著外，其他阳性组的得分均显著低于阴性组(P<0.05);在消极应对方式上,阳性组的得分显著高于阴性组(P<0.001)。

2. 各变量之间的相关分析

采用Pearson相关检验儿童虐待(总分及五个维度),生活适应、应对方式之间的关系,结果如表7-10所示,儿童虐待总分及情感虐待、躯体虐待、情感忽视、躯体忽视均与生活适应总分、积极应对方式呈显著负相关(P<0.01)与消极应付方式呈显著正相关(P<0.01);且情感忽视与情绪控制呈负相关(P<0.05);性虐待与家庭支持呈负相关(P<0.05),与消极应对方式呈显著正相关(P<0.01)。

表7-10 各变量间的相关分析矩阵(N=1110)

变量	M±SD	1	2	3	4	5	6	7	8	9
1. 情感虐待	6.02±1.80	1								
2. 躯体虐待	5.71±1.81	.486**	1.							
3. 性虐待	5.31±2.15	.291**	.194**	1						
4. 情感忽视	8.14±4.16	.320**	.303**	.131**	1					
5. 躯体忽视	6.79±2.68	.312**	.315**	.204**	.551**	1				
6. 虐待总分	40.94±8.01	.631**	.600**	.496**	.735**	.722**	1			
7. 生活适应	91.2±20.07	-.206**	-.145**	−0.04	-.264**	-.210**	-.219**	1		
8. 积极应对	35.69±7.62	-.163**	-.127**	0.00	-.255**	-.191**	-.190**	.382**	1	
9. 消极应对	16.87±4.61	.145**	.207**	.112**	.096**	.139**	.200**	−0.03	.123**	1

3. 应对方式在儿童虐待与生活适应之间的中介效应分析

在Hayes(2012)编制的spss宏中选取模型4对儿童虐待与生活适应的中介作用进行分析,在控制人口学变量(性别、年级、家庭类别、家庭经济水平、家庭氛围)的情况下,检验结果如表7-11所示:儿童虐待显著负向预测生活适应($\beta=-.173$,$P<.001$)、儿童虐待显著负向预测积极应对方式($\beta=-.145$,$P<.001$);当儿

童虐待、积极应对方式同时进入回归方程时，积极应对方式（β=.357，P<.001）显著正向预测生活适应，且儿童虐待对生活适应的直接预测作用显著（β=－.121，P<0.001）。这表明积极应对方式在儿童虐待对生活适应的影响中的中介作用显著，且是部分中介。

其次，中介效应的检验结果显示，积极应对方式产生的间接效应的Bootstrap95％置信区间不含0值，说明积极应对方式在儿童虐待与生活适应之间存在显著的中介效应（－.121，占总效应的29.86％）。

表7－11　变量间的回归分析

回归方程		整体拟合指数			回归系数显著性	
结果变量	预测变量	R	R^2	F	β	t
生活适应	性别	.377	.142	28.531	.103	1.749
	年级				－.171	－6.685***
	家庭经济水平				－.145	－3.332***
	家庭类别				－.035	－.565
	家庭氛围				－.288	－4.608***
	儿童虐待				－.173	－4.910***
积极应对方式	性别	.331	.110	21.293	.034	.582
	年级				－.156	－6.089***
	家庭经济水平				－.064	－1.478
	家庭类别				－.040	－.656
	家庭氛围				－.278	－4.459***
	儿童虐待				－.145	－4.103***
生活适应	性别	.501	.251	49.654	.091	1.649

（续表）

回归方程		整体拟合指数			回归系数显著性	
结果变量	预测变量	R	R^2	F	β	t
	年级				−.115	−4.741***
	家庭经济水平				−.122	−2.998**
	家庭类别				−.020	−.354
	家庭氛围				−.188	−3.195**
	儿童虐待				−.121	−3.656***
	社会支持				.357	12.309***

4. 应对方式在儿童虐待和生活适应间的调节效应分析

运用层次回归分析，检验应对方式在儿童虐待和生活适应之间的调节作用。首先对被试在儿童虐待、应对方式和生活适应的得分进行中心化处理，即各自减去其样本均值，然后计算出儿童虐待和积极应对方式/消极应对方式的交互项，以生活适应为因变量进行分层回归分析，第一步引入主效应项儿童虐待和积极应对方式/消极应对方式，第二步引入交互作用项儿童虐待×积极应对方式/消极应对方式，分两步使各变量进入回归方程，通过交互作用项的回归系数是否显著，判断反应方式的调节作用是否显著。

将儿童虐待和积极应对方式的交互项纳入回归方程后，该项系数不显著（$\beta=0.061$，$p>0.05$），则积极应对方式在儿童虐待影响社会适应的过程中并未起调节作用。将儿童虐待和消极应对方式的交互项纳入回归方程后，该项系数显著（$\beta=0.079$，$p<0.05$），则消极应对方式在儿童虐待影响生活适应的过程中起显著调节作用。具体数据见下表7－12。

表 7-12 积极应对方式与消极应对方式在儿童虐待和生活适应之间的调节作用

自变量	生活适应	
	模型 1(β)	模型 2(β)
儿童虐待	−0.186***	−0.185***
积极应对方式	0.319***	0.320***
儿童虐待×积极应对方式		0.061
R2	0.159	0.163
△R2	0.157	0.159
F	75.928***	3.563
儿童虐待	−0.267***	−0.297***
消极应对方式	0.032	0.029
儿童虐待×消极应对方式		0.079*
R2	0.069	0.074
△R2	0.066	0.071
F	30.971***	4.705*

为进一步揭示消极应对方式在儿童虐待和生活适应间的调节作用，本研究根据 Alike 和 West 提出的简单斜率检验法（Aiken, West, &Reno, 1991），计算出消极应对方式为平均数正负一个标准差时，儿童虐待对社会适应的预测作用，并绘制了调节效应图（见图 2）。如图 2 所示，在消极应对方式水平较低的情况下，儿童虐待能够极显著负向预测社会适应（$\beta=-0.27$, $t=-7.76$, $P<0.001$）；在消极应对方式水平较高的情况下，儿童虐待不能预测社

会适应(β=−0.27,t=−1.64,$P>0.05$)。

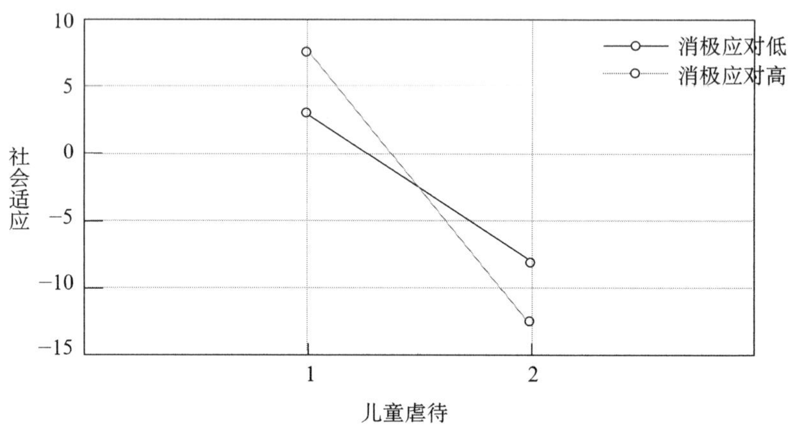

图 7-6 消极应对方式在儿童虐待和生活适应之间的调节效应图

根据研究结果,对儿童虐待、应对方式和生活适应的关系假设模型如下图 7-7 所示。

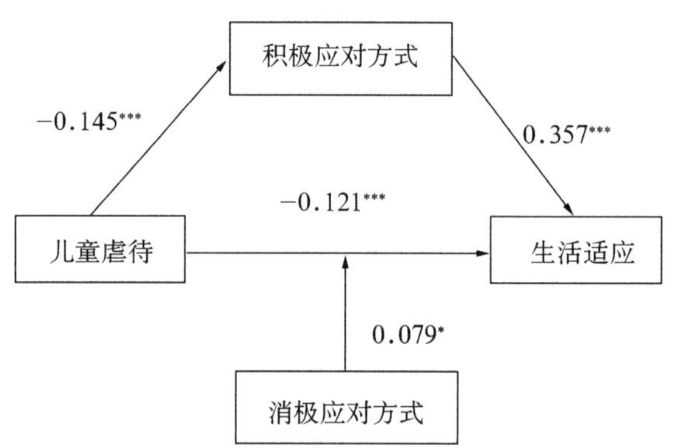

图 7-7 积极应对方式在儿童虐待和生活适应间的中介及调节作用模型

(五) 讨论

1. 儿童虐待不同类型上是否受虐儿童在应对方式及生活适应上的差异分析

全部 5 种儿童虐待类型中,除受情感虐待儿童与没有受到情感虐待虐待的儿童在个体适应维度得分上不存在显著差异外，所有类型的受虐待组儿童生活适应总分及各维度得分均与非受虐待组儿童的生活适应总分及各维度得分存在显著差异，且受虐待组儿童的生活适应得分普遍低于非受虐待组儿童的生活适应得分，说明儿童虐待对儿童的生活适应造成消极影响，与前人的研究结果一致(张文心，刘文，2014;李志敏，李超，刘文，2015)。

此外，在5种类型的儿童虐待中，受虐待组儿童的积极应对方式得分和消极应对方式得分与非受虐待组儿童的积极应对方式得分和消极应对方式得分均存在显著差异，且非虐待组儿童的积极应对方式得分普遍高于虐待组儿童的积极方式，而非虐待组儿童的消极应对方式得分则普遍低于受虐待组儿童的消极应对方式得分。研究表明，儿童虐待能够对儿童的应对方式产生影响，受到虐待的儿童表现出更多的消极应对倾向和更少的积极应对倾向。与前人研究结果相一致(黄庆玲等，2015;傅娟花，2016;袁会，杜洋，李慧，马莉莉，季益富，2019)。

2. 积极应对方式在儿童虐待和生活适应间的中介作用

研究发现，儿童虐待显著预测应对方式；积极应对方式显著预测生活适应，而消极应对方式对生活适应的预测作用不显著；儿童虐待显著预测社会适应。社会适应是心理健康的重要指标(邓敏等，2010)，积极的应对方式对生活适应有显著的正向预测作用一致(邓敏，陈旭，张雪峰，马瑞瑾，2010)，这一点与本研究结果一致，因为积极的应对方式不仅会对自己的心理压力有所缓解，而且还能受到同伴和家长的喜欢和肯定，因此更加有正面困难的勇气和信心，因此能良好地适应生活(谢玲平，邹维兴，张翔，2014)。但也有研究者认为消极的应对方式会损害心理健康，积极应对方式却对心理健康没有显著影响，这可能是因为被试情况存在差异所导致。

积极应对方式在儿童虐待和生活适应之间起部分中介作用，说明儿童虐待不仅可以直接影响社会适应，还可以通过积极应对方式影响生活适应。周永红(2016)提出，积极应对方式在儿童创伤经历与成年心理健康和幸福感之间起部分中介作用。本研究结果与以往研究结果相一致。经历过儿童期虐待的青少年有可能会存在严重的心理问题，产生适应不良，同时儿童期是有意识学习和使用应对策略的时期，如果老师家长以及社会心理支持团体能够在被虐经历后引导儿童采取积极的应对方式，可能会缓解儿童对被虐经历的恐惧和焦虑等心理问题，正面应对童年创伤，从而更好地适应生活。因此，我们应该帮助受虐待儿童学会积极的应对方式，进而提升他们的生活适应能力并进一步提高社会适应水平。

3. 消极应对方式的调节作用

进一步调节效应分析发现，消极应对方式在儿童虐待影响生活适应的过程中起显著调节作用，说明在遭受虐待的儿童群体中，越是采用消极应对方式，越容易产生生活适应问题。这可能是因为有过被虐经历的高中生，他们对遭受虐待事件的评价是负性消极的，并试图通过自责、幻想和逃避等不成熟的方式加以应对，结果却严重干扰他们的社会化过程和心理健康发育(黄群明，赵幸福，林汉民，刘永忠，尹祚平，周云飞，2005)。同时，根据有些研究者的理论，应对方式能否在压力情境下起到缓解作用，关键还要看应对方式与情境适合程度，不同压力情境下适合采用的应对方式也不同。儿童虐待经历是一种持续时间长的压力情境，再加上儿童期认知发展水平不高，儿童多选择自助而不求助于他人，自己也无法选择和压力情境适合的成熟应对方式，因而造成心理发展不和谐，社会适应不良问题。

四、儿童虐待对攻击性的影响:道德推脱的中介作用

(一) 研究目的

拟采用问卷调查法,探讨儿童虐待、道德推脱与攻击性行为之间的关系,是否因为性别不同而对创伤经历和攻击性行为水平影响不同,进而探究能否通过改变具有儿童虐待经历的健康人的道德推脱水平,进而改变其不良的行为方式,弱化其攻击性行为并强化正性行为。

(二) 研究假设

假设 1:不同受虐经历儿童在道德推脱、攻击性行为上存在显著性差异;

假设 2:儿童虐待与道德推脱及攻击性行为之间呈显著正相关,道德推脱与攻击性行为之间存在显著正相关;

假设 3:儿童虐待及道德推脱水平能显著预测攻击性行为;

假设 4:道德推脱在儿童虐待及攻击性行为方式之间起中介作用。理论假设模型如下:

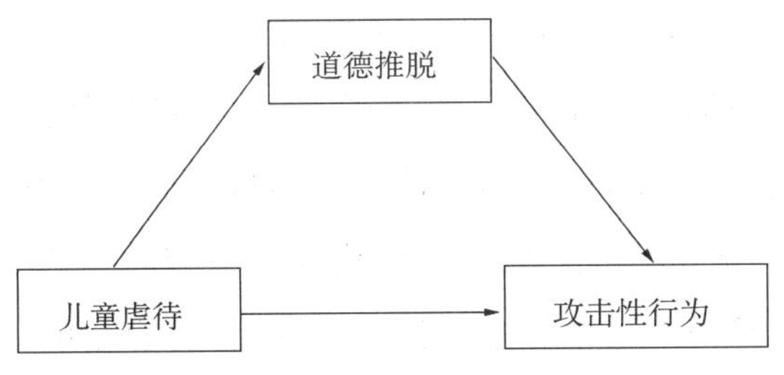

图 7-8　理论假设模型

(三) 研究方法

1. 被试

以湖北省恩施地区某中学学生为研究对象,采用随机整群抽样的方法抽取 700 名学生进行问卷调查,回收有效问卷 670 份,问

卷有效率为95.7%，其中男生350人，占总人数的52.2%；女生320人，占总人数的47.8%；年龄范围为12—17岁（M＝13.74；s＝0.977）。

2. 研究工具

儿童虐待问卷　赵幸福等人（2005）修订的中文版儿童虐待问卷。

攻击性行为问卷　Buss和Perry于1992年采用因素分析的方法编制了Buss-Perry攻击性量表（Buss-Perry Aggression Questionnaire，BPAQ）。改善后的BPAQ包括语言攻击、身体攻击、敌意、愤怒的4个维度。身体和语言的攻击是攻击性的行动表现，愤怒是情绪表现，敌意是认知表现。这个计量量表现在成为测量个人攻击性的最权威的评价工具之一。根据研究，不同译本的BPAQ表现着良好的可靠性和功效。刘俊升（2009）汉化了在海外普及的Buss-Parry攻击量表，根据大样本测试初步修订了BPAQ。修订后的量表项目比如“我的朋友当中喜欢吵架。”“我想如果使用暴力，就能保护我的财产。”“我觉得这个世界上真的没有好人。”等。量表在本研究中的a系数为0.872。

道德推脱问卷　采用班杜拉等人（1996）编制的道德推脱问卷。问卷共32个条目，包括道德辩护、委婉标签、有利比较、责任转移、责任分散、扭曲结果、非人性化和责备归因等8个道德推脱机制。问卷采用5点评分法，得分越高表示青少年的道德推脱水平越高。王兴超和杨继平（2010）对问卷进行了修订。量表在本研究中的a系数为0.851。

3. 施测程序及数据统计

本次调查采用不记名方式，由研究者及其研究生对班级进行集体施测，当场收回问卷。调查完成后，剔除无效问卷，利用

SPSS20.0 进行有效数据统计，利用独立样本 t 检验分析不同虐待类型儿童在道德推脱和攻击性行为上的差异。使用 process 插件分析心理韧性在儿童虐待和抑郁间的中介效应，并检验中介效应的显著性。

4. 共同方法偏差检验

本研究对儿童虐待、攻击性、道德推脱这三个变量进行共同方法偏差检验。在程序测试过程中采用部分题目反向计分等方式加以控制，采用 Harman 单因子检验法对原始数据进行共同方法偏差检验(周浩，龙立荣，2004)。结果显示，共生成 24 个因子，且第一个因子解释的方差变异为 19.144%，远小于 40%的临界值，说明本研究的共同方法偏差不严重。

（四）结果与分析

1. 是否受虐个体在攻击行为及道德推脱上的差异检验

本研究采用独立样本 t 检验，将儿童虐待作为攻击性、道德推脱作为因变量，以了解受虐待儿童和未受虐待儿童在不同变量上的差异。

按照儿童虐待各维度判断标准(谭晶晶，2014)，根据儿童在儿童虐待各维度上的得分划分为阳性组和阴性组。采用独立样本 t 检验的分析方法分析躯体忽视阳性组与躯体忽视阴性组、躯体虐待阳性组在与躯体虐待阴性组、情感忽视阳性组与情感忽视阴性组、情感虐待阳性组与情感虐待阴性、性虐待阳性组与性虐待阴性组在攻击性和道德推脱上的得分差异。

独立样本 t 检验结果表明，躯体忽视阳性组与躯体忽视阴性组、躯体虐待阳性组在与躯体虐待阴性组、情感忽视阳性组与情感忽视阴性组、情感虐待阳性组与情感虐待阴性、性虐待阳性组与性虐待阴性组在攻击性行为总分上存在显著性差异，且阳性组得分均显著高于阴性组($P<0.001$);躯体忽视阳性组与躯体忽视阴性组、躯体虐待阳性组在与躯体虐待阴性组、情感忽视阳性组与情感忽视阴性组、性虐待阳性组与性虐待阴性组在道德推脱总分上存在显著差异,且阳性组得分均高于阴性组($P<0.001$)。具体数据见下表 7-13。

表 7-13　儿童虐待总分及各维度阳性组和阴性组在攻击性行为及道德推脱上的差异分析

	攻击性行为 M±SD	t	道德推脱 M±SD	t
情感虐待阳性组 (n=134)	51.31±13.30	3.17***	63.87±15.85	1.91***
情感虐待阴性组 (n=498)	47.30±12.37		60.89±12.51	
情感忽视阳性组 (n=299)	50.80±12.18	4.85***	63.89±14.86	3.92***
情感忽视阴性组 (n=330)	45.79±12.87		59.52±11.36	
躯体虐待阳性组 (n=184)	51.87±12.35	4.61***	65.27±15.15	4.04***
躯体虐待阴性组 (n=449)	46.65±12.61		60.00±12.27	
躯体忽视阳性组 (n=370)	50.63±12.07	5.89***	64.00±14.10	5.71***
躯体忽视阴性组 (n=263)	44.61±12.64		58.01±10.94	
性虐待阳性组 (n=247)	51.02±12.45	4.48***	64.45±14.56	3.84***
性虐待阴性组 (n=382)	6.64±2.21		59.92±12.47	

2. 各变量之间的相关分析

为探讨儿童虐待、攻击性行为和道德推脱之间的相关关系,对其进行相关分析。结果发现：儿童虐待经历与攻击性行为道德推脱水平均在呈显著正相关。具体数据分析见下表 7－14。

表 7－14　儿童虐待、攻击性行为、道德推脱的相关矩阵

	儿童虐待	攻击性行为	道德推脱
儿童虐待	1		
攻击性行为	0.25**	1	
道德推脱	0.20**	0.47**	1

3. 道德推脱在儿童虐待与攻击性行为之间的中介效应分析

在 Hayes(2012)编制的 spss 宏中选取模型 4 对儿童虐待与攻击性行为的中介作用进行分析，在控制人口学变量(性别、年级、家庭类别、家庭经济水平、家庭氛围)的情况下，检验结果如表 7－15 所示：儿童虐待显著正向预测攻击性行为(β＝.590，$P<0.001$)、儿童虐待显著正向预测道德推脱(β＝4.591，$P<0.001$)；当儿童虐待、道德推脱同时进入回归方程时，道德推脱(β＝9.157，$P<0.001$)显著正向预测攻击性行为，且儿童虐待对攻击性行为的直接预测作用显著(β＝4.053，$P<0.001$)。这表明道德推脱在儿童虐待对攻击性行为的影响中的中介作用显著，且是部分中介。

表 7－15　变量间的回归分析

回归方程		整体拟合指数			回归系数显著性	
结果变量	预测变量	R	R^2	F	β	t
攻击性行为	性别	.382	.147	9.416	－.023	－.227
	年级				－.101	－1.370
	家庭经济水平				.019	.202
	家庭类别				.084	1.222
	家庭氛围				－.198	－2.057*
	儿童虐待				.590	5.808***
道德推脱	性别	.350	.122	7.645	－.396	－4.338***

（续表）

回归方程		整体拟合指数			回归系数显著性	
结果变量	预测变量	R	R^2	F	β	t
	年级				.112	1.689
	家庭经济水平				−.044	−.524
	家庭类别				−.010	.160
	家庭氛围				.003	.035
	儿童虐待				.421	4.591***
攻击性行为	性别	.566	.320	22.081	.175	1.883
	年级				−.156	−2.375*
	家庭经济水平				.041	.490
	家庭类别				.089	.1448
	家庭氛围				−.199	−2.319*
	儿童虐待				.379	4.053***
	道德推脱				.500	9.157***

中介效应的检验结果如表 7 - 16 所示，社会支持产生的间接效应的 Bootstrap95％置信区间不含 0 值，说明道德推脱在儿童虐待与攻击性行为之间存在显著的中介效应（.213，占总效应的 35.66％）。在控制性别等人口学变量后，道德推脱在儿童虐待对攻击性行为的路径中仍起部分中介作用，即道德推脱水平越高，攻击性行为水平越高。

表 7 - 16　道德推脱在儿童虐待与攻击性行为之间的中介效应分析

	间接效应值	Bootstrap SE	Boot CI 下限	Boot CI 上限	相对中介效应
间接效应	.213	.056	.114	.330	35.66％

根据中介分析结果，道德推脱在儿童虐待与攻击性行为之间的中介效应路径如下图 7 - 9 所示，道德推脱在儿童虐待与攻击性行为间起部分中介效应。

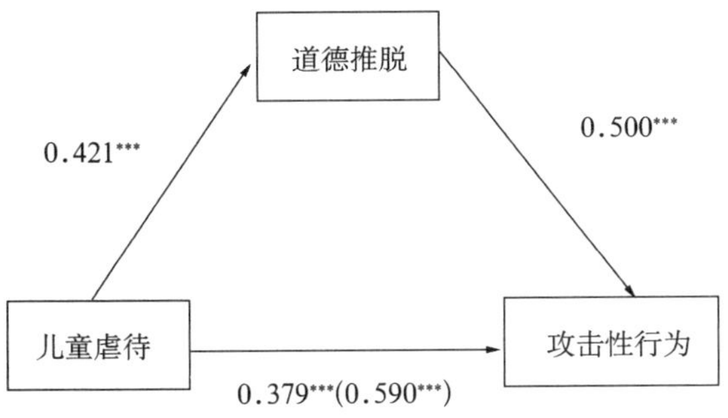

图 7－9　道德推脱中介效应模型

（五）讨论

1. 儿童虐待不同类型上是否受虐儿童在道德推脱与攻击性行为上的差异分析

全部 5 种儿童虐待的类型中，除受情感虐待和性虐待的儿童与没有受到情感虐待和性虐待的儿童在道德辩护维度得分上不存在显著差异外，所有类型的受虐待组儿童道德推脱总分及各维度得分均与非受虐待组儿童的道德推脱总分及各维度得分存在显著差异，与前人的研究结果一致，说明儿童虐待能够影响个体的道德推脱水平（李小青，郝晨蕊，高宜，2017；孙丽君，杜红芹，牛更枫，李俊一，胡祥恩，2017）。

研究还发现，在 5 种类型的儿童虐待中，除了受情感忽视、躯体虐待和躯体忽视的儿童的敌意得分与非虐待组儿童的敌意得分不存在显著差异、受性虐待的儿童的替代攻击得分与非虐待组儿童的替代攻击得分不存在显著差异外，所有类型的受虐待组儿童攻击性总分及各维度得分均与非受虐组儿童的攻击性总分及各维度得分存在显著差异，说明总体上儿童虐待能够对个体的攻击性行为产生影响，且从各维度的得分来看，受虐待组儿童的攻击性水平更高，这与前人的研究结果一致（陈晨，郭黎岩，王冰，2015；Van，Mishna，Trocmé & Fallon，2017；袁姗姗，向晶晶，吴春侠，郝文，张艳梅，余毅震，2018）。

2. 儿童虐待、攻击性行为和道德推脱的相关分析

本研究结果发现：儿童虐待经历与攻击性行为、道德推脱水平均呈显著正相关，这与前人研究结果一致（陈学全，2013；方力，2015；杨继平，王兴超，2015；杨继平，王兴超，2012）。

儿童虐待经历可以显著正向预测攻击性行为，即童年遭受虐待经历越多的个体，其攻击性行为倾向就越高。畸形的童年经历会对人产生难以想象的负面后果，原生家庭的相处模式会极大程度上影响个体的社交模式，若是童年的原生家庭相处均以“棍棒下出孝子”的理念或冷暴力的心理压迫为惩戒方式的话，日后即使个体意识到这种行为方式的负面作用和无用性，也会潜移默化地受其影响，将其内化为自己的行为方式，在一定的诱导情境下表现出来，例如攻击性行为。因此儿童虐待是到最后攻击性行为的一个不可避免也不可挽回的个体因素。

道德推脱可以显著正向预测攻击性行为，即道德推脱水平越高的个体，其攻击性行为倾向就越高。道德推脱可以合理地剥夺个人因不道德行为的发生而产生的内在道德标准和自责，从而减少道德的自我约束，从而增加不道德行为。道德推脱程度越高的人越不容易感到内疚，当他们看到别人需要帮助而不提供帮助时，就越不可能感到自责，反而是理所当然的高高挂起，与己无关，因此更加增加了攻击性行为的倾向。道德脱离水平的高低是攻击性行为产生的一个可控的内部影响因素。

3. 道德推脱在儿童虐待对行为方式的中介效应检验

道德推脱在儿童虐待与攻击性行为之间起部分中介作用，即对于有儿童虐待经历的儿童而言，他们可能会有更多的攻击性行为，且可以通过道德推脱水平对其行为方式进行更深程度的影响。这

一结果也切合了一般攻击模型(GAM)的基本观点。一般攻击模型的基本假设即攻击性行为是个人和情境交互作用下产生的结果,即就是个人经过了一个怎样的内部心理状态(对外界刺激的评定与决策过程)导致最终的攻击性行为。忽视与虐待与道德推脱和攻击性行为处于一个完整的攻击行为的形成模型过程中,忽视和虐待是一个情境变量,它必须通过个体的内部认知过程(道德推脱)来调节,才能对攻击行为产生影响。挫折侵犯理论也可以部分解释儿童虐待和道德推脱在攻击行为中的作用。该理论认为侵犯是挫折的后果,但并非是必然结果,而是挫折激发了个体侵犯行为的心理和生理预备状态,且挫折侵犯理论认为挫折不总是导致侵犯,即挫折不是导致侵犯的唯一原因(负面情绪也可能会导致侵犯行为),但受过挫折的对象日后若受到类似虐待情境或攻击性武器线索的诱导时,会较未经历挫折的个体更容易表现出侵犯行为。即儿童早期经历的儿童虐待其负面影响可能不会立刻表现出来,但它会在孩子的心理埋下一颗种子,若日后受到一定类似"武器"的诱导,则会将攻击性行为外显地表现出来。而道德推脱情境就是一种类似武器效应的诱因,例如量表项目中的"为了保护朋友打架"、"开玩笑的推搡或挤撞"、"被强迫做坏事"、"受到教唆的违纪"等等有貌似"正当理由"的道德推脱情境,经历过童年挫折的个体更容易在该情境中做出侵犯行为,这也与本研究的结论相符合,拥有儿童期虐待经历的个体在遇到道德推脱情境时会更容易表露攻击性行为。

第二节　儿童虐待对社会适应的影响:社会资源的保护作用

采用问卷法考察儿童虐待对社会适应的影响及环境资源在二

者之间的中介作用。将通过3个子研究来考察受虐经历对儿童社会适应的影响及环境资源在虐待经历和社会适应两者之间的中介作用。

一、儿童虐待对学校适应的影响：校园氛围的中介作用

（一）研究目的

拟采用问卷调查法，探讨不同受虐水平儿童在校园气氛及学校适应上的差异，儿童虐待、学校适应与校园氛围之间的关系，并进一步探讨学校氛围在儿童虐待与学校适应中间的中介作用。

（二）研究假设

假设1：不同受虐水平儿童在学校适应及校园氛围上存在显著性差异；

假设2：儿童虐待与校园氛围、学校适应之间存在显著负相关，校园氛围与学校适应之间存在显著正相关；

假设3：儿童虐待显著预测学校适应及校园氛围；

假设4：校园氛围在儿童虐待及学校适应之间起中介作用。中介假设模型如下图：

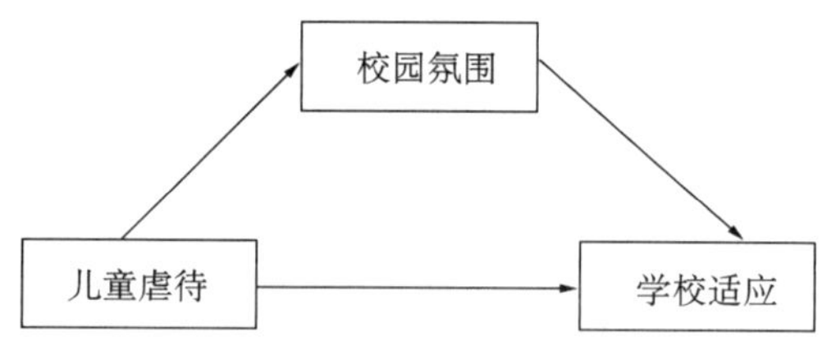

图7-10　理论假设模型

（三）研究方法

1. 被试

采用随机整群抽样的方法，在江苏金湖抽取4所中小学950

名被试进行问卷调查。回收问卷930份，其中有效问卷902份，有效率为94.95％，其中男生476人，女生426人。被试年级分布在五年级—九年级，其中五年级133人，六年级216人，七年级208人，八年级238人，九年级78人。被试的年龄范围在10—16岁，平均年龄为13.14岁。

2. 研究工具

儿童虐待问卷　赵幸福等人（2005）修订的中文版儿童虐待问卷。

校园氛围量表　采用谢家树（2016）修订的中文版特拉华校园氛围量表，量表共有30个题目组成，共分为8个不同的维度，分别是：师生关系、同学关系、尊重多样性、校内活动参与度、期望清晰度、规则公平度、校园安全、校园欺负。量表采用Likert 4点计分：1＝“十分不同意”；2＝“不同意”；3＝“同意”；4＝“十分同意”各题目分数相加即为量表总分，总分越高说明学生感知的校园氛围越积极。本研究中该问卷部分a系数为0.950。

学校适应量表　本研究采用崔娜（2008）编制的初中生学校适应问卷，共包含五个维度：学校态度情感、同伴关系、师生关系、学业适应以及常规适应，采用5点计分，一共27个项目，其中5道题为正向计分，其他题目均为反向计分，得分越高说明对于学校适应就越好。本问卷部分a系数为0.929。

3. 施测过程

以班级为单位进行集体施测，由班主任协助心理健康教育专业硕士研究生发放问卷、宣读指导语，并确保研究对象认真、独立的完成测试。施测时间为30—45分钟，在施测过程中承诺并告知研究对象保密原则，可放心且真实的完成问卷。施测问卷由儿童虐待问卷、认知情绪调节问卷、青少年社交焦虑量表三部分组成，并在问卷印制过程中根据量表的顺序分为三个版本，随机分发给研究对象，以保证问卷结果的真实可靠。

4. 数据处理与统计

本研究使用 SPSS22.0 对数据进行分析。采用独立样本 t 检验分析是否受虐儿童在校园氛围与学校适应上的差异分析，借助 Pearson 积差相关分析对儿童虐待、校园氛围、学校适应间的相关关系进行探索。使用 process 插件对校园氛围在儿童虐待与学校适应两者间的中介效应的讨论，并检验中介效应的显著性。

5. 共同方法偏差检验

本研究对儿童虐待、校园氛围、学校适应这三个变量进行共同方法偏差检验。在程序测试过程中采用部分题目反向计分等方式加以控制，采用 Harman 单因子检验法对原始数据进行共同方法偏差检验(周浩，龙立荣，2004)。结果显示，共生成 17 个因子，且第一个因子解释的方差变异为 24.911%，远小于 40%的临界值，说明本研究的共同方法偏差不严重。

（四）结果与分析

1. 不同类型是否受虐儿童在校园氛围及学校适应上的差异分析

按照儿童虐待各维度的判断标准(谭晶晶，2014)，据儿童在儿童虐待各维度上的得分划分为阳性组和阴性组。采取独立样本 t 检验，将儿童虐待各维度的阳性组和阴性组作为自变量，校园氛围和学校适应作为因变量，分析不同类型虐待阳性组和阴性组在校园氛围和学校适应上的得分差异。

分析结果表明，躯体虐待阳性组在与躯体虐待阴性组、情感虐待阳性组与情感虐待阴性、性虐待阳性组与性虐待阴性组在校园氛围上存在显著差异，且阳性组得分显著低于阴性组($P<$

0.001)，情感忽视阳性组与情感忽视阴性组在校园氛围上存在显著差异，且阳性组得分高于阴性组（$P<0.001$）；躯体忽视阳性组与躯体忽视阴性组、情感忽视阳性组与情感忽视阴性组在学校适应上存在显著差异，阳性组得分均高于阴性组（$P<0.001$），躯体虐待阳性组与躯体虐待阴性组、情感虐待阳性组与情感虐待阴性、性虐待阳性组与性虐待阴性组在学校适应上存在显著差异，阴性组得分均高于阳性组（$P<0.001$）。具体数据见下表 7－17。

表 7－17　儿童虐待及其各维度在校园氛围及学校适应上的差异分析

	校园氛围 M±SD	t	学校适应 M±SD	t
情感虐待阳性组 (n=45)	84.24±18.44	−7.06***	87.79±17.91	−9.15***
情感虐待阴性组 (n=865)	100.51±14.87		108.74±14.80	
情感忽视阳性组 (n=835)	100.75±14.80	6.98***	108.98±14.82	7.39***
情感忽视阴性组 (n=75)	88.06±17.88		93.54±17.53	
躯体虐待阳性组 (n=129)	88.50±17.85	−7.90***	95.48±15.95	−10.11***
躯体虐待阴性组 (n=781)	101.55±14.22		109.72±14.64	
躯体忽视阳性组 (n=828)	99.99±15.25	1.80	108.42±15.17	3.82***
躯体忽视阴性组 (n=82)	96.77±17.34		100.43±18.35	
性虐待阳性组 (n=116)	91.56±18.77	−5.14***	96.79±19.18	−6.75***
性虐地阴性组 (n=794)	100.89±14.56		109.30±14.38	

2. 变量之间的相关分析

采用 Pearson 相关检验儿童虐待、校园氛围和学校适应三者间的关系。数据分析表明，儿童虐待与校园氛围和学校适应之间呈显著负相关（$P<0.001$）；校园氛围与学校适应之间呈显著正相关（$P<0.001$）。具体数据见下表 7－18。

表 7－18 各变量描述统计及变量间的相关分析（N＝910）

变 量	M	SD	1	2	3	4	5
1. 性别	1.47	0.50	1				
2. 年龄	13.14	1.33	0.04	1			
3. 校园氛围	99.70	15.46	0.04	－0.12***	1		
4. 学校适应	107.70	15.64	0.05	－0.15***	0.69***	1	
5. 儿童虐待	54.23	6.97	－0.04	0.04	－0.18***	－0.20***	1

3. 校园氛围在儿童虐待与学校适应之间的中介效应分析

在 Hayes(2012)编制的 spss 宏中选取模型 4 对儿童虐待与学校适应的中介作用进行分析，在控制人口学变量（性别、年级、家庭类别、家庭经济水平、家庭氛围）的情况下，检验结果如表 7－19 所示：儿童虐待显著负向预测学校适应（$\beta=-.188, P<0.001$）、儿童虐待显著负向预测校园氛围（$\beta=-.156, P<0.001$）；当儿童虐待、校园氛围同时进入回归方程时，校园氛围（$\beta=.640, P<0.001$）正向预测学校适应，且儿童虐待对学校适应直接预测作用显著（$\beta=-.088, P<0.001$）。这表明自尊在儿童虐待对抑郁的影响中的中介作用显著，且是部分中介。

表 7-19　变量间的回归分析

回归方程		整体拟合指数			回归系数显著性	
结果变量	预测变量	R	R^2	F	β	t
学校适应	性别	.369	.136	20.346	.130	1.951
	年级				—.138	—4.746***
	家庭经济水平				.123	2.228*
	家庭类别				—.100	—1.694
	家庭氛围				.389	6.039***
	儿童虐待				—.188	—5.525***
校园氛围	性别	.296	.088	12.392	.132	1.923
	年级				—.140	—4.697***
	家庭经济水平				.062	1.104
	家庭类别				—.137	—2.272*
	家庭氛围				.240	3.631***
	儿童虐待				—.156	—4.474***
学校适应	性别	.714	.509	114.587	.046	.24.239***
	年级				—.048	—3.383***
	家庭经济水平				.083	.909
	家庭情况				—.012	—2.170*
	家庭类别				.235	1.991*
	儿童虐待				—.088	—.265
	校园氛围				.640	4.802***

中介效应的检验结果如下表 7-20 所示，社会支持产生的间接效应的 Bootstrap95%置信区间不含 0 值，说明社会支持在儿童虐待与焦虑之间存在显著的中介效应（—.100，占总效应

的 53.22%)。

表 7-20 中介效应分析

	间接效应值	Bootstrap SE	Boot CI 下限	Boot CI 上限	相对中介效应
间接效应	-.100	.301	-.156	-039	53.22%

根据以上中介分析结果,校园氛围在儿童虐待与学校适应之间的中介效应路径如下图 7-11 所示,校园氛围在儿童虐待与学校适应之间起部分中介效应。

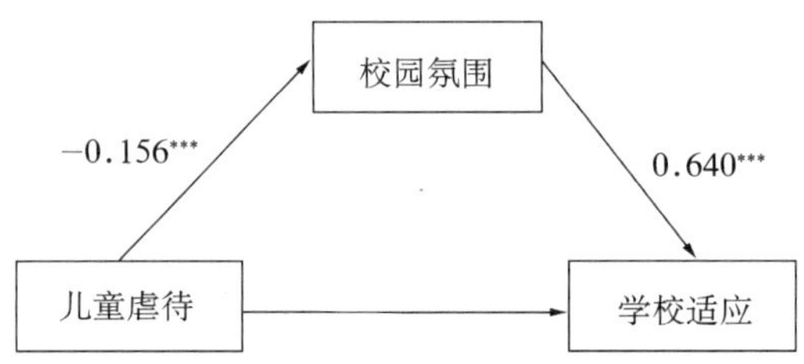

图 7-11 校园氛围中介效应模型

(五) 讨论

1. 不同类型的儿童虐待在校园氛围、学校适应方面的差异

在全部 5 种儿童虐待的类型中,除躯体忽视类型受虐组儿童的校园氛围得分与非受虐组儿童的校园氛围得分不存在显著差异外,其他类型儿童虐待的受虐组儿童校园氛围得分与非受虐组儿童的校园氛围得分均存在显著差异。说明儿童的受虐待经历会对他们的校园氛围感知造成影响。

研究发现,在 5 种类型的儿童虐待中,受虐组儿童的学校适应得分与非受虐组儿童的学校适应得分均存在显著差异。说明儿童虐待能够对儿童的学校适应产生影响,这与之前的研究结果一致(Holt,Finkelhor & Kantor,2007;Lin,et al.,2016;李赵洁,杨文娇,方芳,孔令敏,2018)。

2. 儿童虐待、校园氛围与学校适应的相关分析

儿童虐待总分与校园氛围呈显著负相关，各维度也均呈显著负相关。这说明儿童虐待得分越高，对校园氛围的感知能力就越低，就越容易高估校园中存在的危险，同时也容易低估自己的能力与价值，与以往的研究结果相似(夏雪，2016)。

校园氛围与学校适应呈显著正相关，这说明校园氛围越好，儿童就越容易适应学校的生活环境，与张方屹的研究结果一致(张方屹，2018)，表明良好的学校氛围有助于学生快速融入学校生活，提升学生的学校适应水平。

儿童虐待和学校适应呈显著负相关，这说明儿童虐待的得分越高，就越难适应学校的生活。受到虐待的儿童，在建立亲密关系过程中更容易缺乏信任，表达能力和人际交往能力均会出现一定的障碍，也在一定程度上影响了学校适应能力。

3. 校园氛围在儿童虐待和学校适应之间的中介作用

儿童虐待、校园氛围均能在不同程度上预测学校适应。儿童虐待能够预测学校适应 25.3%的变异量，儿童虐待能够预测校园氛围 19.1%的变异量，校园氛围能够预测学校适应 30.4%的变异量。其中校园氛围预测学校适应所占比例最高，说明校园氛围对学校适应的预测量更大，能更好的预测学校适应，但同时儿童虐待也能够在一定程度上预测学校适应。这说明我们应该构建良好的校园氛围，并且重视对儿童虐待干预，这样才能让儿童学校适应能力得到更好的发展。

校园氛围在儿童虐待和学校适应之间起到部分中介的作用，此结果也验证了本研究的假设。具体来说，校园氛围在一方面上能够直接作用于学校适应，同时也通过儿童虐待影响着学校适应。儿童虐待既能够直接作用于学校适应上，也能够通过校园氛围影

响学校适应。所以我们应该关注儿童虐待情况，建立良好的校园氛围，引导受虐待儿童感受良好的校园氛围，从而提高其学校适应能力，以便更好的适应学校学习和生活。

二、儿童虐待对孤独感的影响：社会支持的中介作用

（一）研究目的

拟采用问卷调查法，比较分析不同受虐水平儿童在社会支持与孤独感上的差异；分析探讨儿童虐待、社会支持和孤独感之间的关系，并进一步探讨社会支持在儿童虐待与孤独感中间的中介作用。

（二）研究假设

假设1：不同受虐水平儿童在社会支持及孤独感上均存在显著性差异；

假设2：儿童虐待与社会支持呈显著负相关，儿童虐待与孤独感之间呈显著正相关，社会支持与孤独感之间呈显著负相关；

假设3：儿童虐待显著预测社会支持与孤独感水平；

假设4：社会支持在儿童虐待及孤独感之间起中介作用，中介假设模型如下图7－12：

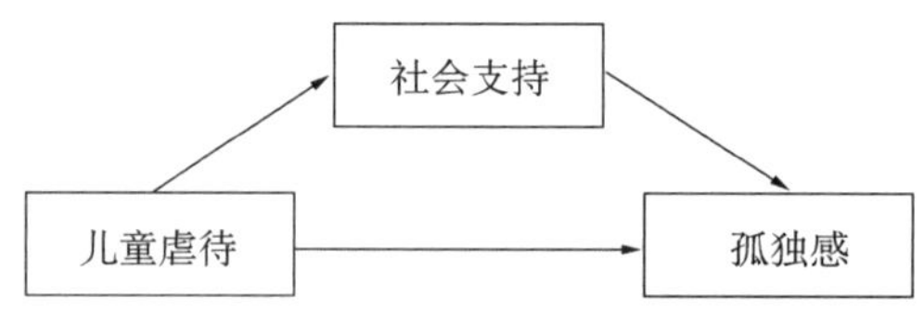

图7－12 理论假设模型

（三）研究方法

1. 被试

采用整群抽样的方法对湖北汉川市两所中小学共450名中小

学生进行问卷调查，回收问卷420份，其中有效问卷412份，有效率为91.56%。其中男生221人，女生191人，五年级95人，六年级115人，七年级158人，八年级44人。被试年龄范围为10—16岁，平均年龄为12.68岁。

2. 研究工具

儿童虐待问卷　赵幸福等人(2005)修订的中文版儿童虐待问卷。

孤独感量表　采用Russell等人修订的第三版孤独感量表(UCLA)，该量表总共包括20个条目，量表采用的是四级评分，从1到4四级计分的方法，被试问卷得分越高，说明被试的孤独感水平越高。本研究中量表a系数为0.60。

领悟社会支持量表　该量表是由Zimet等编制，姜乾金将其改编为更适合中国国情的中文版。该问卷共12个项目，包括家庭支持、朋友支持和其他支持三个维度，每个维度包含4个项目，均采用7级计分，所有条目得分总和即为社会支持总分。该版本信效度良好，a系数为0.88(汪向东等，1999)。本研究中量表a系数为0.81。

3. 施测与数据分析

以班级为单位进行团体施测。主试为经过培训的应用心理学专业学生。在调查前向被试说明问卷填写注意事项。被试当场独立作答，完成后当场回收。

对回收的数据采用spss20.0进行录入处理，并使用spss20.0和PROCES插件对收集到的数据进行方差分析、相关分析及中介作用及效应检验分析。

4. 共同方法偏差检验

由于本研究的数据均来自被试的自我报告，在施测过程中，为避免出现共同方法偏差问题，研究采用匿名作答，并对部分条目使用了反向计分。此外，本研究还采用 Harman 单因素检验法对儿童虐待、社会支持和孤独感三个变量进行共同方法偏差检验（Podsakoff，MacKenzie，& Podsakoff，2012；周浩，龙立荣，2004），结果表明特征值大于 1 的因子共有 21 个，且第一个因子解释的变异量为 16.24%，远小于 40%的临界值，因此本研究不存在严重的共同方法偏差。

（四）结果与分析

1. 是否受虐儿童在社会支持和孤独感上的差异分析

采用独立样本 t 检验的分析方法分析儿童虐待 5 个维度上阳性组与阴性组在社会支持和孤独感上的得分差异。数据分析结果表明，躯体忽视阳性组与躯体忽视阴性组、躯体虐待阳性组在与躯体虐待阴性组、情感忽视阳性组与情感忽视阴性组、情感虐待阳性组与情感虐待阴性在社会领悟上存在显著差异，且阳性组得分均低于阴性组（$P<0.05$）；躯体忽视阳性组与躯体忽视阴性组、躯体虐待阳性组在与躯体虐待阴性组、情感忽视阳性组与情感忽视阴性组、情感虐待阳性组与情感虐待阴性、性虐待阳性组与性虐待阴性组在孤独感上均存在显著差异，且阳性组得分均高于阴性组（$P<0.05$）。具体数据见下表 7－21。

表 7－21　儿童虐待各维度在社会领悟和孤独感上的差异分析

	社会领悟 M±SD	t	儿童孤独感 M±SD	t
情感虐待阳性组 (n=18)	37.08±12.65	－2.46*	64.31±16.99	2.53*
情感虐待阴性组 (n=394)	44.52±9.60		54.05±12.24	

（续表）

	社会领悟 M±SD	t	儿童孤独感 M±SD	t
情感忽视阳性组（n=85）	36.73±9.52	−9.02***	60.54±12.42	5.42***
情感忽视阴性组（n=289）	46.82±8.92		52.38±12.14	
躯体虐待阳性组（n=118）	38.84±10.49	−3.12***	63.07±10.91	3.92***
躯体虐待阴性组（n=282）	44.61±9.69		53.83±12.52	
躯体忽视阳性组（n=30）	40.80±9.87	−4.61***	57.58±13.18	3.30***
躯体忽视阴性组（n=382）	45.69±9.57		53.04±12.27	
性虐待阳性组（n=116）	41.91±9.44	−1.03	60.28±15.68	2.04*
性虐待阴性组（n=794）	44.30±9.87		54.22±12.42	

2. 儿童虐待、社会支持和孤独感的相关分析

采用Pearson相关检验儿童虐待（总分及五个维度）、社会支持和孤独感的关系。结果表明（如表7－22所示），儿童虐待总分与孤独感呈显著正相关（$r=0.36, P<0.01$）；儿童虐待总分与社会支持呈显著负相关（$r=-0.46, P<0.01$）。其中，情感虐待与孤独感呈相关（$r=0.32, P<0.01$），与社会支持呈显著负相关（$r=-0.32, P<0.01$）；躯体虐待与孤独感呈相关（$r=0.27, P<0.01$），与社会支持呈显著负相关（$r=-0.23, p<0.01$）；性虐待与

孤独感呈相关(r=0.14,*P*<0.01),与社会支持无显著相关;情感忽视与孤独感呈相关(r=0.35,*P*<0.01),与社会支持呈显著负相关(r=−0.48,*P*<0.01);躯体忽视与孤独感呈相关(r=0.21,*P*<0.01),与社会支持呈显著负相关(r=−0.25,*P*<0.01)。

表 7-22　变量间的相关矩阵

变　量	M±SD	1	2	3	4	5	6	7	8
1. 情感虐待	7.56±2.85	1							
2. 躯体虐待	6.27±2.47	0.53**	1						
3. 性虐待	5.39±1.35	0.34**	0.51**	1					
4. 情感忽视	10.71±4.91	0.40**	0.28**	0.15**	1				
5. 躯体忽视	8.23±3.35	0.32**	0.25**	0.26**	0.54**	1			
6. 儿童虐待总分	37.65±10.39	0.72**	0.63**	0.42**	0.85**	0.73**	1		
7. 社会支持	44.19±9.85	−0.32**	−0.23**	−0.07	−0.48**	−0.25**	−0.46**	1	
8. 孤独感	54.50±13.22	0.32**	0.27**	0.14**	0.35**	0.21**	0.36**	−0.49**	1

3. 社会支持在儿童虐待与孤独感之间的中介效应分析

在 Hayes(2012)编制的 spss 宏中选取模型 4 对儿童虐待与孤独感的中介作用进行分析,在控制人口学变量(性别、年级、家庭类别、家庭经济水平、家庭氛围)的情况下,检验结果如表 7-23 所示:儿童虐待显著正向预测孤独感(β=.318,*P*<.001)、儿童虐待显著负向预测社会支持(β=−.407,*P*<.001);当儿童虐待、社会支持同时进入回归方程时,社会支持(β=−.381,*P*<.001)显著负向预测孤独感,且儿童虐待对孤独感的直接预测作用显著(β=.164,*P*<0.01)。这表明社会支持在儿童虐待对孤独感的影响中的中介作用显著,且是部分中介。

表 7-23　变量间的回归分析

回归方程		整体拟合指数			回归系数显著性	
结果变量	预测变量	R	R^2	F	β	t
孤独感	性别	.400	.160	9.441	−.167	−1.504
	年级				.116	1.990*
	家庭经济水平				.093	.880
	家庭类别				.168	1.939
	家庭氛围				.062	.597
	儿童虐待				.318	5.510***
社会支持	性别	507	.257	17.147	.359	3.421***
	年级				−.089	−1.612
	家庭经济水平				−.061	−.611
	家庭类别				−.124	−1.506
	家庭氛围				−.141	−1.436
	儿童虐待				−.407	−7.437***
孤独感	性别	.519	.269	15.598	−.030	−.285
	年级				.082	1.502
	家庭经济水平				.070	.706
	家庭类别				.121	1.489
	家庭氛围				.008	.085
	儿童虐待				.164	2.782**
	社会支持				−.381	−6.657***

中介效应的检验结果如表 7-24 所示，社会支持产生的间接效应的 Bootstrap95%置信区间不含 0 值，说明社会支持在儿童虐待与孤独感之间存在显著的中介效应（.155，占总效应的 48.63%）。

表 7－24　中介效应分析

	间接效应值	Bootstrap SE	Boot CI 下限	Boot CI 上限	相对中介效应
间接效应	.155	.040	.090	.243	48.63%

根据中介分析结果，社会支持在儿童虐待与孤独感之间的中介效应路径如下图 7－13 所示，社会支持在儿童虐待与孤独感之间起部分中介效应。

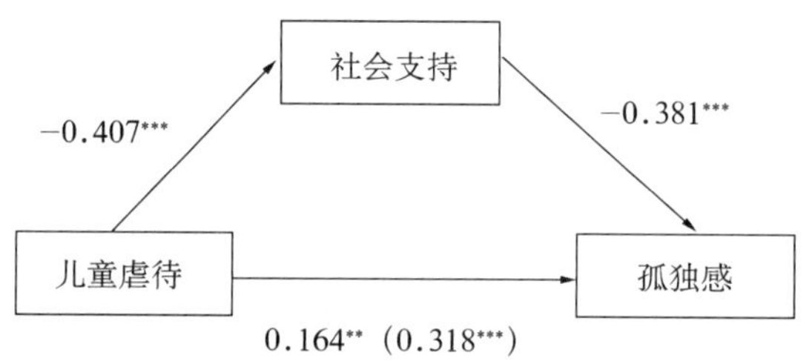

图 7－13　社会支持的中介效应模型

（五）讨论

1. 是否受虐儿童在社会支持和孤独感上的差异分析

除性虐待维度外，儿童虐待的其他四个分维度上，受虐组儿童的领悟社会支持得分与非受虐组的领悟社会支持得分均存在显著差异，且受虐组儿童的领悟社会支持得分普遍低于非受虐组儿童的领悟社会支持得分。说明儿童虐待能够对儿童的社会支持造成负面影响，与前人研究结果一致（刘婉，万宇辉，陶芳标，郝加虎，2017；金桂春，王有智，2017；张珊珊，张野，金芳，2018）。

受虐待组儿童的孤独感得分均与非受虐组儿童的孤独感得分存在显著差异，且受虐组儿童的孤独感得分均显著高于非受虐组儿童的孤独感得分。说明儿童虐待能够影响儿童的孤独感，受到儿童虐待的孩子们可能会产生更强烈的孤独感，和以往的研究结果一致(段宝军,张彦军,2014;刘浩浩,2017;程浩,刘爱书,吴晗菲,2018)。

2. 儿童虐待、社会支持和孤独感的相关分析

相关分析发现,儿童虐待总分与领悟社会支持呈显著负相关,除性虐待外的各子维度也与领悟社会支持呈显著负相关关系,说明儿童虐待的得分越高,则领悟社会支持的得分越低,儿童感受到的社会支持越少,与前人的研究结论一致(刘婉,万宇辉,陶芳标,郝加虎,2017;金桂春,王有智,2017;张珊珊,张野,金芳,2018)。

结果表明,儿童虐待总分和各维度均与孤独感呈显著正相关关系,即儿童虐待的得分越高,儿童的孤独感得分也越高。说明儿童受虐待的程度越严重,其孤独感就越强,与以往的研究结果一致(段宝军,张彦军,2014;刘浩浩,2017;程浩,刘爱书,吴晗菲,2018)。

领悟社会支持与孤独感呈显著负相关,说明儿童领悟到社会支持越多,则其体验到的孤独感就越少,与以往的研究结论一致(侯舒艨,袁晓娇,刘杨,蔺秀云,方晓义,2011;何安明,惠秋平,刘华山,2015;宋潮,董舒阳,徐鑫,王建平,2018)。

3. 领悟社会支持在儿童虐待与孤独感之间的中介效应分析

研究表明,儿童虐待能够负向预测领悟社会支持,儿童虐待能够正向预测孤独感,领悟社会支持能够负向预测孤独感,且领悟社会支持在儿童虐待对孤独感的影响中起部分中介作用,这一结果验证了前面的研究假设。说明儿童虐待不仅可以直接影响儿童的孤独感,还可以通过领悟社会支持间接的影响儿童的孤独感。

以往研究发现,遭受过儿童虐待的个体与未遭受儿童虐待的

个体相比，其具有更强烈的孤独感（刘阳等，2013；李红影，顾旋，汤建军，万宇辉，江亚婷，2015；程浩，刘爱书，吴晗菲，2018），还有一部分研究指出社会支持做为一种正向的影响因素，能够负向预测儿童的孤独感（侯舒艨，袁晓娇，刘杨，蔺秀云，方晓义，2011；何安明，惠秋平，刘华山，2015；张雪琪，张大均，聂倩，陆星月，2019），这也与本研究的结果相一致。此外，有研究认为，社会支持是改善儿童虐待消极影响的缓冲因素（刘婉，万宇辉，陶芳标，郝加虎，2017），结合本研究的研究结果，儿童虐待除直接对个体的孤独感造成影响外，还可以通过影响个体的社会支持进而间接影响个体的孤独感。

三、儿童虐待对社交退缩的影响：社会支持的中介作用

（一）研究目的

拟采用问卷调查法，分析比较不同受虐水平儿童在社会支持与社交退缩上存在的差异；分析探讨儿童虐待、社会支持和社交退缩之间的关系，并进一步探讨社会支持在儿童虐待与社交退缩间的中介作用。

（二）研究假设

假设1：不同类型的受虐儿童与未受虐儿童在社会支持、社交退缩上存在显著性差异；

假设2：儿童虐待和社会支持呈显著负相关，儿童虐待和社交退缩呈显著正相关，社会支持和社交退缩呈显著负相关；

假设3：儿童虐待能显著正向预测社交退缩，儿童虐待能显著负向预测社会支持，社会支持能显著负向预测社交退缩。社会支持在儿童虐待和社交退缩之间起中介作用。具体假设模型如下图。

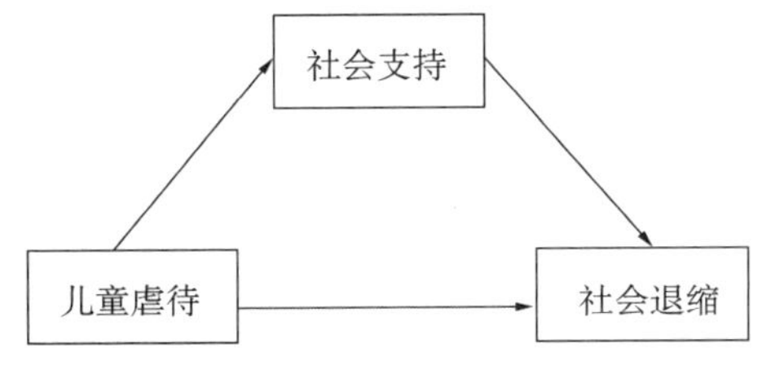

图 7－14　理论假设模型

（三）研究方法

1. 被试

采用随机整群抽样的方法，向河南省信阳地区两所中学 800 名中学生发放问卷 800 份，回收有效问卷 761 份，问卷有效率为 95％。其中男生 452 人，女生 309 人，初一 216 人，初二 284 人，初三 261 人。被试平均年龄为 14.20±1.11。

2. 研究工具

儿童期虐待问卷　赵幸福等人(2005)修订的中文版儿童虐待问卷。

社交退缩量表　采用田媛(2012)编制的社交退缩量表，该量表共 16 个项目，包括回避陌生环境、离群和回避公共场合发言三个维度，每个维度包含 4 个项目，均采用 5 级计分。问卷内部一致性系数为 0.84，具有良好的信效度。本研究中问卷的 a 系数为 0.89。

领悟社会支持量表　采用 Zimet 等编制，姜乾金修订的中文版领悟社会支持量表(汪向东等，1999)。该量表共 12 个项目，包括家庭支持、朋友支持和其他支持三个维度，每个维度包含 4 个项目，均采用 7 级计分，所有条目得分总和即为社会支持总分。该版本信效度良好，a 系数为 0.88。本研究中问卷的 a 系数为 0.85。

3. 施测程序

本研究采用随机整群抽样法，选取河南省信阳地区及湖北宜昌地区 7—9 年级共 800 名学生为被试，由心理健康教育专业硕士研究生担任主试以班级为单位进行集体施测，并在测试前统一宣读指导语以及测试中的注意事项。要求学生独立完成问卷的填写，调查内容采取保密。

4. 数据分析

本研究使用 SPSS22.0 对数据进行分析。采用独立样本 t 检验分析是否受虐儿童在领悟社会支持、社交退缩上的差异分析，借助 Pearson 积差相关分析儿童虐待、领悟社会支持、社交退缩间的相关关系。使用 process 插件对领悟社会支持在虐待与社交退缩两者间的中介效应的讨论，并检验中介效应的显著性。

5. 共同方法偏差检验

本研究对儿童虐待、社会支持和社交退缩这三个变量进行共同方法偏差检验。在程序测试过程中采用部分题目反向计分等方式加以控制，采用 Harman 单因子检验法对原始数据进行共同方法偏差检验(周浩，龙立荣，2004)。结果显示，共生成 14 个因子，且第一个因子解释的方差变异为 15.097%，远小于 40%的临界值，说明本研究的共同方法偏差不严重。

（四）结果与分析

1. 不同受虐儿童在社会支持和社交退缩上的差异分析

首先按照判断标准(谭晶晶，2014)，将儿童虐待的各个维度划分为阳性组和阴性组，然后将各个维度的阳性组和阴性组作为自变量，社会支持和社交退缩作为因变量，以了解各种虐待阳性组和阴性组在社会支持和社交退缩上的得分差异。

采用独立样本 t 检验的分析方法分析躯体忽视阳性组与躯体忽视阴性组、躯体虐待阳性组在与躯体虐待阴性组、情感忽视阳性组与情感忽视阴性组、情感虐待阳性组与情感虐待阴性、性虐待阳性组与性虐待阴性组在社会支持和社交退缩上的得分差异。

独立样本t检验结果发现，社躯体忽视阳性组与躯体忽视阴性组、躯体虐待阳性组在与躯体虐待阴性组、情感忽视阳性组与情感忽视阴性组、情感虐待阳性组与情感虐待阴性在社会支持上均存在显著差异，且阳性组得分均低于阴性组（$P<0.05$）；躯体虐待阳性组在与躯体虐待阴性组、情感忽视阳性组与情感忽视阴性组在社交退缩上存在显著差异，且阳性组得分均高于阴性组（$P<0.05$）。具体分析数据见下表7-25。

表7-25　不同受虐程度儿童在社会支持及社交退缩上的差异分析

	社会支持 M±SD	t	社交退缩 M±SD	t
情感虐待阳性组(n=14)	53.00±9.19	−2.673	50.87±9.52	1.116
情感虐待阴性组(n=746)	61.17±11.35		47.66±10.67	
情感忽视阳性组(n=93)	52.80±11.75	−7.725	49.67±8.88	2.197*
情感忽视阴性组(n=667)	62.16±10.83		47.45±10.86	
躯体虐待阳性组(n=47)	57.07±9.59	−2.467	50.03±7.32	2.151*
躯体虐待阴性组(n=713)	61.28±11.43		47.57±10.82	
躯体忽视阳性组(n=157)	56.03±11.49	−6.323***	48.99±9.28	1.849
躯体忽视阴性组(n=603)	62.31±10.98		47.39±10.97	
性虐待阳性组(n=46)	59.11±10.99	−1.172	48.03±9.91	.201
性虐待阴性组(n=714)	61.14±11.39		47.70±10.71	

2. 变量的相关分析

采用 Pearson 相关检验儿童虐待、社会支持和社交退缩之间的相关关系，结果表明，儿童虐待和社会支持呈显著负相关（$P<0.001$）、和社交退缩呈显著正相关（$P<0.001$）；社会支持和社交退缩呈显著负相关（$P<0.001$）。具体数据见表 7－26。

表 7－26 儿童虐待、社会支持和社交退缩的相关矩阵

	M±SD	儿童虐待	社会支持	社交退缩
儿童虐待（N＝761）	36.59±8.60	1		
社会支持（N＝761）	60.49±12.00	－.445***	1	
社交退缩（N＝761）	47.84±11.49	.188***	－.215***	1

3. 社会支持在儿童虐待与社交退缩上的中介效应分析

在 Hayes（2012）编制的 spss 宏中选取模型 4 对儿童虐待与社会退缩的中介作用进行分析，在控制人口学变量（性别、年龄）的情况下，检验结果如表 7－27 所示：儿童虐待显著正向预测社交退缩（β＝.155，$P<0.001$）、儿童虐待显著负向预测社会支持（β＝－.397，$P<0.001$）；当儿童虐待、社会支持同时进入回归方程时，社会支持（β＝－.179，$P<0.001$）显著负向预测社交退缩，且儿童虐待对社交退缩的直接预测作用显著（β＝.084，$P<0.05$）。这表明社会支持在儿童虐待对社交退缩的影响中的中介作用显著，且是部分中介。

表 7－27 各变量间的回归分析

回归方程		整体拟合指数			回归系数显著性	
结果变量	预测变量	R	R^2	F	β	t
社交退缩	性别	.171	.022	3.968	.036	.916
	经济水平				.002	.050
	母亲职业				.024	.623

（续表）

回归方程		整体拟合指数			回归系数显著性	
结果变量	预测变量	R	R^2	F	β	t
	家庭氛围				－.089	－2.202
	儿童虐待				.122	2.994**
社会支持	性别	.398	.152	24.742	.002	.051
	经济水平				.070	1.925
	母亲职业				.024	.660
	家庭氛围				.008	.224
	儿童虐待				－.378	－9.979***
社交退缩	性别	.216	.038	5.372	.036	.930
	经济水平				.012	.310
	母亲职业				.028	.717
	家庭氛围				－.088	－2.190*
	儿童虐待				.067	1.554
	社会支持				－.144	－3.472***

中介效应的检验结果如下表 7－28 所示，社会支持产生的间接效应的 Bootstrap95％置信区间不含 0 值，说明间接效应在儿童虐待与内外化问题之间存在显著的中介效应（.071，占总效应的 45.86％。）

表 7－28　中介效应检验

	间接效应值	Bootsrap SE	Boot CI 下限	Boot ULCI 上限	相对中介效应
间接效应	.055	.018	.023	.091	44.74％

根据中介分析结果，社会支持在儿童虐待与攻击性行为之间的中介效应路径如下图 7－15 所示，社会支持在儿童虐待与社交退缩间起部分中介效应。

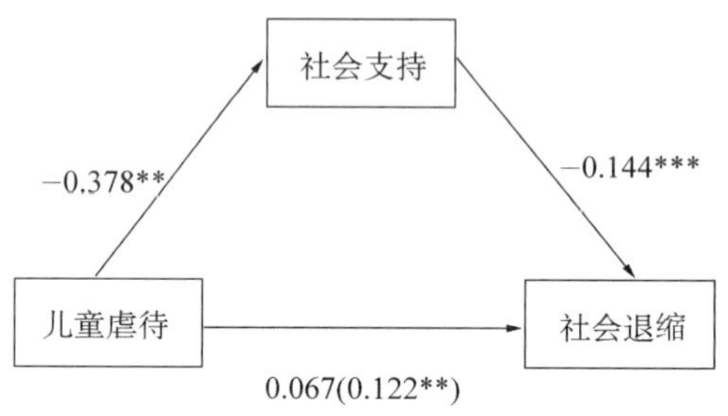

图 7-15　社会支持的中介效应模型

（五）讨论

1. 不同受虐儿童在社会支持和社交退缩上的差异分析

研究结果表明，儿童虐待的全部 5 种类型中，除性虐待维度外，受虐组儿童的领悟社会支持得分与非受虐组儿童的领悟社会支持得分均存在显著差异，且受虐组儿童的领悟社会支持得分普遍低于非受虐组儿童的领悟社会支持得分。说明儿童虐待能够对儿童的社会支持造成负面影响，与前人研究结果一致（刘婉，万宇辉，陶芳标，郝加虎，2017；金桂春，王有智，2017；张珊珊，张野，金芳，2018）。

研究发现，儿童虐待的情感忽视维度和躯体虐待维度中，受虐组儿童的社交退缩得分与非受虐组儿童的社交退缩得分存在显著差异，而情感虐待、躯体忽视和性虐待维度中的受虐组儿童的社交退缩得分与非受虐组儿童的社交退缩得分则不存在显著差异。说明儿童遭受情感忽视和躯体虐待的经历能够影响到儿童社交退缩行为的发生，与前人研究结论相一致（Tong，Oates & McDowell，1987；Garbarino，2017）。

2. 儿童虐待与领悟社会支持、社交退缩的相关分析

相关研究发现，儿童虐待各维度及儿童虐待总体得分与领悟社会支持显著负相关；儿童虐待总体得分与社交退缩显著正相关。

这说明中学生在儿童期受虐待越严重，在虐待量表中的得分越高，其领悟社会支持水平就越低，出现社交退缩的可能性越大，即遭受过虐待的中学生对家庭、朋友、其他以及社会支持整体的领悟水平更低。因此应该帮助中学生提高领悟社会支持水平，进而减少其社交退缩的发生。

本研究中中学生儿童期遭受情感虐待、躯体虐待、情感忽视、躯体忽视与家庭支持、朋友支持、其他支持及领悟社会支持总分负相关；性虐待与社会支持、其他支持及领悟社会支持总分负相关。领悟社会支持与儿童期心理虐待呈显著负相关，个体对社会支持的感知力会受到儿童期心理虐待的影响，心理虐待经历会降低个体对外界支持的感知（Wilson，& Scarpa，2014）。研究发现，虐待会影响个体的认知，经历过童年期心理虐待的个体对周围社会资源的认知下降，以至于出现心理或行为上的消极结果（金桂春，王有智，2017），这与本研究结果一致，说明个体的受虐经历越多，其社会支持的领悟水平就越低，进而导致行为问题的产生。

领悟社会支持各维度及总体得分与社交退缩各维度及总体得分均呈显著负相关。即个体得到的社会支持尤其是领悟到的社会支持越多，出现退缩的情况越小，领悟社会支持对个体的社交退缩有重要的预测作用。部分以留守学生为研究对象的研究结果表明，个体领悟到越多的社会支持，就越少出现包括退缩在内的情绪化问题（刘霞，范兴华，申继亮，2007；冯娜娜，2010），与本研究结果一致。性别在社交退缩与社会适应间可以起到调节作用（张光珍，梁宗保，陈会昌，陈欣银，张萍，2013），因此，本研究在控制性别后发现，领悟社会支持对中学生社交退缩的预测作用仍然显著。这说明，领悟社会支持可以显著负向预测个体的退缩，是受虐中学生社交退缩的重要保护因素，这与部分学者研究结果一致（王中会，

Jin，蔺秀云，2014；李洁，罗柳芬，黄仁辉，董圣鸿，崔锦圣，2018）。中学生还未独立外出求学，即使在外上学也会与家庭频繁联系，所以家庭、朋友以及其他支持对中学生来说都非常重要，提高任一维度的支持感知都可以帮助中学生降低其社会退缩。

研究发现情感虐待、躯体虐待、情感忽视与社交退缩各维度及社交退缩整体得分均呈显著正相关，性虐待与离群及社交退缩整体得分显著正相关，躯体忽视与离群、回避公共场合发言以及社交退缩整体得分显著正相关。朱相华等（2006）在对首次受虐时间相同的两组学生研究中发现，11—12 岁组学生的社交退缩问题比 9—10 岁组学生严重，即虐待对个体社交具有长期影响，且受虐时间越长，社交退缩情况越严重。Ge 等人（2009）研究发现，忽视更容易使个体出现社交退缩问题。朱相华等人（2007）研究发现，情感虐待、躯体虐待均与社交退缩显著正相关，性虐待与社交退缩相关不显著，这与本研究结果有些出入，本研究中儿童虐待各维度及总分均与社交退缩总分呈显著正相关。个体可能会受性虐待带来的特殊羞耻感影响，认为自己是有缺陷的、不受欢迎的、被排斥的，从而产生社交退缩。

3. 领悟社会支持在儿童虐待与社交退缩间的中介作用

本研究采用偏差校正的非参数百分位 Bootstrap 法对领悟社会支持在儿童虐待和社交退缩的中介作用进行检验，发现领悟社会支持在儿童虐待和社交退缩之间起部分中介作用，这一结论验证了本研究的“研究假设 3：领悟社会支持在中学生受虐程度和社交退缩之间起中介作用”。具体表现为，儿童虐待各维度及儿童虐待总体得分与领悟社会支持显著负相关；儿童虐待总体得分与社交退缩显著正相关。“研究假设 1：中学生的儿童期虐待程度与领悟社会支持水平呈显著负相关，与社交退缩行为显著正相关”得到验证。由此可见,领悟社会支持在儿童虐待和社交退缩间有着重要作用,儿童虐待不但可以直接影响社交退缩,还可以通过领悟社会支持对社交退缩产生影响。本研究结果也支持了缓冲器模型,即领悟社会支持可以缓冲儿童虐待导致的个体社交退缩行为。

以往研究发现,长期压抑的生活环境导致个体更容易采取不恰当的交流模式,他们常采取暴力的行为模式解决冲突问题,进而使得他们在学校陷入难以被同伴接受和躲避交往的状态中(Al Odhayani et al,2013;Lin et al.,2016)。虐待会导致个体出现自我怀疑,认为自身是不被喜爱的、不受欢迎的、不可爱的等一些不合理信念。有受虐经历的个体神经质人格倾向明显,开放性、外向性、友善性等特质则较差,社会支持获得较少,存在情绪调节和适应不良等问题,这都将会阻碍个体对其心理健康的维持(朱相华,周勤,李娇,张才溢,王士勋,2016;Jonson-Reid,Kohl,& Drake,2012)。由此可见,遭受虐待对个体的影响,会导致其社会支持的减少,随着自身社会支持感知的降低,进而使得他们处于害怕交往的社交退缩状态中。也有大量研究证实了社会支持可以缓解一系列消极心理特征,是个体社交退缩的重要保护因素(Stice et al.,2011;Frese et al.,1999;Williams et al.,1998;Ginter,Glauser,& Richmond,1994;赵燕等,2014;李洁等,2018)。有受虐经历的个体由于长期受焦虑等情绪压力的影响,进而出现进食障碍、自我伤害等问题,长期受虐的个体若缺乏支持与帮助,更容易出现行为障碍(王艳,2018)。基于压力缓冲模型,社会支持可以缓冲负性事件的消极后果,本研究中介效应模型的验证结果也证明了领悟社会支持在儿童虐待与社交退缩之间的中介作用,可见领悟社会支持作为儿童虐待与社交退缩的中介因素,能够对个体产生间接的保护作用,这一结论支持了压力缓冲模型,尤其是领悟社会支持在性虐待与社交退缩、躯体忽视与社交退缩中起到了完全中介的作用。

第三节 儿童虐待对社会适应的影响：心理资源与社会资源的共同作用

采用问卷法考察儿童虐待对社会适应的影响及心理资源与环境资源在二者之间的中介或调节作用。将通过3个子研究来考察虐待经历对儿童社会适应的影响及心理资源与环境资源在虐待经历和社会适应两者之间的中介或调节作用。

一、儿童虐待对抑郁的影响：校园氛围的中介作用与自尊的调节作用

（一）研究目的

拟采用问卷调查法，探讨不同受虐水平儿童在校园氛围、自尊及抑郁水平上的差异；儿童虐待、校园氛围、自尊与抑郁之间的关系，并进一步探讨校园氛围在儿童虐待与抑郁中间的中介作用及自尊在儿童虐待与抑郁中间的调节作用。

（二）研究假设

假设1：不同受虐水平儿童在校园氛围、自尊及抑郁上存在显著性差异；

假设2：儿童虐待与自尊及校园氛围呈显著负相关，儿童虐待与抑郁呈显著显著正相关，自尊与校园氛围呈显著正相关、与抑郁呈显著负相关，校园氛围与抑郁之间呈显著负相关；

假设3：儿童虐待显著预测校园氛围、自尊及抑郁水平；

假设4：校园氛围在儿童虐待与抑郁中间的中介作用及自尊在儿童虐待与抑郁中间的调节作用，假设模型如下图：

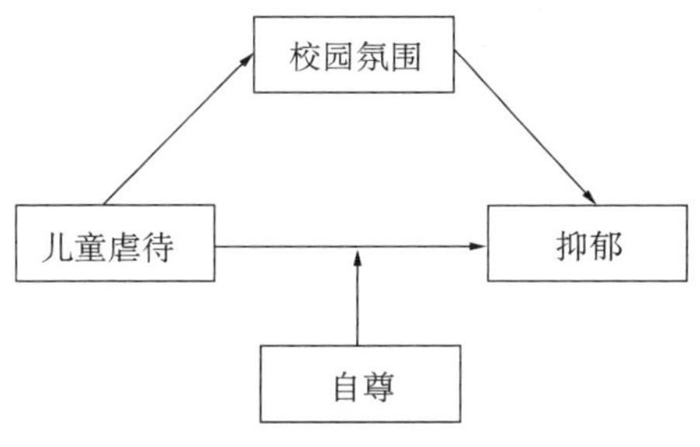

图 7 - 16　理论假设模型

（三）研究方法

1. 被试

采用整群随机抽样的方法，选取江苏金湖县的 4 所中小学校 900 名学生为被试，发放问卷 900 份，回收问卷 900 份，其中有效问卷 852 份，有效率为 94.67%。其中男生 476 人，女生 426 人。被试年级分布在五年级至九年级，其中五年级 133 人，六年级 216 人，七年级 208 人，八年级 238 人，九年级 78 人。被试的年龄范围在 10—16 岁，平均年龄为 13.14 岁。

2. 研究工具

儿童虐待问卷　赵幸福等人（2005）修订的中文版儿童虐待问卷。

校园氛围量表　采用谢家树（2016）修订的中文版特拉华校园氛围量表。

自尊量表　采用 Rosenberg 编制简易自尊量表（戴晓阳，2010），共 10 个条目，分数按 4 级评分，其中 5 个条目反向计分，总分范围是 10—40 分，分数越高表示自尊水平越高。

抑郁量表　使用了 Zung 编制的自评抑郁量表（Self-Rating Depression Scale）。该量表总共有 20 道题，按 1（偶尔）到 4（连续）评级用于评估最近一周患者的抑郁情绪。分数越高，抑郁程度就越高。Zung 对此量表的可靠性和有效性进行了分析，证实了问卷的四维模型具有良好的拟合数据，问卷具有良好的结构效度；奇数和偶数项的分半信度为 0.73 和 0.92，重测信度为 0.92（王晓刚，2007）。

3. 问卷施测与数据处理

由研究者及心理学专业学生担任主试，采用不记名问卷的形式，以班级为单位采用统一指导语集体施测，并在过程中确保被试独立、认真完成问卷，测试结束后当场收回问卷。调查结束，在对无效的问卷进行剔除后，使用中文版 SPSS21.0 及 process 插件对有效问卷进行录入并完成数据分析工作。

4. 共同方法偏差检验

本研究对儿童虐待、应对方式、生活适应这三个变量进行共同方法偏差检验。在程序测试过程中采用部分题目反向计分等方式加以控制，采用 Harman 单因子检验法对原始数据进行共同方法偏差检验（周浩，龙立荣，2004）。结果显示，共生成 24 个因子，且第一个因子解释的方差变异为 21.759%，远小于 40%的临界值，说明本研究共同方法偏差不严重。

（四）结果与分析

1. 不同受虐程度儿童在校园氛围、自尊及抑郁上的差异分析

采用独立样本 t 检验的分析方法分析躯体忽视阳性组与躯体忽视阴性组、躯体虐待阳性组在与躯体虐待阴性组、情感忽视阳性组与情感忽视阴性组、情感虐待阳性组与情感虐待阴性、性虐待阳性组与性虐待阴性组在校园氛围，自尊和抑郁上的得分差异。数据分析结果表明，躯体虐待阳性组在与躯体虐待阴性组、情感虐待阳性组与情感虐待阴性、性虐待阳性组与性虐待阴性组在校园氛围上存在显著差异，阳性组均低于阴性组（$P<0.001$）；情感忽视

阳性组与情感忽视阴性组在校园氛围上存在显著差异，阳性组得分高于阴性组（$P<0.001$）；情感忽视阳性组与情感忽视阴性组、躯体忽视阳性组与躯体忽视阴性组在自尊上存在显著差异，且阳性组均高于阴性组（$P<0.01$），躯体虐待阳性组在与躯体虐待阴性组、情感虐待阳性组与情感虐待阴性、性虐待阳性组与性虐待阴性组在自尊上存在显著差异，且阳性组均低于阴性组（$P<0.001$）；躯体虐待阳性组在与躯体虐待阴性组、情感虐待阳性组与情感虐待阴性、性虐待阳性组与性虐待阴性组在抑郁上存在显著差异，且阳性组均高于阴性组（$P<0.001$）情感忽视阳性组与情感忽视阴性组、躯体忽视阳性组与躯体忽视阴性组在抑郁上存在显著差异，且阳性组均低于阴性组（$P<0.01$）。具体数据见表7－29。

表 7－29　不同受虐程度儿童在校园氛围、自尊及抑郁上的差异分析

	校园氛围 M±SD	t	自尊 M±SD	t	抑郁 M±SD	t
情感虐待阳性组（n=45）	84.24±18.44	−7.061***	24.06±5.29	−6.968***	46.76±5.55	7.976***
情感虐待阴性组（n=865）	100.51±14.87		29.56±5.16		39.93±6.53	
情感忽视阳性组（n=835）	100.75±14.80	6.983***	29.50±5.21	3.945***	39.89±6.65	−7.360***
情感忽视阴性组（n=75）	88.06±17.88		27.00±5.72		44.50±5.05	
躯体虐待阳性组（n=129）	88.50±17.85	−7.903***	26.72±5.60	−6.076***	43.92±5.79	7.571***
躯体虐待阴性组（n=781）	101.55±14.22		29.72±5.13		39.66±6.59	

（续表）

	校园氛围 M±SD	t	自尊 M±SD	t	抑郁 M±SD	t
躯体忽视阳性组（n=828）	99.99±15.25	1.804	29.44±5.29	2.707**	40.01±6.65	−3.719***
躯体忽视阴性组（n=82）	96.77±17.34		27.79±5.18		42.86±6.08	
性虐待阳性组（n=116）	91.56±18.77	−5.137***	27.30±5.73	−4.379***	43.63±6.23	5.942***
性虐待阴性组（n=794）	100.89±14.56		29.58±5.17		39.78±6.57	

2. 儿童虐待、校园氛围、自尊及抑郁的相关分析

采用 Pearson 相关检验儿童虐待（总分及五个维度），自尊、抑郁、学校氛围之间的关系。结果表明，儿童虐待总分及情感虐待、躯体虐待、性虐待、均与学校氛围总分呈显著负相关（$P<0.01$）；且情感忽视校园氛围总分呈显著正相关（$P<0.01$）；自尊与抑郁呈显著负相关（$P<0.01$），自尊与校园氛围呈显著正相关（$P<0.01$）；情感虐待、躯体虐待、性虐待、虐待总分均与自尊呈显著负相关（$P<0.01$），且情感忽视与自尊呈显著正相关（$P<0.01$）；情感虐待、躯体虐待、性虐待、虐待总分与抑郁呈显著正相关（$P<0.01$），且情感忽视与抑郁呈显著负相关（$P<0.01$），躯体忽视与抑郁呈负相关（$P<0.05$）。具体数据见表 7 - 30。

表 7 - 30　各变量平均数、标准差和相关系数

变　量	M±SD	1	2	3	4	5	6	7	8	9
1. 情感虐待	7.64±3.31	1								
2. 躯体虐待	6.95±3.14	.556**	1							
3. 性虐待	5.86±2.01	.511**	.443**	1.0						
4. 情感忽视	21.17±4.05	−.453**	−.384**	−.268**	1					

（续表）

变 量	M±SD	1	2	3	4	5	6	7	8	9
5. 躯体忽视	12.64±2.03	0.02	0.04	0.05	.275**	1				
6. 虐待总分	54.26±6.96	.613**	.628**	.588**	.197**	.492**	1			
7. 自尊	29.30±5.29	−.363**	−.208**	−.191**	.285**	0.01	−.151**	1		
8. 抑郁	40.27±6.66	.398**	.254**	.239**	−.357**	−.086*	.139**	−.627**	1	
9. 校园氛围	99.73±15.48	−.384**	−.339**	−.243**	.364**	0.06	−.177**	.325**	−.400**	1.

3. 校园氛围在儿童虐待与抑郁间的中介作用分析

在控制人口学变量（性别、年级、家庭情况、家庭经济水平、家庭氛围）的情况下，回归分析结果如表 7-31 所示：儿童虐待显著正向预测抑郁（β=.135，$P<0.001$）、儿童虐待显著负向预测校园氛围（β=−0.156，$P<0.001$）；当儿童虐待、校园氛围同时进入回归方程时，校园氛围（β=−.329，$P<0.001$）显著负向预测抑郁，且儿童虐待对抑郁直接预测作用显著（β=.083，$P<0.05$）。

表 7-31 变量间的回归分析

回归方程		整体拟合指数			回归系数显著性	
结果变量	预测变量	R	R^2	F	β	t
抑郁	性别	.314	.098	14.068	.052	757
	年级				.123	4.236
	家庭经济水平				−.164	−2.906***
	家庭情况				−.182	3.019**
	家庭氛围				−.271	−4.108**
	儿童虐待				.135	3.86***
校园氛围	性别	.296	.088	12.392	.132	1.923
	年级				−.140	−4.967***
	家庭经济水平				.062	1.104
	家庭情况				−.137	−2.272*

（续表）

回归方程		整体拟合指数			回归系数显著性	
结果变量	预测变量	*R*	R^2	*F*	*β*	*t*
	家庭氛围				.240	3.631***
	儿童虐待				—.156	—4.474***
抑郁	性别	.443	.196	26.997	.0953	1.469
	年级				.080	2.804
	家庭经济水平				—.143	—2.689**
	家庭情况				—.137	2.394*
	家庭氛围				—.192	—3.055**
	儿童虐待				.083	2.496*
	校园氛围				—.329	—9.715***

校园氛围的中介效应的bootstrap95％置信区间的上、下限不包含0(具体数据见下表7－32)，表明校园氛围在儿童虐待对抑郁的预测中起中介作用。

表7－32　中介效应分析

	间接效应值	Bootstrap SE	Boot CI 下限	Boot CI 上限	相对中介效应
间接效应	.051	.016	.022	.088	38.19％

注：Boot标准误、Boot CI下限和Boot CI上限分别指通过偏差矫正的百分位Bootstrap法估计的间接效应的标准误差、95％置信区间的下限和上限。

4. 自尊在儿童虐待与抑郁间的调节作用

自尊的调节效应检验结果见表7－33，将自尊放入模型后，校园氛围与自尊的乘积项对抑郁的预测作用显著(β＝—.047，t＝—1.979，$P<0.05$)，说明自尊在校园氛围对抑郁的预测中起调节作用。

表 7－33　有调节中介模型的检验

回归方程		整体拟合指数			回归系数显著性	
结果变量	预测变量	R	R^2	F	β	t
抑郁	性别	.683	.466	74.704	.077	1.453
	年级				.097	4.163***
	家庭经济水平				.012	.262
	家庭类别				.068	1.450
	家庭氛围				－.063	－1.217
	校园氛围				－.181	－6.326***
	自尊				－.572	－19.629***
	校园氛围×自尊				－.047	－1.979*

表 7－34　在自尊的不同水平上校园氛围的中介效应

中介变量	自尊	间接效应值	Bootstrap SE	Boot CI 下限	Boot CI 上限
校园氛围	－.996	.021	.009	.008	.045
	0	.028	.009	.013	.049
	.996	.036	.012	.013	.063

进一步简单斜率分析表明(见图 7－17)，对低自尊个体(M-1SD)而言，校园氛围对抑郁具有显著的负向预测作用(simple slope＝－0.134，t＝－3.592，$P<0.001$)；对于高自尊个体而言，校园氛围显著负向预测抑郁(simple slope＝－0.228，t＝－6.099，$P<0.001$)。表明随着个体自尊水平升高，校园氛围对抑郁的预测作用逐渐减弱，但校园氛围在儿童虐待与抑郁关系中的中介效应逐渐上升趋势(见上表 7－34)。

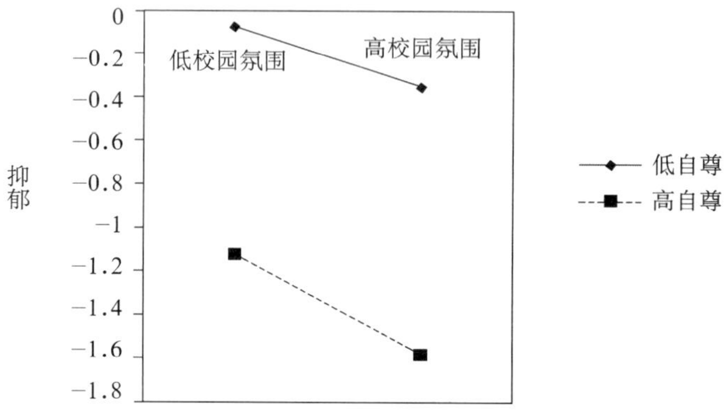

图 7-17　自尊在校园氛围与抑郁之间关系中的调节作用

根据校园氛围及自尊在儿童虐待与抑郁间的中介作用及调节作用分析，校园氛围在儿童虐待和学校适应间起中介作用，自尊则在校园氛围和学校适应间起调节作用。儿童虐待对学校适应的影响有调节的中介模型如下图 7-18 所示。

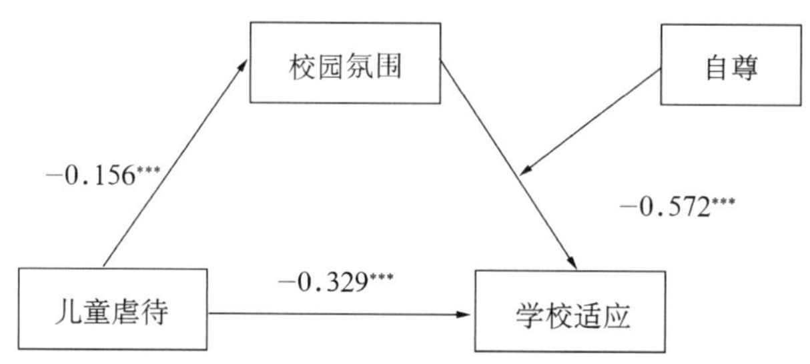

图 7-18　儿童虐待与学校适应的调节和中介模型

（五）讨论

1. 不同受虐程度儿童在校园氛围、自尊及抑郁上的差异分析

研究结果表明，除躯体忽视外，其他 4 种类型的儿童虐待中受虐组儿童的校园氛围得分与非受虐组儿童的校园氛围得分均存在显著差异。说明儿童虐待能够对儿童的校园氛围感知造成影响。

研究还发现，儿童虐待的五个子维度中，受虐组儿童的自尊得分与非受虐组儿童的自尊得分均存在显著的差异。说明儿童虐待会对儿童的自尊产生影响，与前人的研究结论一致。（刘桥生，蔡太生，朱虹，申自力，罗兴伟，2009；郭黎岩，陈晨，2015；李然，梁利花，贾睿，周艳，孙春婷，2017）

研究结果显示，儿童虐待的五个维度中，受虐组儿童的抑郁得分与非受虐组儿童的抑郁得分均存在显著差异。说明儿童虐待会影响个体的抑郁情况，与前人的研究结果相吻合（宋锐，刘爱书，2013；王佳慧，刘爱书，2015；Li & Meng，2016）。

2. 儿童虐待、校园氛围、自尊及抑郁的相关分析

相关分析结果表明，儿童虐待总分与自尊呈显著负相关关系，即儿童虐待的得分越高则自尊的得分就越低，说明遭受到儿童虐待越严重的个体，其自尊感越低，与前人的研究结论一致（刘桥生，蔡太生，朱虹，申自力，罗兴伟，2009；郭黎岩，陈晨，2015；李然，梁利花，贾睿，周艳，孙春婷，2017）。

儿童虐待总分与抑郁呈显著正相关关系，即儿童虐待的得分越高，抑郁的得分也越高，说明遭受儿童虐待越严重的个体，其抑郁的水平也越高，与以往的结论一致（宋锐，刘爱书，2013；王佳慧，刘爱书，2015；Li & Meng，2016）。

儿童虐待总与校园氛围呈显著负相关关系，说明遭受儿童虐待程度越深的个体，对校园氛围的感知越差。自尊与抑郁呈显著负相关关系，即个体的自尊水平越高，则其抑郁的水平越低（高爽，张向葵，徐晓林，2015；党清秀，李英，张宝山，2016）。校园氛围和抑郁呈显著负相关，说明对校园氛围感知越积极的个体，其抑郁的水平越低，与前人的研究结果一致（李董平，何丹，陈武，鲍振宙，王艳辉，赵力燕，2015；Moore，Benbenishti，Astor & Rice，2017；

Shim-Pelayo & De Pedro,2018)。

3. 校园氛围在儿童虐待与抑郁间的中介作用分析

研究结果表明,儿童虐待能够正向预测抑郁,儿童虐待能够负向预测校园氛围感知,校园氛围能够负向预测抑郁,且校园氛围在儿童虐待对抑郁的影响中起中介效应,与本研究假设相一致。说明儿童虐待不仅可以直接影响抑郁,还可以通过校园氛围间接的影响儿童的孤独感。

以往的研究表明,儿童虐待是能够导致抑郁的危险因素(许成岗,焦志安,曹文胜,于宏华,2007),个体遭受儿童虐待的程度越深,则其罹患抑郁症的风险也越高(宫翠风等,2016),儿童虐待经历是预测抑郁的可能因素(王佳慧,刘爱书,2015)。有研究表明,积极的校园氛围与学生较低的抑郁水平以及更好的心理健康水平有关(Moore, Benbenishti, Astor & Rice, 2017; Shim-Pelayo & De Pedro,2018),而受到儿童虐待的个体其对校园氛围的感觉会更加消极,这说明儿童虐待除直接对个体的抑郁水平造成影响外,还可以通过影响个体的校园氛围感知,从而间接的个体的抑郁水平。

4. 自尊在儿童虐待与抑郁间的调节作用

本研究发现,自尊调节了儿童虐待通过校园氛围影响个体抑郁的中介过程,具体的调节作用发生在中介链条的后半段路径,即"校园氛围与抑郁之间的关系"受到自尊的调节。在相同的校园氛围水平下,个体的自尊水平越高,则其抑郁的水平越低,与自尊水平低的个体相比,自尊水平高的个体更不容易受到校园氛围对抑郁产生的影响。自尊对抑郁的这种调节作用与以往的研究相类似(凌宇,杨娟,钟斌,章晨晨,姚树桥,2009;陈冲,洪月慧,2010;党清秀,丽英,张宝山,2016)。

二、儿童虐待对主观幸福感的影响:社会支持的中介作用与情绪调节方式的调节作用

(一) 研究目的

拟采用问卷调查法,探讨不同受虐水平儿童在社会支持、情绪调节方式及主观幸福感上的差异;分析儿童虐待、社会支持、情绪调节方式及主观幸福感之间的关系,并进一步探讨社会支持与移情在儿童虐待与抑郁中间的中介作用及情绪调节方式儿童虐待和主观幸福感直接的调节作用。

(二) 研究假设

假设 1:不同受虐水平儿童在社会支持、情绪调节方式及主观幸福感上存在显著性差异;

假设 2:儿童虐待、社会支持、情绪调节方式及主观幸福感之间具有相关关系;

假设 3:社会支持在儿童虐待与主观幸福感之间具有中介作用;

假设 4:情绪调节方式在儿童虐待与主观幸福感之间具有调节作用。模型假设如下图所示:

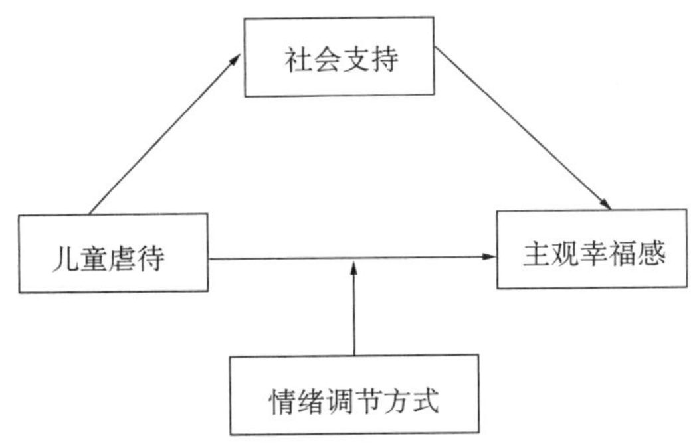

图 7-19　理论假设模型

（三）研究方法

1. 被试

采用方便整群抽样的方法，在河南新乡县的两所中小学发放1000份问卷，回收有效问卷995份，有效率99.5%。其中，四年级152人，五年级210人，六年级234人，七年级213人，八年级173人；男生567人，女生415人，缺失性别信息17人；学生的年龄范围在7～19岁。

2. 研究工具

儿童虐待问卷　赵幸福等人（2005）修订的中文版儿童虐待问卷。

主观幸福感量表　采用2002年黄资惠黄老师编制的《中国儿童幸福感量表》，共有30道题，采用四点记分方式，分为四个维度。本次测量的验证性因素分析表明结构效度良好：X2/df＝3.44，RMSEA＝0.05，CFI＝0.92，TLI＝0.91。

情绪调节方式量表　情绪调节方式是采用Gross在2003年编制的情绪调节问卷，问卷共分为两个维度：认知重评和表达抑制，包括10个项目，其中认知重评有6个项目，如"当我面对压力情景的时候，我使自己以一种有助于保持平静的方式考虑它。"表达抑制包含4个项目，如"当我正感受到积极的情绪的时候，我很小心地不让它们表露出来"。两个分量表都至少包含一项关于对消极情绪的调节和积极情绪的调节。总量表的α系数为0.96，分量表中认知重评的α系数为0.79，表达抑制α系数为0.73。本次测量的验证性因素分析表明结构效度良好：X2/df＝2.54，RMSEA＝0.04，CFI＝0.99，TLI＝0.97。

领悟社会支持量表　领悟社会支持量表（PSSS）是由Blumenthal介绍的由Zimet等编制的。一共有12个项目，包括家庭支持、朋友支持和其他人支持三个维度，每个维度包括四个项目，均采用7级计分，最后对三个维度总分进行统计。在该量表中，每个维度上，得分越高，个体在该维度得到的社会支持水平越高；总分越高，个体的总社会支持水平越高。其内部一致性系数为0.88。本次测量的验证性因素分析表明结构效度良好：X2/df=2.79，RMSEA=0.04，CFI=0.98，TLI=0.97。

3. 施测程序及数据处理

由研究者及心理学专业学生担任主试，采用不记名问卷的形式，以班级为单位采用统一指导语集体施测，并在过程中确保被试独立、认真完成问卷，测试结束后当场收回问卷。调查结束，在对无效的问卷进行剔除后，使用中文版 Mplus7.0、SPSS21.0 及 process 插件对有效问卷进行录入并完成数据分析工作。

4. 共同方法偏差检验

根据周浩和龙立荣（2004）的建议，采用 Harman 单因子检验法对原始数据进行共同方法偏差检验。结果显示，未旋转和旋转后得到的22个因子特征根都大于1，未旋转得到的第一个因子解释的变异量为15.851%，旋转得到的第一个因子解释的变异量6.03%，都远小40%的临界值，说明本研究不存在明显的共同方法偏差。

（四）结果与分析

1. 是否受虐儿童在社会支持、情绪调节及主观幸福感上的差异分析

本研究采取独立样本 t 检验，首先按照标准（谭晶晶，2014），将儿童虐待的各个维度划分为阳性组和阴性组，然后将各个维度的阳性组和阴性组作为自变量，社会支持、表达抑制、认知重评和

主观关幸福感作为因变量，以了解各种虐待阳性组和阴性组在社会支持、表达抑制、认知重评和主观关幸福感上的得分差异。

采用独立样本 t 检验的分析方法分析躯体忽视阳性组与躯体忽视阴性组、躯体虐待阳性组在与躯体虐待阴性组、情感忽视阳性组与情感忽视阴性组、性虐待阳性组与性虐待阴性组在社会支持、情绪调节及主观幸福感上的得分差异。

独立样本 t 检验结果表明，躯体忽视阳性组与躯体忽视阴性组在社会支持上存在显著差异，且阳性组得分显著低于阴性组（$P<0.05$）；情感忽视阳性组与情感忽视阴性组、躯体忽视阳性组与躯体忽视阴性组在主观幸福感上存在显著差异，且阳性组得分均显著低于阴性组（$P<0.01$）。具体数据分析见下表 7－35。

表 7－35　儿童虐待各维度在社会支持、情绪调节及主观幸福感上的差异分析

	社会支持 M±SD	t	表达抑制 M±SD	t	认知重评 M±SD	t	主观幸福感 M±SD	t
情感忽视阳性组（n=19）	67.18±14.68	−1.378	20.07±4.29	1.494	30.53±6.87	.829	76.52±19.34	−3.580**
情感忽视阴性组（n=483）	71.86±9.69		18.35±4.97		29.24±6.61		92.57±14.04	
躯体虐待阳性组（n=21）	71.34±11.12	−.162	19.76±4.66	1.280	31.63±6.15	1.660	89.04±13.12	−.937
躯体虐待阴性组（n=481）	71.70±9.90		18.35±4.96		29.19±6.62		92.09±14.64	
躯体忽视阳性组（n=35）	65.42±15.04	−2.610*	18.95±4.11	.666	29.12±6.78	−.156	82.43±21.66	−2.760**
躯体忽视阴性组（n=467）	72.15±9.30		18.37±5.01		29.30±6.61		92.68±13.67	
性虐待阳性组（n=13）	73.98±7.36	.843	19.03±4.70	.457	30.48±6.70	.658	92.76±7.64	.200
性虐待阴性组（n=489）	71.62±10.00		18.39±4.96		29.26±6.62		91.94±14.72	

2. 变量之间的相关分析

采用 Pearson 相关检验儿童虐待、主观幸福感、情绪调节及领悟社会支四个变量之间的相关关系，数据分析结果表明，虐待与主观幸福感呈显著负相关（$P<.01$），与领悟社会支持呈显著负相关（$P<.01$），且领悟社会支持与主观幸福感呈显著正相关（$P<.01$）。情绪调节方式与领悟社会支持、主观幸福感均呈显著正相关（$P<.01$）。具体数据结果见下表 7－36。

表 7－36　变量间相关分析矩阵(N＝995)

	M	SD	1	2	3	4
1. 虐待	31.57	6.86	—			
2. 主观幸福感	90.58	14.82	－0.34**	1		
3. 情绪调节方式	47.18	10.30	0.02	0.28**	－1	
4. 领悟社会支持	70.14	10.90	－0.22**	0.53**	0.27**	1

3. 儿童虐待对主观幸福感的影响：有调节的中介模型检验

研究变量两两之间相关性显著，符合调节效应的检验条件（温忠麟，张雷，侯杰泰，2006），接下来可以继续进行有调节的中介检验。

在控制人口学变量（性别、年级、家庭情况、家庭经济水平、家庭氛围）的情况下，回归分析结果如表 7－37 所示：儿童虐待显著负向预测主观幸福感（$\beta=-.380$，$P<0.001$）、儿童虐待显著负向预测社会支持（$\beta=-.370$，$P<0.001$）；当儿童虐待、社会支持同时进入回归方程时，社会支持（$\beta=.502$，$P<0.001$）显著正向预测主观幸福感，且儿童虐待对主观幸福感直接预测作用显著（$\beta=-.194$，$P<0.001$）。

表 7-37　变量间的回归分析

回归方程		整体拟合指数			回归系数显著性	
结果变量	预测变量	R	R^2	F	β	t
主观幸福感	性别	.438	.192	13.652	-.072	-.725***
	年级				-.054	-1.382
	家庭经济水平				-.181	-2.274*
	家庭情况				-.016	-.136
	家庭氛围				-.182	-1.912
	儿童虐待				-.380	-7.159***
社会支持	性别	.403	.162	11.127	-.063	-.611
	年级				-.142	-3.490***
	家庭经济水平				-.020	-.237
	家庭情况				-.074	-.617
	家庭氛围				.036	.366
	儿童虐待				-.370	-6.659***
主观幸福感	性别	.645	.416	35.000	-.040	-.473
	年级				.018	.526
	家庭经济水平				-.171	-2.524*
主观幸福感	家庭情况				.022	.222
	家庭氛围				-.200	-2.472*
	儿童虐待				-.194	-4.038***
	社会支持				.502	11.488***

社会支持的中介效应的 bootstrap95%置信区间的上、下限不包含 0(见表 7-38),表明社会支持在儿童虐待对主观幸福感的预测中起中介作用。

表 7-38　中介效应分析

	间接效应值	BootstrapSE	Boot CI 下限	Boot CI 上限	相对中介效应
社会支持	-.186	.039	-.274	-.116	48.98%

注:Boot 标准误、Boot CI 下限和 Boot CI 上限分别指通过偏差矫正的百分位 Bootstrap 法估计的间接效应的标准误差、95%置信区间的下限和上限。

其次，情绪调节方式的调节效应检验结果见表 7－39，将情绪调节放入模型后，情绪调节与儿童虐待的乘积项对社会支持的预测作用显著（β＝0.237，t＝4.750，P＜.001），说明情绪调节在儿童虐待对社会支持的预测中起调节作用。

表 7－39 有调节中介模型的检验

回归方程		整体拟合指数			回归系数显著性	
结果变量	预测变量	R	R^2	F	β	t
社会支持	性别	.513	.263	14.801	－.068	－.693
	年级				－.130	－3.379***
	家庭经济水平				－.033	－.422
	家庭类别				.010	.084
	家庭氛围				.020	.212
	儿童虐待				－.397	－7.554***
	情绪调节				.233	4.993***
	儿童虐待×情绪调节				.237	4.750***

进一步简单斜率分析表明（见图 7－20），对低情绪调节个体（M-1SD）而言，儿童虐待对社会支持具有显著的负向预测作用，simple slope＝－0.639，t＝－8.228，P＜0.001；对于高情绪调节个体而言，儿童虐待显著负向预测社会支持，simple slope＝－0.155，t＝－2.231，P＜0.001。表明随着个体情绪调节能力的上升，儿童虐待对社会支持的预测作用逐渐增强，且社会支持在儿童虐待与主观幸福感关系中的中介效应逐渐上升趋势（见表 7－40）。

表 7-40　在情绪调节的不同水平上社会支持的中介效应

中介变量	情绪调节	间接效应值	Bootstrap SE	Boot CI 下限	Boot CI 上限
社会支持	−1.023	−.315	.055	−.435	−.221
	0	−.195	.037	−.279	−.137
	1.023	−.076	.038	−.157	−.009

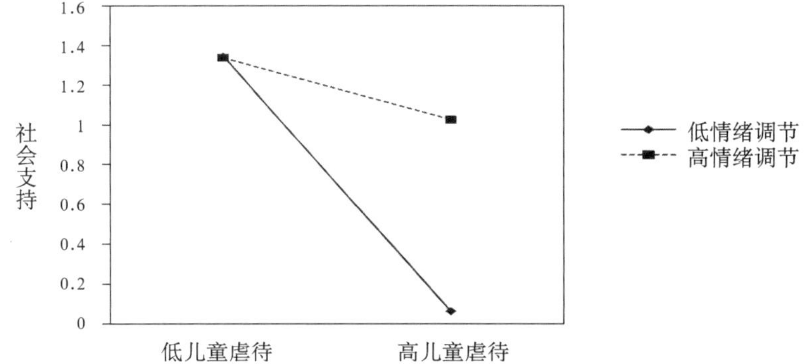

图 7-20　情绪调节在儿童虐待与社会支持之间关系中的调节作用

根据社会支持和情绪调节在儿童虐待和主观幸福感之间的中介效应及调节作用分析结果，社会支持在儿童虐待和主观幸福感之间起中介作用，情绪调节方式则在儿童虐待与社会支持之间起调节作用。儿童虐待对主观幸福感的影响的有调节的中介模型如下图 7-21 所示。

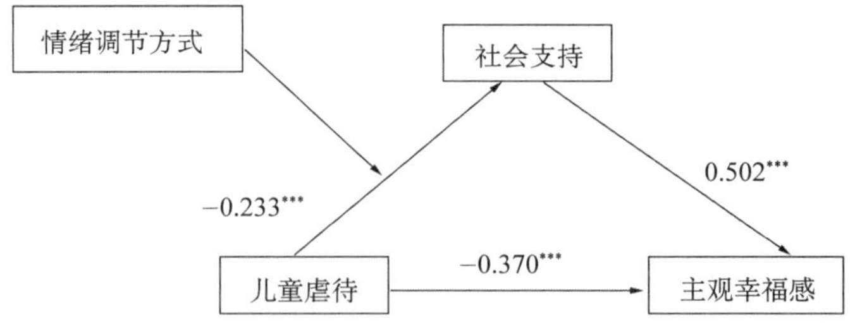

图 7-21　有调节的中介模型

（五）讨论

1. 是否受虐儿童在社会支持、情绪调节方式及主观幸福感上的差异分析

受躯体忽视的受虐组儿童社会支持得分与非受虐组儿童社会支持得分存在显著差异，而其他儿童虐待维度中受虐组社会支持得分和非受虐组儿童的得分则不存在显著差异。说明仅有儿童的躯体忽视经历能够对儿童的社会支持感知造成影响，这与之前的研究结论存在一定的差异（刘婉，万宇辉，陶芳标，郝加虎，2017；金桂春，王有智，2017；张珊珊，张野，金芳，2018），可能是选取的样本中受虐组儿童的样本数量过少导致的。

研究发现，在儿童虐待的各维度中，受虐组儿童的认知重评得分和表达抑制得分与非受虐组的认知重评得分和表达抑制得分均不存在显著差异。说明儿童虐待对儿童的认知重评和表达抑制两种情绪调节策略的影响并不显著。这与以往的研究结论有所不同（胡春凤，李武，2017；王雪，张蕾，汪凯，蔡翥，2017；张慧会，张亮，2018），这可能也与受虐组儿童的样本量过少有关。

研究结果还显示，受到情感忽视和躯体忽视的受虐组儿童的主观幸福感得分与非受虐组儿童的主观幸福感得分存在显著差异，而受到其他类型的虐待的受虐组儿童主观幸福感得分与非受虐组儿童的主观幸福感得分则不存在显著差异。说明儿童虐待能够对儿童的主观幸福感造成影响，这与以往的研究结论一致。（周永红，2016；田志鹏，2017；高海燕，朱相华，陶敏，李娇，2018）

2. 虐待、情绪调节方式、领悟社会支持与儿童主观幸福感的关系

相关分析表明，虐待与领悟社会支持呈显著负相关，与儿童主观幸福感呈显著负相关，同时领悟社会支持与儿童主观幸福感呈

显著正相关。这说明受虐经历可能会导致儿童领悟社会支持水平降低以及主观幸福感下降，与前人的研究结果一致(金桂春，王有智，2017；高海燕，朱相华，陶敏，周勤，李娇，2018)。领悟社会支持可以在对个体的主观幸福感影响上起到缓解作用(王月琴，张宇，2015)，不善于情绪调节的个体领悟社会能力水平同样较低，无法良好应对不良环境带来的影响，同时也不能很好地调节情绪，从而导致其主观幸福感下降。

3. 领悟社会支持的中介作用

研究发现，领悟社会支持在虐待对儿童主观幸福感的影响过程中起部分中介作用：虐待可以直接影响青少年抑郁情绪儿童主观幸福感，也可以通过领悟社会支持的间接作用影响其主观幸福感。社会支持的主效应模型表明，个体无论是否处于负性情境中，只要增加其社会支持，都有益于个体良好心理品质和行为的发展(Higgins & Kruglanski，1996)。本研究发现，领悟社会支持在虐待对儿童主观幸福感的影响过程中起部分中介作用：虐待既可以直接影响青少年抑郁情绪儿童主观幸福感，也可以通过领悟社会支持的间接作用影响其主观幸福感。社会支持的主效应模型表明，个体无论是否处于负性情境中，只要增加其社会支持，都有益于个体良好心理品质和行为的发展(Higgins & Kruglanski，1996)。家庭环境中受虐经历会导致个体觉得自己是不受欢迎的，原因出在自己身上，导致领悟社会支持水平降低。结果还发现，领悟社会支持与个体主观幸福感之间呈显著正相关，即领悟社会支持水平越强，其主观幸福感越高。这说明领悟社会支持水平高的个体在面对负性事件所带来的不良影响时可能可以更好的面对。所以，提高个体的领悟社会支持水平可以有效减少个儿童群体主观幸福感下降的可能性。

4. 情绪调节方式的调节作用

情绪调节方式调节了虐待通过领悟社会支持影响儿童主观幸福感的中介过程，具体的调节作用发生在中介链条的前半段路径，即“虐待与领悟社会支持之间的关系”受到情绪调节方式的调节。情绪调节越优秀的个体，领悟社会支持的水平越高，相对善于情绪调节的个体，不善于情绪调节的个体所领悟到的社会支持受虐待的影响更为显著。而对于善于情绪调节的个体而言，随着领悟社会支持水平的上升，其主观幸福感的得分也随之升高。这说明情绪调节可以缓解个体受虐经历对个体领悟社会支持所带来的直接影响，即使个体领悟社会支持水平不高也不会对个体的主观幸福感造成直接影响。

三、儿童虐待对亲社会行为的影响：社会支持与移情的双中介作用

（一）研究目的

拟采用问卷调查法，探讨不同受虐水平儿童在社会支持、移情、亲社会行为上的差异；分析儿童虐待、社会支持、移情与亲社会行为之间的关系，并进一步探讨社会支持与移情在儿童虐待与抑郁中间的中介作用。

（二）研究假设

假设 1：不同受虐水平儿童在社会支持、移情与亲社会行为上存在显著性差异；

假设 2：儿童虐待、社会支持、移情及亲社会行为之间存在显著相关；

假设 3：儿童虐待显著预测社会支持、移情及亲社会行为；

假设 4：社会支持与移情在儿童虐待及亲社会行为之间起中

介作用，中介假设模型如下图：

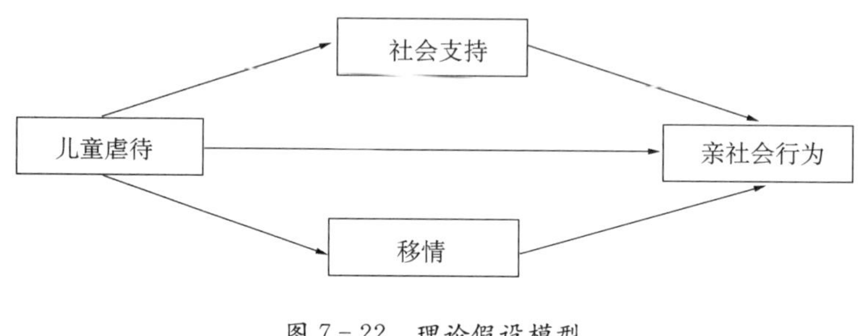

图 7－22　理论假设模型

（三）研究方法

1. 被试

采用随机整群抽样的方法，以湖北省恩施州两所农村中小学学生为调查对象，发放问卷 600 份，保留有效问卷 555 份，回收率 92.5%。其中男生 264 人，女生 291 人。

2. 研究工具

儿童期虐待问卷　赵幸福等人(2005)修订的中文版儿童虐待问卷。

青少年社会支持量表　采用由叶悦妹等人(2007)编制的社会支持量表。该量表包含主观支持(被试主观感受到的)、客观支持(被试认真自己实际得到的)、支持利用度(被试主动利用社会支持)三个子维度，共 17 个条目。采用 5 点计分，从“1”(完全不符合)到“5”(完全符合)，得分越高表明被试的社会支持程度越高。本研究中该量表 Cronbach's Alpha 系数为 0.898，有良好的信效度。

中文版人际反应指针量表(IRI-C)　采用 Davis(1980)编制、詹志禹(1987)修订的人际反应指针量表。量表共 22 个条目，包含观点采择、想象力、移情关注与个体悲伤 4 个分量表。采用五点评分（0—4 分别代表“完全不符合”到“完全符合”）。量表内部一致性系数是 0.53—0.75，五周后的重测信度是 0.56—0.52。问卷在本研究中的内部一致性系数为 0.846。

青少年亲社会行为倾向量表（PTM）　采用 Carlo（2002）编制、寇彧等（2007）修订的青少年亲社会行为倾向量表。量表共 25 个条目，包含公开的、匿名的、利他的、依从的、情绪性的、紧急的六个维度，采用 5 点评分（1—5 分别代表“非常不像我”到“非常像我”）。量表内部一致性系数为 0.56—0.78。该问卷在本研究中的内部一致性系数为 0.908。

3. 数据收集与处理

由研究者及心理学专业学生担任主试，采用不记名问卷的形式，以班级为单位采用统一指导语集体施测，并在过程中确保被试独立、认真完成问卷，测试结束后当场收回问卷。调查结束，在对无效的问卷进行剔除后，使用中文版 SPSS21.0 及 process 插件对有效问卷进行录入并完成数据分析工作。

4. 共同方法偏差检验

对儿童虐待、社会支持、移情和亲社会行为这四个变量进行共同方法偏差检验。在程序测试过程中采用部分题目反向计分等方式加以控制，采用 Harman 单因子检验法对原始数据进行共同方法偏差检验（周浩，龙立荣，2004）。结果显示，共生成 22 个因子，且第一个因子解释的方差变异为 16.90%，远小于 40%的临界值，说明本研究共同方法偏差不严重。

（四）结果与分析

1. 是否受虐儿童在社会支持、移情与亲社会行为上的差异分析

采用独立样本 t 检验的分析方法分析躯体忽视阳性组与躯体忽视阴性组、躯体虐待阳性组在与躯体虐待阴性组、情感忽视阳性

组与情感忽视阴性组、情感虐待阳性组与情感虐待阴性、性虐待阳性组与性虐待阴性组在移情，亲社会行为和社会支持上的得分差异。研究结果表明，躯体忽视阳性组与躯体忽视阴性组、躯体虐待阳性组在与躯体虐待阴性组、情感忽视阳性组与情感忽视阴性组、情感虐待阳性组与情感虐待阴性、性虐待阳性组与性虐待阴性组在移情上存在显著差异，且阳性组均低于阴性组($P<0.05$)；情感忽视阳性组与情感忽视阴性组、躯体忽视阳性组与躯体忽视阴性组、性虐待阳性组与性虐待阴性组在亲社会行为上存在显著差异，且阳性组均低于阴性组($P<0.01$)；躯体忽视阳性组与躯体忽视阴性组、躯体虐待阳性组在与躯体虐待阴性组、情感忽视阳性组与情感忽视阴性组、情感虐待阳性组与情感虐待阴性、性虐待阳性组与性虐待阴性组在移情上存在显著差异，且阳性组均低于阴性组($P<0.001$)。具体数据见表 7-41。

表 7-41　儿童虐待各维度在移情、亲社会行为及社会支持上的差异分析

	移情 M±SD	t	亲社会行为 M±SD	t	社会支持 M±SD	t
情感虐待阳性组(n=29)	46.28±7.64	−2.600*	84.69±14.87	0.102	50.34±10.51	−4.249***
情感虐待阴性组(n=526)	50.21±11.91		84.35±17.63		58.98±13.07	
情感忽视阳性组(n=113)	43.47±10.46	−6.894***	76.85±18.82	−5.243***	50.08±11.52	−8.573***
情感忽视阴性组(n=442)	51.67±11.49		86.29±16.61		60.69±12.59	
躯体虐待阳性组(n=121)	46.05±8.85	−5.074**	81.96±15.22	−1.887	53.60±11.33	−5.210***
躯体虐待阴性组(n=434)	51.10±12.22		85.04±18.02		59.91±13.22	

（续表）

	移情 M±SD	t	亲社会 行为 M±SD	t	社会支持 M±SD	t
躯体忽视阳性组 (n=181)	45.19±11.30	−6.988***	79.87±17.29	−4.277***	51.66±11.53	−9.505***
躯体忽视阴性组 (n=374)	52.33±11.26		86.54±17.18		61.86±12.50	
性虐待阳性组 (n=117)	44.37±8.17	−7.500***	80.93±14.54	−2.722**	52.25±9.29	−7.422***
性虐待阴性组 (n=438)	51.50±12.10		85.28±18.09		60.21±13.44	

2. 变量之间的相关分析

采用 Pearson 相关检验儿童虐待，移情，亲社会行为和社会支持四者间的关系。结果如表 7－42 所示。儿童虐待与移情（$P<0.01$）、亲社会行为（$P<0.01$）和社会支持（$P<0.01$）均显著负相关；移情与亲社会行为（$P<0.01$）和社会支持（$P<0.01$）显著正相关；社会支持与亲社会行为显著正相关（$P<0.01$）。

表 7－42 各变量描述统计及变量间的相关分析（$N=555$）

变 量	M±SD	儿童虐待	移情	亲社会行为	社会支持
儿童虐待	40.99±15.10	1			
移情	50.00±11.75	−.325**	1		
亲社会行为	84.37±17.48	−.198**	.527**	1	
社会支持	58.53±13.09	−.414**	.427**	.486**	1

3. 儿童虐待对亲社会行为的影响：有调节的中介模型检验

依据陈瑞、郑毓煌和刘文静（2013）推荐的多重中介效应分析流程——Bootstrap 法，在 Hayes（2012）编制的 spss 宏中选取模型 6 对儿童虐待与亲社会性行为的中介进行分析，在控制人口学变量（性别、年级、家庭类别、家庭经济水平、家庭氛围）的情况下，检验结果如表 7－43 所示：儿童虐待显著负向预测亲社会行为（β＝－.161，P＜0.001）、社会支持（β＝－.407，P＜0.001）和移情（β＝－.174，P＜0.001）；社会支持显著正向预测移情（β＝.347，P＜0.001）；当儿童虐待、社会支持、移情同时进入回归方程时，社会支持（β＝.345，P＜0.001）显著正向预测亲社会行为，移情（β＝－.407，P＜0.001）显著负向预测亲社会行为，且儿童虐待对亲社会行为的预测作用显著（β＝.107，P＜0.001）。这表明社会支持和移情在儿童虐待对亲社会行为影响中的中介作用显著。

表 7－43　变量间的回归分析

回归方程		整体拟合指数			回归系数显著性	
结果变量	预测变量	R	R^2	F	β	t
亲社会行为	性别	.242	.058	5.661	.101	1.201
	年级				.043	1.663
	家庭经济水平				.058	.052
	家庭类别				－.015	－.271
	家庭气氛				－.151	－2.203*
	儿童虐待				－.161	－3.738***
社会支持	性别	.420	.176	19.501	.001	－.0002
	年级				－.017	－.711
	家庭经济水平				.047	.949
社会支持	家庭类别				－.064	－1.201
	家庭气氛				－.038	－.585
	儿童虐待				－.407	－10.074***
移情	性别	.468	.219	21.894	.092	1.197
	年级				－.017	－.698
	家庭经济水平				.093	1.946
	家庭类别				－.041	－.785
	家庭气氛				－.017	－.264
	儿童虐待				－.174	－4.069***

（续表）

回归方程		整体拟合指数			回归系数显著性	
结果变量	预测变量	R	R^2	F	β	t
	社会支持				.347	8.326***
亲社会行为	性别	.618	.383	42.270	.064	.932
	年级				.058	2.766
	家庭经济水平				−.002	−.055
	家庭类别				.032	.701
	家庭气氛				−.126	−2.2668
	儿童虐待				.107	2.774**
	社会支持				.345	8.774***
	移情				.407	10.696***

其次，中介效应的检验结果如表 7 - 44 所示，社会支持和移情产生的总间接效应的 Bootstrap95%置信区间不含 0 值，说明社会支持和移情在儿童虐待与亲社会行为之间存在显著的中介效应（−.269，占总效应的 166.54%）。具体来看，中介效应由两条间接路径效应构成：第一，儿童虐待→通过社会支持→亲社会行为路径产生间接效应 1，其置信区间不含 0 值，表明社会支持在儿童虐待对亲社会行为的影响中具有显著的间接作用（−.140，占总效应的 87%）；第二，儿童虐待→通过社会支持→移情→亲社会行为路径产生间接效应 2，其置信区间不含 0 值，表明社会支持与移情在儿童虐待对亲社会行为的影响中具有显著的间接作用（−.057，占总效应的 35.57%）；第三，儿童虐待→通过移情→亲社会行为路径产生间接效应 1，其置信区间不含 0 值，表明移情在儿童虐待对亲社会行为的影响中具有显著的间接作用（−.071，占总效应的 43.97%）；儿童虐待对亲社会行为的路径如图 7 - 23 所示。

表 7-44　中介效应分析

	间接效应值	Bootstrap SE	Boot CI 下限	Boot CI 上限	相对中介效应
总间接效应	-.269	.028	-.324	-.216	166.54%
间接效应 1	-.140	.023	-.178	-.098	87%
间接效应 2	-.057	.010	-.080	-.040	35.57%
间接效应 3	-.071	.016	-.104	-.041	43.97%

注:Boot 标准误、Boot CI 下限和 Boot CI 上限分别指通过偏差矫正的百分位 Bootstrap 法估计的间接效应的标准误差、95%置信区间的下限和上限。C1=间接效应 1-间接效应 2。

根据社会支持和移情在儿童虐待与亲社会行为之间的双中介作用分析,社会支持和移情在儿童虐待与亲社会行为虹之间起部分中介作用,中介模型图如下图 7-23 所示。

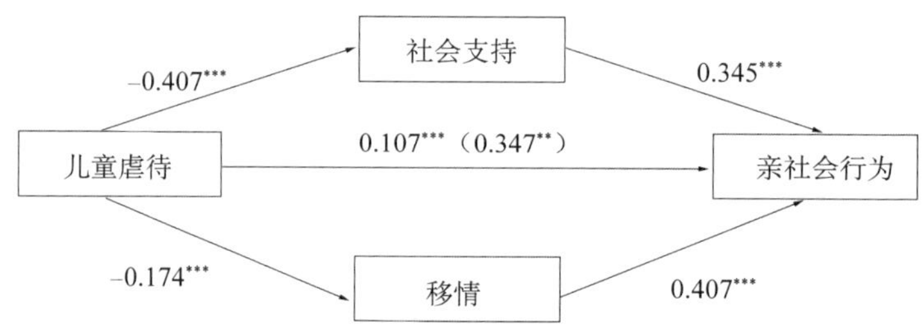

图 7-23　儿童虐待对亲社会行为的路径图

（五）讨论

1. 是否受虐儿童在社会支持、移情与亲社会行为上的差异分析

在儿童虐待的所有子维度中,受虐组儿童的移情得分与非受虐组儿童的移情得分均存在显著差异,且受虐组儿童的移情得分普遍低于非受虐组儿童的移情得分。说明儿童虐待能够对个体的移情能力造成负面影响,与前人研究的结论相一致(徐凯文等,2010;陈领,孔晓明,张晓倩,洪虹,张楼凤,2016)。

除躯体虐待和情感虐待维度外,其他儿童虐待的子维度中,受虐组儿童的亲社会行为得分与非受虐组儿童的亲社会行为得分均存在显著差异。说明儿童虐待能够影响个体的亲社会行为，与前人的研究结果一致（年晶，2010；李婷，2016；王鑫强，霍俊妤，张大均，刘培杰，2018）。

研究结果还显示，在儿童虐待的5个子维度中，受虐组儿童的社会支持得分与非受虐组儿童的社会支持得分均存在显著差异。且受虐组儿童的社会支持得分普遍低于非受虐组的儿童的社会支持得分。说明儿童虐待会对个体的社会支持造成负面的影响，和以往的研究结论相吻合（刘婉，万宇辉，陶芳标，郝加虎，2017；金桂春，王有智，2017；张珊珊，张野，金芳，2018）。

2. 变量之间的相关关系

儿童虐待与移情呈显著负相关，儿童虐待的得分越高则移情的得分则越低，说明个体遭受到儿童虐待的程度越严重，则其移情的能力就越差。这与前人的研究结果一致（徐凯文等，2010；陈领等，2016；李和孺，2016）。

儿童虐待与亲社会行为呈显著负相关，即儿童虐待的得分越高则亲社会行为的得分越低，说明受儿童虐待越严重的个体，表现出的亲社会行为越少，这与以往的研究结论一致（年晶，2010；李婷，2016；王鑫强，霍俊妤，张大均，刘培杰，2018）。

移情与亲社会行为呈显著正相关，即移情的得分越高则亲社会行为得分也越高，说明移情能力越强的个体，越可能会表现出更多的亲社会行为，与前人的结论一致（李峰盈，姚静静，2010；吴楠，李斐，2015；安连超，耿艳萌，陈靖涵，李春梅，赫英娟，2017）。

儿童虐待与社会支持呈显著负相关，儿童虐待的得分越高则社会支持的得分越低，说明遭受到儿童虐待越严重的个体，其总体社会支持的水平则越低，与前人的研究一致（刘婉，万宇辉，陶芳标，郝加虎，2017；金桂春，王有智，2017；张珊珊，张野，金芳，

2018)。

社会支持与亲社会行为呈显著的正相关,即社会支持的得分越高则亲社会行为的得分也越高,说明个体的社会支持水平越高,表现的出亲社会行为也越多,与以往的研究结论相吻合(叶盈,2014;郭雯,2014;陈宇琪,2017)。

3. 儿童虐待对亲社会行为的影响:移情与社会支持的中介效应

儿童虐待能够显著负向预测亲社会行为、社会支持和移情;社会支持显著正向预测移情;当儿童虐待、社会支持、移情同时进入回归方程时,社会支持显著正向预测亲社会行为,移情显著负向预测亲社会行为,且社会支持和移情在儿童虐待对亲社会行为影响中的发挥中介作用。儿童虐待通过社会支持间接的影响儿童的亲社会行为。儿童虐待经历会对儿童的亲社会行为造成负面的影响,减少儿童亲社会行为的出现(年晶,2010;李婷,2016;王鑫强,霍俊妤,张大均,刘培杰,2018);社会支持则是亲社会行为的正向影响因子,拥有良好社会支持的个体更易产生亲社会行为(陈宇琪,2017;郭媛,2018);此外,有研究认为,社会支持是改善儿童虐待消极影响的缓冲因素(刘婉,万宇辉,陶芳标,郝加虎,2017),因此,儿童虐待可以通过社会支持进一步影响儿童的亲社会行为。儿童虐待通过移情间接影响儿童的亲社会行为。诸多研究表明,移情与亲社会行为之间有着密切的关系,儿童移情能力能够正向预测儿童的亲社会行为,儿童的移情能力越强则其越容易表现出亲社会行为(李峰盈,姚静静,2010;吴楠,李斐,2015;安连超等,2017)。还有一部分研究指出,儿童虐待经历同样会对个体的移情能力造成负面影响(徐凯文等,2010;陈领,孔晓明,张晓倩,洪虹,张楼凤,2016),因此,儿童虐待能够通过移情间接的影响儿童的亲社会行为。儿童虐待通过社会支持影响移情进而影响儿童的亲社会行为。本研究的结果还表明,儿童虐待可以通过社会支持影响个体的移情能力进而间接的影响儿童的亲社会行为。这可能是由于社会支持水平高的个体,将体验到积极感觉内化,进而提高了其移情能力,最终通过上述路径对亲社会行为造成影响。

第八章　儿童虐待影响社会适应的干预研究

前期研究表明，受虐儿童在诸多社会适应指标如情绪适应、行为适应等方面均存在差异，具体来说，受虐儿童在非良性社会适应指标如抑郁、孤独感及社交焦虑等方面的得分显著高于非受虐组儿童，而在良性适应指标如亲社会行为、学校适应等方面的得分显著低于非受虐儿童。故此，本章拟在前期研究成果的基础上，挑选部分合适社会适应的干预指标，针对受虐儿童进行实验干预，从而达到提高受虐儿童社会适应能力水平。

进一步分析发现受虐儿童无论是在认知情绪调节策略还是情绪调节方式上均低于非受虐儿童；此外，受虐儿童在应对方式和社会支持上也显著低于非受虐儿童。因为应对方式的干预包含有社会支持的内容，故此，关于受虐儿童社会适应的干预主要包含情绪调节干预和应对方式干预两个内容。

第一节　受虐儿童情绪调节的干预研究

情绪调节是个体适应社会情境要求的特殊活动，好的情绪调节功能会通过促进个体更好的处理问题，以达到自身理想状态。

从情绪调节的过程角度来说，情绪调节是个体为了达到自身适应的状态激发一种活动以调节另一种活动的过程，在这一过程中个体可以对自身状态进行调控。同时情绪调节还会以具体目标为导向，具体表现为个体希望达到某一目的时，产生的与之相对应的情绪反应（Garnefski，2007）。情绪调节是个体为达到适应的目的，通过调节积极或消极主观情绪体验的表达以此来改变生理、行为和认知的过程。个体情绪调节策略或方式的选择和使用会降低或减缓负性生活事件带给个体的影响（窦凯，聂衍刚，王玉洁，刘毅，黎建斌，2013）。

一、研究目的

依据团体辅导设计原则和内容，设计情绪调节能力干预得团体辅导活动的干预方案，对受虐儿童进行为期四周的情绪调节能力团体辅导干预，探讨情绪调节能力团体辅导干预对受虐儿童情绪调节能力的影响。

二、研究假设

情绪调节能力的团体辅导干预对受虐儿童的情绪调节存在显著的干预效果。

三、研究方法与程序

（一）干预对象的选取

在前期儿童虐待大样本调查中，根据被试在儿童虐待问卷5个维度上的得分，如若满足以下一个标准即被视作遭受虐待被试：情感忽视或情感虐待因子分数≥15、躯体忽视或躯体虐待因子分数≥10分、性虐待因子分数≥8。根据此标准，在湖北某县级市的一初级中学挑选符合条件的学生作为被试。

在7年级征集被试50名，将被试随机分为实验组和对照组，每组各25人。对实验组进行情绪调节主题的团体辅导，对照组则不实施任何干预。

（二）前测问卷调查

采用《青少年情绪调节能力问卷》（嵇家俊，2008）作为本次干预的前、后测的测量工具。

问卷共25个条目，包含情绪知觉、情绪评价、有效应用情绪调节策略、情绪调节自我效能感、情绪控制、情绪调节反思等6个维度。问卷采用6点评分制，1—6分别代表“完全不符合”到“完全符合”，得分越高，则表明个体情绪调节能力越强。

由心理健康教育专业研究生担任主试，对实验组和对照组被试采用统一指导语进行团体施测，测试时长为20分钟，测试结束后当场回收问卷。

（三）干预方案的实施

采用团体辅导的方式对实验组进行干预。由系统接受过心理咨询和团体辅导训练的心理健康教育专业研究生，依据事先设计好的结构式团体辅导方案，每隔一周对实验组学生开展一次团体辅导，每次团体辅导时长为60分钟，共计4次。团体辅导地点为学校活动教室。

团体辅导活动的方案[①][②]如下：

---

① 郑曼.（2018）.初中生情绪智力、社交焦虑的关系及干预研究.石家庄：河北师范大学.43—44.

② 朱叶.（2018）.情绪调节团体辅导对中职生心理幸福感的干预研究.淮北：淮北师范大学.54—55.

活动单元	活动内容	活动目标	团体辅导活动
第一单元	情绪自我认知	1. 引导学生关注自己的情绪,并一步步进行情绪自我认知。	1. 故事导入 2. 情绪温度计 3. 谁是情绪调节高手
第二单元	应对不良情绪	1. 使学生了解不良情绪的危害,认识到提高情绪调节能力的必要性。 2. 引导成员思考冲突事件失控的原因。 3. 帮助成员学会宣泄不良情绪的方法,掌握控制不良情绪的有效策略。	1. 了解不良情绪的危害 2. "冲突情景表演" 3. 宣读"情绪宣言"
第三单元	情绪 ABC	讲解情绪 abc 理论。 引导学生自主探索情绪调节的方式,并能够在生活中灵活运用。	1. 情绪预报歌 2. 情绪 ABC 理论 3. 情绪大法官
第四单元	保持积极情绪	引导同学体会不同的情绪表达对我们日常生活的影响。 学会积极的情绪表达方式。	1. 情绪传染源 2. 我的快乐秘笈 3. 我们的收获

每个单元的具体内容以第四单元为例:

(1) 单元目标:

引导同学体会不同的情绪表达对我们日常生活的影响,学会积极的情绪表达方式。

活动 1

名称:情绪传染源(25 分钟)

活动目标:让学生感受到他人不同的情绪所带来的不同影响

具体流程:

准备阶段:组织每个小组同学各自围坐成一圈,由教师讲解游戏规则,即会在各小组内分别指定一个"情绪传染源","情绪传染源"的任务就是通过指定的方式将自己接收到情绪传染给其他人,被传染的人则成为变成额外的传染源，任务也是将接收到的情绪传染给更多的人。

第一轮：要求同学们全部闭上眼睛，教师在同学们围成的圈外走动，通过轻拍肩膀的方式确定传染源，并告知同学们现在一股不安的情绪已经开始传染了，传染源将会通过眨眼睛的方式向周围的人发起感染，这种感染无法被抵御，一旦接收到传染源的眨眼信息就视为被感染，直至游戏结束。在全部的传染源都确定完毕之后，请同学们睁开眼睛，小组内自由交流，5 分钟以后宣布第一轮游戏结束。教师可以先请各组的传染源起立，再请被传染的同学依次起立，让同学们感受到情绪传染的可怕。

第二轮：再次要求同学们闭上眼睛，并告知大家这次要传递的情绪源是快乐的情绪源，快乐情绪传染源的任务就是通过微笑将自己的情绪传染给他人。教师依然在各小组周围走动，但并不指定任何传染源，在走动一圈过后，请同学们睁开眼睛，并假称已经在各组内指定了传染源，要求同学进行自由讨论，看看哪一个小组先充满了欢笑。3 分钟后，宣布第二轮游戏结束，让所有接收到快乐情绪的同学们站起来，并告诉大家其实并没有指定任何传染源，是大家用自己的快乐感染了彼此。

讨论：

① 通过这次活动你有什么收获？不安和快乐你更希望接收到哪一种呢？

② 在生活中，我们该将什么样的情绪传递给别人呢？该怎么做？

（四）数据处理

采用 SPSS21.0 中文版对数据进行录入并完成进一步的数据分析。

四、研究结果分析

（一）实验组和对照组前测差异分析

实验前，通过独立样本 t 检验，对实验组和对照组情绪调节能力和情绪调节策略的各维度得分进行同质性比较。结果表明（见表 12－1）。实验组和对照组在情绪调节能力和情绪调节策略的各维度的得分上均无显著差异，因此两个班级具有同质性，可以进行进一步的分析、比较。

表 12－1 情绪调节实验组（N＝25）、对照组（N＝25）前测的差异比较

变 量	组别	M	SD	*t*
情绪知觉	实验组	13.856	2.931	0.898
	对照组	13.016	3.650	
情绪评价	实验组	9.440	2.551	1.024
	对照组	8.760	2.127	
应用情绪调节策略	实验组	11.812	3.762	−0.616
	对照组	12.440	3.441	
情绪调节自我效能感	实验组	14.631	4.895	0.511
	对照组	14.012	3.579	
情绪控制	实验组	14.273	3.917	−0.947
	对照组	15.262	3.459	
情绪反思	实验组	11.452	3.559	−0.767
	对照组	12.203	3.363	
情绪调节能力总分	实验组	75.464	16.569	−0.057
	对照组	75.692	11.332	

（二）实验组前、后测差异分析

对实验组前、后测的应对方式各维度得分进行配对样本 t 检验，结果显示（见表 12－2），实验组前、后测应用情绪调节策略、情绪调节自我效能感、情感控制的得分以及情绪调节能力总分均存在显著差异。表明在接受干预后，实验组应用情绪调节策略的能力、情绪控制的能力以及情绪调节自我效能感均有明显提高。

表 12－2 情绪调节实验组前、后测的差异比较

变 量	组别	M	SD	t
情绪知觉	前测	13.856	2.931	−0.659
	后测	14.240	3.320	
情绪评价	前测	9.440	2.551	0.952
	后测	9.040	2.169	
应用情绪调节策略	前测	11.812	3.762	−2.794**
	后测	13.538	2.142	
情绪调节自我效能感	前测	14.631	4.895	−2.162*
	后测	15.832	3.360	
情绪控制	前测	14.273	3.917	−4.201***
	后测	16.931	3.620	
情绪反思	前测	11.452	3.559	−1.471
	后测	12.361	3.534	
情绪调节能力总分	前测	75.464	16.569	−3.921***
	后测	81.942	14.569	

（三）对照组前、后测差异分析

对对照组前、后测的情绪调节能力各维度得分进行配对样本t检验，结果表明(见表 12－3)，对照组前、后测情绪调节能力的各维度得分具不存在显著差异，表明未接受干预的对照组情绪调节能力前后没有明显的变化。

表 12－3 情绪调节对照组组前、后测的差异比较

变 量	组别	M	SD	t
情绪知觉	前测	13.016	3.650	0.154
	后测	12.894	3.257	

（续表）

变　量	组别	M	SD	t
情绪评价	前测	8.760	2.127	0.606
	后测	8.428	1.903	
应用情绪调节策略	前测	12.440	3.441	−0.980
	后测	12.898	3.240	
情绪调节自我效能感	前测	14.012	3.579	−0.037
	后测	14.040	2.638	
情绪控制	前测	15.262	3.459	1.617
	后测	14.211	2.847	
情绪反思	前测	12.203	3.363	0.411
	后测	11.940	2.953	
情绪调节能力总分	前测	75.693	11.332	0.740
	后测	74.412	10.583	

（四）实验组和对照组后测差异分析

对实验组和对照组情绪调节能力后测分数进行独立样本 t 检验，结果表明（见表 12－4），实验组和对照组后测的情绪调节自我效能感得分、情绪控制得分以及情绪调节能力总分存在显著差异（$P<.05$），且实验组平均得分均高于对照组的平均得分。说明通过干预，实验组学生的情绪控制能力、情绪调节自我效能感相较于对照组有显著的提高，实验组学生总体上的情绪调节能力也有明显的提高。

表 12－4　情绪调节实验组（N＝25）、对照组（N＝25）后测的差异比较

变　量	组别	M	SD	t
情绪知觉	实验组	14.240	3.320	1.447
	对照组	12.894	3.257	
情绪评价	实验组	9.040	2.169	1.061
	对照组	8.428	1.903	

（续表）

变 量	组别	M	SD	t
应用情绪调节策略	实验组	13.538	2.142	0.824
	对照组	12.898	3.240	
情绪调节自我效能感	实验组	15.832	3.360	2.097*
	对照组	14.040	2.638	
情绪控制	实验组	16.931	3.620	2.953*
	对照组	14.211	2.847	
情绪反思	实验组	12.361	3.534	0.457
	对照组	11.941	2.953	
情绪调节能力总分	实验组	81.942	14.569	2.091*
	对照组	74.412	10.583	

五、讨论

（一）干预效果分析

根据研究结果，经过 4 次团体干预后，实验组学生应用情绪调节策略能力、情绪控制能力和情绪调节自我效能感均有明显的提高，同时对照组学生的情绪调节能力及其各维度则无明显变化，且实验组与控制组在情绪控制、情绪调节自我效能感以及情绪调节能力总分上也存在显著差异，说明本次情绪调节的干预研究起到了一定的效果。

而在另一方面，尽管在干预后，实验组学生的情绪调节能力在某些维度上发生了明显的变化，这在一定程度上达到了本研究的研究目的，但这一结果依然并非十分理想。例如除了情绪控制和情绪调节自我效能感外，情绪调节能力的其他维度干预效果并不显著，尤其是实验组的情绪评价得分在干预后不仅没有提高，还略微有所下降，虽然下降幅度未达到显著性水平，但这与干预的预期结果是相背离的，说明干预并未对改善被试的情绪觉知和情绪评价能力提供较好的帮助。

此外，通过综合比较实验组干预前后的变化以及两组总体的前后变化发现，在对照组情绪调节能力各维度得分前后均没有显著变化的情况下，应用情绪调节策略、情绪控制和情绪调节总分的显著性水平均有所下降，这可能是由于在选取研究对象时，虽然通过了同质性检验，但在某些维度上面依然存在着一定的差异，从而影响了最终的结果。

（二）干预方案设计及其对干预效果的影响分析

本研究的干预方案共包括四个单元，各个单元的单元目标从进行初步情绪认知；到体验消极情绪的危害；再到学习运用情绪ABC理论去解决不合理认知带来的情绪烦恼；最后完成如何保持积极情绪、克服消极情绪的总结。各单元目标明确，层层递进，为总体的干预实践提供了指导。

从干预的结果来看，在情绪控制、应用情绪调节策略和情绪调节自我效能感方面都取得了不错的效果，同学们通过第二单元的学习，认识到了消极情绪的危害和控制情绪的重要性；通过第三、四单元的了解到情绪是能够被调节的，并且通过学习以及同学之间的分享掌握了一定的情绪调节的方法。以上都是干预能够起到效果的积极影响因素。

而在情绪知觉和情绪评价维度上，接受干预的实验组学生的前后测得分并不存在显著差异。这可能与其本身就拥有较好的情绪知觉和情绪评价能力有关。干预方案的第一单元的单元目标即是引导学生进行正确的自我认知，在进行第一次团体辅导的时候，同学们也都表现出了良好的情绪认知水平，因此在经过干预后虽然实验组学生的情绪知觉和情绪评价得分略有上升，但前后测的差异并不显著。

此外，本研究的干预方案中并没有单独设计和情绪反思相关的单元，这可能是研究结果中实验组的情绪反思得分前后测差异并不显著的原因。

第二节　受虐儿童应对方式的干预

应对方式是指在特定的压力情境下，为了缓解压力而主动地、有目的地采用的策略和手段，包括认知和行为方面的尝试（纪红艳，2010）。Folkman(2013)强调不同应对策略在不同情境下的独特作用。应对方式对于个体的社会适应功能具有重要作用，能预测个体的社会适应水平。此外，应对方式也是作用于心理健康的一个重要中介变量和调节调节变量（韩雪，韩佃昌，刘晓然，陈英敏，2016），因此，针对受虐儿童的应对方式进行干预，能较好的促进其社会适应功能。

一、研究目的

依据团体辅导设计的原则和内容设计应对方式干预得团体辅导活动的干预方案，对受虐儿童进行为期四周的应对方式团体辅导，探讨应对方式团体辅导对受虐儿童应对方式的影响。

二、研究假设

应对方式的团体辅导对受虐儿童的应对方式存在显著干预效果。

三、研究方法与程序

（一）干预对象的选取

在前期儿童虐待大样本调查中，根据被试在儿童虐待问卷5

个维度上的得分，如若满足以下一个标准即被视作遭受虐待被试：情感忽视或情感虐待因子分数≥15、躯体忽视或躯体虐待因子分数≥10分、性虐待因子分数≥8。根据此标准，在湖北某地级市的一所中心学校挑选符合条件的学生作为被试。

在8年级征集被试46名，将被试随机分为实验组和对照组，每组各23人。对实验组进行应对方式主题的团体辅导，对照组则不实施任何干预。

（二）前测问卷调查

采用谢亚宁编制的《简易应对方式量表》作为本研究的前、后测的测量工具。问卷共20个条目，包括积极应对和消极应对两个维度，从“不采用”到“经常采用”0—3级四点计分，积极应对得分越高，表明其越倾向于采用积极的应对方式；消极应对得分越高，表明其越倾向于采用消极的应对方式。

由心理健康教育专业研究生担任干预主试，对实验组和对照组被试采用统一指导语进行团体施测，测试时长为20分钟，测试结束后当场回收问卷。

（三）干预方案的实施

采用团体辅导的方式对实验组进行干预。由系统接受过心理咨询和团体辅导训练的心理健康教育专业研究生，依据事先设计好的结构式团体辅导方案，每隔一周对实验组学生开展一次团体辅导，每次团体辅导时长为45分钟，共计4次。团体辅导地点为学校活动教室。应对方式团体辅导活动大纲①如下：

① 本团体辅导方案部分内容参考文献为：罗永安.(2015).初中生应对方式对心理弹性的影响及其团体干预研究.昆明：云南师范大学.60—67.

教学单元	教学内容	教学目标	教学活动
第一单元	寻找生活中的压力源	探索并交流同学们对压力的看法；引导学生认识压力的必然性和两面性；促使学生确认压力对自己造成的影响，初步了解他们的应对方式。	1. 感受压力 2. 集思广益
第二单元	应对学业压力	探讨学生们面对的主要学习压力；针对学习压力，探讨积极有效的应对方式；学会使用积极有效的应对方式来应对学习压力。	1. 目光炯炯 2. 大家帮帮忙 3. 角色扮演（老师与学生）
第三单元	学会运用同伴和家庭的支持	让学生体会到同伴的力量，引导其借助同伴的力量面对压力。让学生们体会到来自家庭的支持，并且能够在困境中主动寻求家人的帮助。	1. 我的朋友圈 2. 朋友的力量 3. 最爱我的人
第四单元	应对自身压力	探讨初中生面对的主要自我身心压力；针对自我身心压力，探讨积极有效的应对方式；学会使用积极有效的应对方式来应对自我身心压力。	1. 我们的收获 2. 突破困境 3. 放飞烦恼

每个单元的具体内容以第三单元为例：

（1）单元目标：

让学生体会到同伴的力量，引导其借助同伴的力量面对压力。让学生们体会到来自家庭的支持，并且能够在困境中主动寻求家人的帮助。

（2）活动 1

名称：我的朋友圈（5 分钟）

活动目标：让学生探索到自己的人际关系网络，寻找人际支持

具体流程：请同学在纸上，用写或画图的方式，列出属于自己的“朋友圈”，完成后在小组内进行分享。

（3）活动 2

名称：朋友的力量（20 分钟）

活动目标：引导学生学会利用人际支持，在遇到困难的时候寻

求朋友的帮助

具体流程:请同学继续在活动1的基础上,写一段你和其中某位朋友相互帮助的故事。写完后,先在小组内进行分享,然后可以请有意愿的同学在班级内进行分享。分享结束后,教师可引导学生要懂得在遇到困境的时候,或者当朋友遇到困难的时候,我们都应该相互给予支持。

(4) 活动3

名称:最爱我的人(15—20分钟)

活动目标:通过让学生回忆家长对他们的关爱事例,让其体会到家庭的支持

具体流程:我们每个人都是值得被爱的,而世界上也总有那么一些人会无条件的为我们付出,那就是我的家人。请每位同学在纸上写一段你和你的家人发生的让你感受到被关爱的故事,并且在下面附上一段你想对你的家人说的话。在本活动中教师应适当引导学生,在我们遇到困难的时候可以寻求家人的帮助。

(四) 数据处理

采用SPSS21.0中文版对数据进行录入并完成进一步的数据分析。

四、干预效果分析

(一) 应对方式实验组和对照组前测差异分析

实验前,通过独立样本t检验,对实验组和对照组应对方式的各维度得分进行同质性比较。结果表明(见表12-5)。实验组和对照组在应对方式的两个维度的得分上均无显著差异,因此两个班级具有同质性,可以进行进一步的分析、比较。

表 12-5　应对方式实验组(N=23)、对照组(N=23)前测的差异比较

变　量	组别	M	SD	t
积极应对方式	实验组	20.726	4.142	0.811
	对照组	19.606	5.168	
消极应对方式	实验组	9.348	2.461	0.568
	对照组	8.796	3.956	

（二）应对方式实验组前、后测差异分析

对实验组前、后测的应对方式各维度得分进行配对样本 t 检验，结果显示(见表 12-6)，实验组前、后测的积极应对方式得分具有显著差异($P<.05$)，表明在接受干预后，实验组的积极应对倾向明显提高。

表 12-6　应对方式实验组前、后测的差异比较

变　量	组别	M	SD	t
积极应对方式	前测	20.726	4.142	−3.014*
	后测	23.254	4.714	
消极应对方式	前测	9.348	2.461	−0.521
	后测	9.616	2.640	

（三）应对方式对照组前、后测差异分析

对对照组前、后测的应对方式各维度得分进行配对样本 t 检验，结果表明(见表 12-7)，对照组前、后测的积极应对方式和消极应对方式得分均不存在显著差异，表明未接受干预的对照组应对方式前后没有明显的变化。

表 12-7　应对方式对照组前、后测的差异比较

变　量	组别	M	SD	t
积极应对方式	前测	19.606	5.168	−0.613
	后测	20.042	4.893	
消极应对方式	前测	8.796	3.956	−0.407
	后测	9.092	2.857	

(四) 应对方式实验组和对照组后测差异分析

对实验组和对照组应对方式后测得分进行独立样本 t 检验，结果表明(见表 12-8)，实验组和对照组后测的积极应对方式得分存在显著差异($P<.05$)，且实验组平均得分高于对照组的平均得分。说明通过干预，实验组的积极应对倾向相较于对照组有显著的提高。

表 12-8 应对方式实验组(N=23)、对照组(N=23)后测的差异比较

变 量	组别	M	SD	t
积极应对方式	实验组	23.254	4.714	2.267*
	对照组	20.042	4.893	
消极应对方式	实验组	9.616	2.640	0.645
	对照组	9.092	2.857	

五、结果讨论

(一) 干预效果分析

研究结果表明，经过 4 次团体干预后，实验组学生积极应对方式得分有明显提高，而对照组学生的积极应对方式得分并无明显变化，且后测中实验组与对照组在积极应对方式的得分上差异显著，说明本次干预研究起到了一定效果，通过干预提高了实验组学生采用积极应对方式的倾向。

而在消极应对方式上，实验组和对照组的前测与后测之间以及实验组后测与对照组后测之间的差异并不显著。说明本次干预在减少学生采用消极应对方式方面的效果并不十分理想。

(二) 干预方案设计及其对干预效果的影响分析

本研究的干预方案共包括四个单元，每个单元都有独立的主题和相对应的单元目标，分别为对生活中压力的感知、学习如何应对学业压力、学会利用同伴及家庭的支持和学习应对自身压力。各个单元各有侧重，分别对应着应对压力的不同方面。

从干预的结果来看，实验组学生后测的积极应对方式得分显著高于前测，说明团体辅导在增加学生们积极应对方式的选用上发挥了效果。除了第一单元以外，第二、四单元都是在引导学生们积极的去应对不同方面的压力，第三单元通过引导学生合理的利用同伴和家庭的支持，实际上也是鼓励学生寻找那些积极的社会支持因素去应对压力。

另一方面，实验组学生前、后测的在消极应对方式得分差异并不显著，这可能是因为干预方案的设计中，过分关注了对积极应对方式的引导，忽视了对消极应对方式的指摘与规避，从而导致干预后，实验组学生采用积极应对方式的可能性提高的同时，采用消极应对方式的可能却并未减弱，这在一定程度上制约了干预的影响效果。

第九章　研究结论、研究创新、政策建议及研究不足

本章主要对研究结论进行梳理，指出研究的创新之处，并针对研究结果提出对策建议，最后分析了研究局限性及未来可发展的方向。

第一节　主要研究结论

本研究主要采用实证的研究方法对我国儿童受虐现状及其特点进行分析，并深入探讨了虐待对儿童社会适应发展的影响机制，研究得出一些比较有意义的结果，这为儿童虐待对个体发展的理论和研究提供了有价值的参考资料；此外，这些研究结果对如何干预受虐儿童存在的社会适应不良问题以及如何有针对性的进行心理干预都有一定参考价值。研究得出以下主要结论：

一、儿童虐待的现状及特征

在调查样本中，儿童虐待 5 种类型的发生率分别为：躯体忽视 42.40%（男生 44.60%，女生 40.20%）、躯体虐待 10.30%（男生 12.40%，女生 8.10%）、情感忽视 32.8%（男生 33.5%，女生

32.2%)、情感虐待 4.30%(男生 4.20%,女生 4.40%)、性虐待 9.80%(男生 11.90%,女生 7.60%);不同人口变量特征的儿童在儿童虐待的5种类型上的检出率均存在显著性差异;不同人口学变量特征的受虐儿童在儿童虐待的5种类型上均存在显著性差异;性别、是否为独生子女、家庭氛围、家庭经济水平等人口学变量对儿童虐待发生率具有一定影响。

二、是否受虐儿童在社会适应上存在显著性差异

是否受虐儿童在社会适应指标诸如情绪适应、社会行为适应等方面均存在显著性差异。具体来说,受虐儿童在抑郁、孤独感、社交焦虑等不良情绪适应指标上的得分要显著高于非受虐组儿童;受虐儿童在不良社会适应行为指标如攻击性行为、社交退缩等方面的得分要显著高于非受虐组儿童;受虐儿童在情绪调节、自尊、道德推脱、应对方式等内隐适应指标上显著低于非受虐儿童。

三、儿童虐待对社会适应的影响机制

(一) 儿童虐待对社会适应的影响机制:心理资源的保护作用

研究发现,不同心理资源在儿童虐待和社会适应间起中介或调节作用,这表明心理资源能缓冲或降低儿童虐待带来的不良社会适应程度。具体研究结论如下:

1. 儿童虐待能显著正向预测儿童的抑郁水平,儿童虐待能够负向预测其心理韧性程度,而心理韧性能够显著负向预测儿童抑郁水平;且心理韧性在儿童虐待对抑郁的影响中起部分中介作用。这说明儿童虐待不仅可以直接影响儿童的抑郁水平,还可以通过心理韧性间接的影响儿童的抑郁水平。

2. 情绪调节策略在儿童虐待和社交焦虑之间起部分中介作

用，儿童虐待不仅可以直接影响儿童的社交焦虑程度，还可以又通过情绪调节的中介作用间接影响社交焦虑。这表明个体情绪调节既受到虐待经历的影响，又能有效的预测个体的焦虑等消极情绪问题。

3. 儿童虐待显著预测应对方式；积极应对方式显著预测生活适应，而消极应对方式对社会适应的预测作用不显著；儿童虐待显著预测社会适应。积极应对方式在儿童虐待和社会适应间起部分中介作用，儿童虐待不仅可以直接影响社会适应，还可以通过积极应对方式影响社会适应。此外，消极应对方式在儿童虐待影响社会适应的过程中起显著调节作用，遭受虐待的儿童群体更易采用消极应对方式，从而易产生社会适应问题。

4. 儿童虐待和道德推脱对攻击性行为均具有正向预测作用，道德推脱在儿童期创伤经历与攻击性行为之间起部分中介作用，对遭受虐待经历的儿童而言，其可能会有更多的攻击性行为，且可以通过道德推脱水平影响其攻击性水平。

（二）儿童虐待对社会适应的影响机制：社会资源的保护作用

1. 儿童虐待能显著负向预测其学校适应水平，校园氛围在儿童虐待和学校适应之间起到部分中介的作用。具体来说，儿童虐待既能够直接作用于学校适应上，也能够通过校园氛围影响学校适应。

2. 受虐程度能够负向预测儿童领悟社会支持水平，正向预测儿童的孤独感水平，领悟社会支持在儿童虐待对孤独感的影响中起部分中介作用。儿童虐待不仅可以直接影响儿童的孤独感，还可以通过领悟社会支持间接的影响儿童的孤独感。

3. 儿童虐待可以负向预测领悟社会支持水平，正向预测社交退缩程度，而领悟社会支持水平可以负向预测儿童的社交退缩程度，领悟社会支持在儿童虐待与社交退缩之间起部分中介作用。这表明领悟社会支持作为儿童虐待与社交退缩的中介因素，能够对儿童产生间接的保护作用。

（三）儿童虐待对社会适应的影响机制：心理资源与社会资源的双重保护作用

1. 受虐程度能显著正向预测儿童抑郁水平、显著负向预测儿童所处的校园氛围水平，校园氛围能显著负向预测儿童抑郁水平；校园氛围在儿童虐待对抑郁的预测中起部分中介作用。自尊在校园氛围对抑郁的预测中起调节作用，具体来说，对低自尊个体而言，校园氛围对抑郁具有显著的负向预测作用，对于高自尊个体而言，校园氛围显著负向预测抑郁，表明随着个体自尊水平升高，校园氛围对抑郁的预测作用逐渐减弱，但校园氛围在儿童虐待与抑郁关系中的中介效应逐渐上升趋势。

2. 儿童虐待显著负向预测主观幸福感、显著负向预测社会支持，社会支持显著正向预测主观幸福感，社会支持在儿童虐待对主观幸福感的预测中起中介作用；情绪调节在儿童虐待对社会支持的预测中起调节作用，具体来说，对低情绪调节个体而言，儿童虐待对社会支持具有显著的负向预测作用，对于高情绪调节个体而言，儿童虐待显著负向预测社会支持，表明随着个体情绪调节能力的上升，儿童虐待对社会支持的预测作用逐渐增强，且社会支持在儿童虐待与主观幸福感关系中的中介效应逐渐上升趋势。

3. 儿童虐待显著负向预测亲社会行为、社会支持和移情；社会支持显著正向预测移情，社会支持显著正向预测亲社会行为，移情显著负向预测亲社会行为，社会支持和移情在儿童虐待对亲社会行为影响中的中介作用显著。社会支持和移情在儿童虐待和亲社会行为间起双中介作用。

四、团体辅导干预技术提高受虐儿童情绪调节能力及应对能力

（一）接受情绪调节团体辅导干预的受虐儿童能显著提高其应用情绪调节策略能力、情绪控制能力和情绪调节自我效能感，未接受团体辅导干预的受虐儿童在情绪调节能力及其各维度则无明显变化，表明针对受虐儿童儿童开展的情绪调节团体辅导干预起到了一定的效果。

（二）经过8周应对方式团体辅导干预后，受虐儿童的积极应对方式得分有明显提高；未接受团体辅导干预的受虐儿童其积极应对方式得分并无明显变化；后测中两组被试在积极应对方式的得分上差异显著，说明针对应对方式的团体辅导干预可以提高受虐儿童积极应对方式的倾向。

第二节　对策建议

儿童虐待是一个国际社会广泛关注的社会性问题，其对社会及儿童的危害较大。儿童时期的发展质量对个体童年的发展乃至终生发展都有重要影响，因此，重视儿童虐待问题，对促进社会积极发展、促进儿童健康成长具有重要意义。基于本研究的发现，对我国针对儿童虐待现象的防止和干预措施提出以下几点建议。

一、预防和防止儿童虐待现象的政策建议

儿童虐待是一种较为普遍的社会现象，世界范围内容儿童虐待均有较高发生率。国际社会一致认为儿童虐待是一个涉及公共卫生、人权、法律等方面的社会问题。目前世界范围约有80%的

国家均设立了专门预防和处理儿童虐待的专门组织机构，建立了系统的检测识别报告体系。

从本次研究结果来看，儿童虐待的高发生率在我国也不例外。减少儿童虐待现象的发生，离不开国家政策层面的支持。当前我国《刑法》和《未成年人保护法》里对儿童虐待现象的处理有涉及，但并未有专门针对儿童虐待现象有明确规定。事实上，很多儿童虐待案件发生后，往往受自诉条件的限制，很多儿童虐待案件很难进入司法程序；此外，儿童虐待如果未达到故意伤害罪和虐待罪，则无法对施虐者追究刑事责任。因此，我国可以借鉴国外儿童虐待相关的法律规定，并结合我国实际情况，建立保护儿童权益的法律和法规，从法律层面使我国儿童虐待现象的预防和防止有法可依、有法必依、执法必严。

二、加强对受虐儿童的保护工作

受虐经历严重影响了儿童身心健康发展。向受虐儿童提供保护是一项复杂系统的社会工程，需要建立包括司法、宣传教育、政府机构、学校、社区等多渠道、多形式的儿童权益保护体系，多方位提供有力的保障措施。可以通过医护工作组织、社区、学校等机构组织，及时发现儿童虐待现象并及时进行干预、开展治疗工作。

政府应加强保护儿童权益的宣传，加强法律在预防和制止儿童虐待现象的力度，增强司法对儿童虐待问题的有效干预；医护工作组织发现儿童受虐伤害情况，应及时汇报民政部门等相关机构尽快了解情况避免儿童再次遭受伤害；社区工作者可以为受虐儿童的家庭提供正确的亲子教养方式；学校应及时为受虐儿童开展心理辅导，减缓受虐经历带来的心灵伤害，提高受虐儿童社会适应的发展。通过不同层级部门及组织的协作，给儿童提供全方位的保护工作。

三、加强儿童虐待的研究及数据资料的开发和保护

当前我国关于儿童虐待的研究大多集中以下几个方面:第一,介绍国内外儿童虐待的相关研究成果及针对儿童虐待的干预措施;第二,探讨受虐经历对儿童及其成年后的消极影响,如受虐儿童的人格、抑郁心理发展特点及其成年后的心理行为特点等;第三,一些医学工作者针对我国儿童及成人针对遭受虐待经历进行小范围的样本调查,分析当前我国儿童虐待现象的现状及其发生特点。从前人研究成果来看,目前我国关于儿童虐待的研究成果有待进一步丰富。

儿童虐待是一个在各个文化背景及制度背景的国家和地区均有可能发生的现象。从研究结果来看,我国儿童虐待现象也存在一定比率。对儿童虐待现象的认识有利于人们对这种现象的重视。对于儿童虐待的研究则有利于提高人们对儿童虐待现象认知程度,而人们对儿童虐待现象认知程度越高,社会越有可能在预防儿童虐待、为儿童提供保护等方面采取有效的措施。因此,通过加强儿童虐待的研究及数据资料的开发工作,促进人们对儿童虐待现象的认知程度,是预防儿童虐待、为儿童提供有效保护的首要工作。

因此,我国针对儿童虐待的调研工作及相关数据资料的开发有待进一步加强,如统计我国儿童虐待现象发生率、研究受虐儿童的身心发展状况、探讨受虐儿童干预的有效措施等,这些研究一方面可以为我国儿童虐待的相关政策、法律及社会工作提供有价值的依据,另一方面也进一步完善了儿童虐待的理论、帮助人们进一步了解和认识儿童虐待现象的本质,为预防儿童虐待、为儿童提供

有效保护等工作奠定基础。

四、重视受虐儿童早期干预工作

儿童早期的发展对个体终生发展的质量具有至关重要的影响，其对个体的健康、经济和社会性结果均具有重大影响。受虐经历给儿童发展带来的消极影响是长久的，其对儿童的生存、心理，对环境的反应，以及后期各方面能力的获得都具有不良影响。

詹姆斯．赫克曼的赫克曼曲线认为，对弱势儿童越早投资其经济回报率也越早。借鉴此经验，对受虐儿童来说，针对受虐儿童的早期干预则比后期干预对其成年期社会性发展的积极影响要大得多，且早期干预也会极大促进后期干预效果。因此，我们应重视受虐儿童的早期干预，发展儿童虐待的社会干预工作，为受虐儿童健康成长提供强有力的支持。

第三节　研究的创新之处、不足与后续研究建议

一、研究的创新之处

本研究系统回顾了国内外儿童虐待领域的相关研究文献，以相关理论为基本理论依据，提出儿童虐待对社会适应影响的资源保护理论模型，并开展相关研究，这从当前研究现状来看研究并不多。研究对于丰富儿童虐待的相关理论，了解儿童虐待的现状和特点并进一步了解和认识儿童虐待影响社会适应的本质将起到一定的积极作用。具体来说，本项研究的创新之处创新之处主要有以下几点：

（一）在全国 9 省范围内对学龄儿童受虐情况开展大样本调查，并分析我国儿童虐待发生现状及其特点，这在我国儿童虐待研

究领域为数不多。大样本调查有助于我们进一步深入了解和掌握儿童虐待发生的现状及特点，进一步深入认识儿童虐待现象的普遍性和重要性。

（二）研究以儿童虐待影响社会适应的资源保护模型为理论依据，考虑儿童虐待及其社会适应发展特点，并引入资源的调节或中介模式，探讨儿童虐待影响社会适应的发生发展机制，在研究思路上具有创新性。

（三）在儿童虐待对社会适应影响的资源保护理论模型基础上，探讨了心理资源和社会资源在儿童虐待与社会适应间的保护作用；依据获得的研究经验初步探讨了情绪调节和应对方式干预方案促进受虐儿童社会适应发展的积极作用，这些在儿童虐待的研究内容上具有创新性。

二、研究的不足与后续研究建议

研究取得了一定成效，但由于各种条件的限制，在研究方法和研究内容上还存在一些不足，有待进一步深入探讨，具体表现为以下几方面：

（一）由于受传统文化等影响，人们对儿童虐待现象缺乏正确的认知，认为儿童虐待是一个比较特殊和私密的问题，使得较多人在面对这一话题时更倾向于沉默或抗拒回应。此外，在中小学校开展调查时，遇到学校工作人员认为话题敏感而拒绝配合调查的情况，这均是对儿童虐待现象认识不正确而导致。因此，传统的观点等因素等都可能会给研究结果带来一定影响。

（二）由于时间、人力等客观条件的限制，研究未能探讨不同经济文化地区之间儿童虐待发生率的差异。经济水平等作为重要体现的的邻里特征是儿童虐待发生率的一个重要因素，其对儿童虐待发生率的影响的重要性不言而喻，因此，拟在今后研究中进一步探讨不同区域之间儿童虐待现象的差异。

（三）由于受调查方法的局限，在对心理资源或社会资源在儿童虐待与社会适应之间作用机制的探讨时，每次均只能探讨1—2种心理资源或社会资源在儿童虐待和1种社会适应具体指标之间的作用机制。这对全面深入了解儿童虐待对社会适应的影响机制具有一定局限作用。因此，后续研究拟进一步深入和系统探讨多种资源在儿童虐待和不同社会适应指标之间的作用机制，从而有利于深入了解儿童虐影响对社会适应的具体机制与本质特征。

（四）在受虐儿童社会适应的干预研究中，由于合作学校人事变动等多种原因，使得干预研究有效实施的样本量较为有限；此外，因为对儿童虐待现象认知具有局限性的缘故，部分学校教师和社区均不太愿意配合开展儿童虐待干预的相关工作，故干预研究仅以学校团体辅导一种形式进行开展。单一的干预形式的干预效果较为有限，因此，后续研究拟寻找能深入和全面合作的学校、教师及社区，开展系统的儿童虐待干预工作，进一步提高儿童虐待干预工作的有效性。

参 考 文 献

Aber, J. L., & Allen, J. P. (1987). Effects of maltreatment on young children's socioemotional development: an attachment theory perspective. *Developmental Psychology*, 23(3), 406—414.

Adams, B. L. (2005). Assessment of child abuse risk factors by advanced practice nurses. *Pediatric nursing*, *31*(6), 498—502.

Afifi, T. O., Brownridge, D. A., Cox, B. J., & Sareen, J. (2006). Physical punishment, childhood abuse and psychiatric disorders. *Child Abuse & Neglect*, 30(10), 1093—1103.

Ahmadi, J., Tabatabaee, F., & Gozin, Z. (2006). Physical trauma and substance abuse: a comparative study on substance abuse in patients with physical trauma versus general population. *Journal of Addictive Diseases*, 25(1), 51—63

Aiken, L. S., West, S. G., & Reno, R. R. (1991). *Multiple regression: Testing and interpreting interactions*. Sage.

Akers, R. L., Krohn, M. D., Lanza—Kaduce, L., & Radosevich, M. (1995). Social learning and deviant behavior: A specific test of a general theory. *Contemporary Masters in Criminology* (pp. 187—214). Springer, Boston, MA.

Al Dosari, M. N., Ferwana, M., Abdulmajeed, I., Aldossari, K. K., & Al—Zahrani, J. M. (2017). Parents' perceptions about child abuse and their impact on physical and emotional childabuse: A study from primary health care centers in Riyadh, Saudi Arabia. *Journal of family & community medicine*, *24*(2), 79.

Alink, L. R., Cicchetti, D., Kim, J., & Rogosch, F. A. (2012). Longitudinal associations among child maltreatment, social functioning, and cortisol regulation. *Developmental psychology*, *48*(1), 224.

Alloy, L. B., Abramson, L. Y., Tashman, N. A., Berrebbi, D. S., Hogan, M. E., Whitehouse, W. G., et al. (2001). Developmental origins of cognitive vulnerability to depression: Parenting, cognitive, and inferential feedback styles of the parents of individuals at high and low cognitive risk for depression. *Cognitive Therapy and Research*, *25*(4), 397—423.

Andersen, S. L., & Teicher, M. H. (2004). Delayed effects of early stress on hippocampal development. *Neuropsychopharmacology Official Publication of the American College of Neuropsychopharmacology*, *29*(11), 1988.

Andersen, S. L., Tomada, A., Vincow, E. S., Valente, E., Polcari, A., & Teicher, M. H. (2008). Preliminary evidence for sensitive periods in the effect of childhood sexual abuse on regional brain development. *The Journal of neuropsychiatry and clinical neurosciences*, *20*(3), 292—301.

Appel, A. E., & Holden, G. W. (1998). The co-occurrence of spouse and physical child abuse: A review and appraisal. *Journal of Family Psychology*, 12(4), 578—599.

Arata, C. M., Langhinrichsen-Rohling, J., Bowers, D., & Natalie O'Brien. (2007). Differential correlates of multi-type maltreatment among urban youth. *Child Abuse Neglect*, *31*(4), 393—415.

Audu, B., Geidam, A., & Jarma, H. (2009). Child labor and sexual assault among girls in maiduguri, nigeria. *International Journal of Gynaecology & Obstetrics the Official Organ of the International Federation of Gynaecology & Obstetrics*, 104(1), 0—67.

Back, S. E., Jackson, J. L., Fitzgerald, M., Shaffer, A., Salstrom, S., & Osman, M. M. (2003). Child sexual and physical abuse among college students in Singapore and the United States. *Child Abuse & Neglect*, *27*(11), 1259—1275.

Bandura, A. Caprara, G. V., Barbaranelli, C., Gerbino, M., & Pastorelli, C. (2003). Role of affective self-regulatory efficacy in diverse spheres of psychosocial functioning. *Child Development*, 74(3), 769—782.

Barnes, T. N., Wang, F., & O'Brien, K. M. (2018). A meta-analytic review of social problem-solving interventions in preschool settings. *Infant and Child Development*, *27*(5), 2095.

Baron & Kenny. (1986). Thc moderator-mediator variable distinction in social psychological research: Conceptual, strategic and statistical considerations. *Journal of Personality and Social Psychology*, *51*, 1173—1182.

Bartlett, J. D., Kotake, C., Fauth, R., & Easterbrooks, M. A. (2017). Intergenerational transmission of child abuse and neglect: Do maltreatment type, perpetrator, and substantiation status matter?. *Child Abuse & Neglect*, *63*, 84—94.

Bechtel, K. (2009). Sexual abuse and sexually transmitted infections in children and adolescents. Current opinion in pediatrics, 22(1), 94—99.

Berenbaum, H., Thompson, R. J., Milanak, M. E., Boden, M. T., & Bredemeier, K. (2008). Psychological trauma and schizotypal personality disorder. Journal of Abnormal Psychology, 117(3), 502—519.

Bilukha, O., Hahn, R. A., Crosby, A., Fullilove, M. T., Liberman, A., Moscicki, E., et al. (2005). The effectiveness of early childhood home visitation in preventing violence: a systematic review. *American Journal of Preventive Medicine*, 28(2), 11—39.

Black, D. A., Heyman, R. E., & Slep, A. M. S. (2001). Risk factors for child physical abuse. *Aggression & Violent Behavior*, 6(2), 121—188.

Brayden, R. M., Altemeier, W. A., Dietrich, M. S., Tucker, D. D., Christensen, M. J., McLaughlin, F. J., & Sherrod, K. B. (1993). A prospective study of secondary prevention of child maltreatment. *The Journal of pediatrics*, *122*(4), 511—516.

Bremner, J. D., Vythilingam, M., Vermetten, E., Southwick, S. M., McGlashan, T., Nazeer, A., ...& Ng, C. K. (2003). MRI and PET study of deficits in hippocampal structure and function in women with childhood sexual abuse and posttraumatic stress disorder. *American Journal of Psychiatry*, *160*(5), 924—932.

Bronfenbrenner, U. (1977). Toward an experimental ecology of human development. *American psychologist*, *32*(7), 513.

Bruce, J., Fisher, P. A., Pears, K. C., & Levine, S.. (2009). Morning cortisol levels in preschool-aged foster children: differential effects of maltreatment type. *Developmental psychobiology*, 51(1), 14—23.

Buchholz, E. S., & Korn-Bursztyn, C. (1993). Children of adolescent mothers: Are they at risk for abuse?. *Adolescence*, *28*(110), 361.

Bull, J., McCormick, G., Swann, C., & Mulvihill, C. (2004). *Ante-and postnatal homevisiting programmes: a review of reviews* [*Evidence briefing*]. London: Health Development Agency.

Burns, E. E., Jackson, J. L., & Harding, H. G. (2010). Child maltreatment, emotion regulation, and posttraumatic stress: The impact of emotional abuse. *Journal of Aggression, Maltreatment & Trauma*, *19* (8), 801—819.

Buzi, R. S., Weinman, M. L., & Smith, P. B. (2007). The relationship between adolescent depression and a history of sexual abuse. *Adolescence*, 42 (168), 679.

Calvete, E. (2014). Emotional abuse as a predictor of early maladaptive schemas in adolescents: contributions to the development of depressive and social anxiety symptoms. *Child Abuse & Neglect*, 38(4), 735—746.

Cannon, E. A., Bonomi, A. E., Anderson, M. L., & Rivara, F. P. (2009). The intergenerational transmission of witnessing intimate partner violence. *Archives of pediatrics & adolescent medicine*, *163*(8), 706—708.

Cappell, C., & Heiner, R. B. (1990). The intergenerational transmission of family aggression. *Journal of Family Violence*, *5*(2), 135—152.

Carlo, G., & Randall, B. A.. (2002). The development of a measure of prosocial behaviors for late adolescents. *Journal of Youth and Adolescence*, *31* (1), 31—44.

Caspi, A., McClay, J., Moffitt, T. E., Mill, J., Martin, J., Craig, I. W., ... & Poulton, R. (2002). Role of genotype in the cycle of violence in maltreated children. *Science*, *297*(5582), 851—854.

Chae, Y., Goodman, G. S., Eisen, M. L., & Qin, J. (2011). Event memory and suggestibility in abused and neglected children: trauma-related psychopathology and cognitive functioning. *Journal of Experimental Child Psychology*, *110*(4), 520—538.

Choi, J. Y., & Oh, K. J. (2013). The effects of multiple interpersonal traumas on psychological maladjustment of sexually abused children in Korea. *Journal of traumatic stress*, *26*(1), 149—157.

Cicchetti, D. (2004). An odyssey of discovery: lessons learned through three decades of research on child maltreatment. *American Psychologist*, *59* (8), 731.

Claussen, A. H., & Crittenden, P. M. (1991). Physical and psychological maltreatment: Relations among types of maltreatment. *Child abuse & neg-*

lect, *15*(1—2), 5—18.

Clément, M. È., & Chamberland, C. (2007). Physical violence and psychological aggression towards children: Five-year trends in practices and attitudes from two population surveys. *Child Abuse & Neglect*, *31* (9), 1001—1011.

Corcoran, J. (2000). Family interventions with child physical abuse and neglect: A critical review. *Children and Youth Services Review*, *22* (7), 563—591.

Coulton, C. J., Crampton, D. S., Irwin, M., Spilsbury, J. C., & Korbin, J. E. (2007). How neighborhoods influence child maltreatment: A review of the literature and alternative pathways. *Child abuse & neglect*, *31*(11—12), 1117—1142.

Crawford, E., & Wright, M. O. (2007). The impact of childhood psychological maltreatment on interpersonal schemas and subsequent experiences of relationship aggression. *Journal of Emotional Abuse*, *7*(2), 93—116.

Cromheeke, S., Herpoel, L. A., & Mueller, S. C. (2014). Childhood abuse is related to working memory impairment for positive emotion in female university students. *Child Maltreatment*, *19*(1), 38—48.

Cummings, E. M., Goeke-Morey, M. C., & Papp, L. M. (2004). Everyday marital conflict and child aggression. *Journal of Abnormal Child Psychology*, *32*(2), 191—202.

Davis, M. H.. (1983). Measuring individual differences in empathy: evidence for a multidimensional approach. *Journal of Personality and Social Psychology*, *44*, 113—126.

De Souza, S. B., & e Silva, M. M. (2010). Sexual violence against children and adolescents: importance of interview medical-legal. *Injury Prevention*, *16*(Suppl 1), A156—A157.

De Zoysa, P., Newcombe, P. A., & Rajapakse, L. (2010). Outcomes of parental use of psychological aggression on children: A structural model from Sri Lanka. *Journal of interpersonal violence*, *25*(8), 1542—1560.

Dias, A., Sales, L., Hessen, D. J., & Kleber, R. J. (2015). Child maltreatment and psychological symptoms in a Portuguese adult community sample: the harmful effects of emotional abuse. *European child & adolescent psychiatry*, *24*(7), 767—778.

Dodge, K. A., Bates, J. E., & Pettit, G. S. (1990). Mechanisms in the cycle of violence. *Science*, *250*(4988), 1678—1683.

Dodge, K. A., Lochman, J. E., Harnish, J. D., Bates, J. E., & Pettit, G. S. (1997). Reactive and proactive aggression in school children and psychiatrically impaired chronically assaultive youth. *Journal of Abnorm Psychol*, *106*(1), 37—51.

Dollard, J., Miller, N. E., Doob, L. W., Mowrer, O. H., & Sears, R. R. (1939). Frustration and aggression. American Journal of Sociology, 92 (7), 1654—1667.

Dong, M., Giles, W. H., Felitti, V. J., Dube, S. R., Williams, J. E., Chapman, D. P., & Anda, R. F. (2004). Insights into causal pathways for ischemic heart disease: adverse childhood experiences study. *Circulation*, *110* (13), 1761—1766.

Egeland, B., Sroufe, L. A., & Erickson, M. (1983). The developmental consequence of different patterns of maltreatment. *Child Abuse & Neglect*, *7* (4), 459—469.

Ellis, B. H., Fisher, P. A., & Zaharie, S. (2004). Predictors of disruptive behavior, developmental delays, anxiety, and affective symptomatology among institutionally reared romanian children. *Journal of the American Academy of Child & Adolescent Psychiatry*, *43*(10), 1283—1292.

Ertem, I. O., Leventhal, J. M., & Dobbs, S. (2000). Intergenerational continuity of child physical abuse: How good is the evidence?. *The Lancet*, *356*

(9232),814—819.

Ferrari,A. M. (2002). The impact of culture upon child rearing practices and definitions of maltreatment. *Child Abuse & Neglect*, *26*(8),793—813.

Finkelhor,D. ,Jones,L. M. ,& Shattuck,A. M. (2010). *Updated Trends in Child Maltreatment*,2008.

Finkelhor,D. ,Ormrod,R. K. ,& Turner,H. A. (2007). Re-victimization patterns in a national longitudinal sample of children and youth. *Child abuse & neglect*, *31*(5),479—502.

Folger,S. F. ,& Margaret O'Dougherty Wright. (2013). Altering risk following child maltreatment: family and friend support as protective factors. *Journal of Family Violence*, *28*(4),325—337.

Folkman,S. (2013). *Stress: Appraisal and Coping. Stress, appraisal and coping. Springer New York.*

Furstenberg,F. F. (2007). *Destinies of the disadvantaged: The politics of teen childbearing*. Russell Sage Foundation.

Gao,Y. ,Atkinson-Sheppard,S. ,& Liu,X.. (2017). Prevalence and risk factors of child maltreatment among migrant families in china. *Child Abuse & Neglect*,65,171—181.

Garbarino,J. (2017). The abuse and neglect of special children: An introduction to the issues. *In Special Children*, *Special Risks*(pp. 3—14). Routledge.

García,L. F. ,Aluja,A. ,& del Barrio,V. (2006). Effects of personality, rearing styles and social values on adolescents' socialisation process. *Personality and Individual Differences*, *40*(8),1671—1682.

Gibb,B. E. ,Alloy,L. B. ,Abramson,L. Y. ,Rose,D. T. ,Whitehouse,W. G. , Donovan,P. ,... & Tierney,S. (2001). History of childhood maltreatment, negative cognitive styles, and episodes of depression in adulthood. *Cognitive Therapy and Research*, *25*(4),425—446.

Gibb, B. E., Schofield, C. A., & Coles, M. E. (2009). Reported history of childhood abuse and young adults' information-processing biases for facial displays of emotion. Child Maltreatment, 14(2), 148.

Gilbert, R., Widom, C. S., Browne, K., Fergusson, D., Webb, E., & Janson, S. (2009). Burden and consequences of child maltreatment in high-income countries. *The lancet*, *373*(9657), 68—81.

Gil-Gonzalez, D., Vives-Cases, C., Ruiz, M. T., Carrasco-Portino, M., & Alvarez-Dardet, C.. (2008). Childhood experiences of violence in perpetrators as a risk factor of intimate partner violence: a systematic review. Journal of Public Health, 30(1), 14—22.

Girardet, R. G., Lahoti, S., Howard, L. A., Fajman, N. N., Sawyer, M. K., Driebe, E. M., ...& Hammerschlag, M. R. (2009). Epidemiology of sexually transmitted infections in suspected child victims of sexual assault. *Pediatrics*, *124*(1), 79—86.

Gomby, D. S. (2007). The promise and limitations of home visiting: implementing effective programs. *Child Abuse & Neglect*, 31, 793—799.

Gould, F., Clarke, J., Heim, C., Harvey, P. D., Majer, M., & Nemeroff, C. B. (2012). The effects of child abuse and neglect on cognitive functioning in adulthood. *Journal of Psychiatric Research*, *46*(4), 500—506.

Gracia, E., López-Quílez, Antonio, Marco, M., & Lila, M.. (2017). Mapping child maltreatment risk: a 12-year spatio-temporal analysis of neighborhood influences. *International Journal of Health Geographics*, *16*(1), 38.

Grant, J. E., & Kim, S. W. (2002). Gender differences in pathological gamblers seeking medication treatment. *Comprehensive Psychiatry*, *43*(1), 56—62.

Greenspan, S., & Granfield, J. M.. (1992). Reconsidering the construct of mental retardation: implications of a model of social competence. *Ameri-*

can Journal of Mental Retardation Ajmr, *96*(4), 442.

Grob, C. M., Lerman, D. C., Langlinais, C. A., & Villante, N. K. (2019). Assessing and teaching job-related social skills to adults with autism spectrum disorder. *Journal of applied behavior analysis*, *52*(1), 150—172.

Harding, H. G., Zinzow, H. M., Burns, E. E., & Jackson, J. L. (2010). Attributions of responsibility in a child sexual abuse(csa) vignette among respondents with csa histories: the role of abuse similarity to a hypothetical victim. *Journal of Child Sexual Abuse*, *19*(2), 171—189.

Hart, S. N., Binggeli, N. J., & Brassard, M. R.. (1998). Evidence for the effects of psychological maltreatment. *Journal of Emotional Abuse*, *1*(1), 27—58.

Herrenkohl, E. C., Herrenkohl, R. C., & Egolf, B. P. (2010). The psychosocial consequences of living environment instability on maltreated children. *American Journal of Orthopsychiatry*, *73*(4), 367—380.

Hillis, S., Mercy, J., Amobi, A., & Kress, H. (2016). Global prevalence of past-year violence against children: a systematic review and minimum estimates. *Pediatrics*, *137*(3), e20154079.

Hoffman, M. L.. (1960). Power assertion by the parent and its impact on the child. *Child Development*, *31*(1), 129—143.

Holt, M. K., Finkelhor, D., & Kantor, G. K. (2007). Multiple victimization experiences of urban elementary school students: Associations with psychosocial functioning and academic performance. *Child abuse & neglect*, 31(5), 503—515.

Huband, N., McMurran, M., Evans, C., & Duggan, C. (2007). Social problem-solving plus psychoeducation for adults with personality disorder: pragmatic randomised controlled trial. *The British Journal of Psychiatry*, *190*(4), 307—313.

Hunter, S. V. (2006). Understanding the complexity of child sexual abuse: A review of the literature with implications for family counseling. *The Family Journal*, *14*(4), 349—358.

Jackowski, A., Perera, T. D., Abdallah, C. G., Garrido, G., Tang, C. Y., Martinez, J., ... & Dwork, A. J. (2011). Early-life stress, corpus callosum development, hippocampal volumetrics, and anxious behavior in male nonhuman primates. *Psychiatry Research: Neuroimaging*, *192*(1), 37—44.

Jaffe, P. G., Wolfe, D. A., & Wilson, S. K. (1990). Children of battered women. Contemporary Sociology, 21(2), 235.

Jaser, S. S., Whittemore, R., Ambrosino, J. M., Lindemann, E., & Grey, M. (2007). Mediators of depressive symptoms in children with type 1 diabetes and their mothers. *Journal of Pediatric Psychology*, *33*(5), 509—519.

Jellen, L. K., McCarroll, J. E., & Thayer, L. E. (2001). Child emotional maltreatment: a 2-year study of US Army cases. Child Abuse & Neglect, 25(5), 623—639.

Johnson, J. G., Cohen, P., Smailes, E. M., Skodol, A. E., Brown, J., & Oldham, J. M. (2001). Childhood verbal abuse and risk for personality disorders during adolescence and early adulthood. *Comprehensive psychiatry*, *42*(1), 16—23.

Ju, S., & Lee, Y. (2018). Developmental trajectories and longitudinal mediation effects of self-esteem, peer attachment, child maltreatment and depression on early adolescents. *Child Abuse & Neglect*, *76*, 353—363.

Kempe, C. H., Silverman, F. N., Steele, B…F Droegemuller, W. & Silver, H. K. (1962). The battered-child syndrome. *Journal ofthe American Medical Association*, *181*, 17—24.

Kim, J., & Cicchetti, D. (2006). Longitudinal trajectories of self-system processes and depressive symptoms among maltreated and nonmaltreated children. *Child development*, *77*(3), 624—639.

Kim, J., & Cicchetti, D. (2010). Longitudinal pathways linking child maltreatment, emotion regulation, peer relations, and psychopathology. *Journal of child psychology and psychiatry*, *51*(6), 706—716.

Klevens, J., Bayón, M. C, & Sierra, M. (2000). Risk factors and context of men who physically abuse in bogota, colombia. *Child Abuse & Neglect*, *24*(3), 323—332.

Krug, E. G., Mercy, J. A., Dahlberg, L. L., & Zwi, A. B. (2002). The world report on violence andhealth. *Lancet*, *360*(9339), 1083—1088.

Ladd, G. W., Kochenderfer, B. J., & Coleman, C. C. (1997). Classroom peer acceptance, friendship, and victimization: Destinct relation systems that contribute uniquely to children's school adjustment?. *Child development*, 68(6), 1181—1197.

Leeb, R. T., Lewis, T., & Zolotor, A. J. (2011). A review of physical and mental health consequences of child abuse and neglect and implications for practice. *American Journal of Lifestyle Medicine*, *5*(5), 454—468.

Levendosky, A. A., Lannert, B., & Yalch, M. (2012). The effects of intimate partner violence on women and child survivors: an attachment perspective. *Psychodynamic Psychiatry*, 40(3), 397.

Levitan, R. D., Rector, N. A., Sheldon, T., & Goering, P. (2003). Childhood adversities associated with major depression and/or anxiety disorders in a community sample of Ontario: Issues of co-morbidity and specificity. *Depression and anxiety*, *17*(1), 34—42.

Li, M., & Meng, C. D. X. (2016). Maltreatment in childhood substantially increases therisk of adult depression and anxiety in prospective cohort studies: systematic review, meta-analysis, and proportional attributable fractions. *Psychological Medicine*, *46*(4), 717—730.

Lin, X., Li, L., Chi, P., Wang, Z., Heath, M. A., Du, H., & Fang, X. (2016). Child maltreatment and interpersonal relationship among Chinese children with oppositional defiant disorder. *Child abuse & neglect*, *51*, 192—202.

Lisak, D. (1994). The psychological impact of sexual abuse: Content analysis of interviews with male survivors. *Journal of traumatic stress*, *7*(4), 525—548.

Liu, J., Nie, J., & Wang, Y. (2017). Effects of group counseling programs, cognitive behavioral therapy, and sports intervention on internet addiction in east asia: a systematic review and meta-analysis. *International journal of environmental research and public health*, *14*(12), 1470.

Lutz-Zois, C. J., Phelps, C. E. R., & Reichle, A. C. (2011). Affective, behavioral, and social-cognitive dysregulation as mechanisms for sexual abuse revictimization. *Violence and Victims*, *26*(2), 159—176.

MacLeod, J., & Nelson, G. (2000). Programs for the promotion of family wellness and the prevention of child maltreatment: A meta-analytic review. *Child abuse & neglect*, *24*(9), 1127—1149.

MacMillan, H. L., Fleming, J. E., Streiner, D. L., Lin, E., Boyle, M. H., Jamieson, E., et al. (2001). Childhood abuse and lifetime psychopathology in a community sample. *American Journal of Psychiatry*, *158*(11), 1878—1883.

Malhotra, S. (2010). Child and adolescent sexual abuse andviolence in India: a review. *Injury Prevention*, *16*(Suppl 1), A263—A263.

Markus, H. (1977). Self-schemata and processing information about the self. *Journal of Personality & Social Psychology*, *35*(2), 63—78.

Mash, E. J., & Barkley, R. A. (Eds.). (2006). *Treatment of childhood disorders*. Guilford press.

Maughan, D., & Moore, S. C. (2010). Dimensions of child neglect: an exploration of parental neglect and its relationship with delinquency. *Child Welfare*, *89*(4), 47.

Mccloskey,M. ,Wible,C. G. ,& Cohen,N. J. (1988). Is there a special flashbulb-memory mechanism?. Journal of Experimental Psychology General, 117(2),171—181.

McCrae,R. R. ,& Costa Jr,P. T. (1997). Personality trait structure as a human universal. American psychologist,52(5),509.

McGee,H. ,Garavan,R. ,Byrne,J. ,O'higgins,M. ,& Conroy,R. M. (2010). Secular trends in child and adult sexual violence-one decreasing and the other increasing: a population survey in Ireland. *European journal of public health*, *21*(1),98—103.

Molnar,B. E. ,Goerge,R. M. ,Gilsanz,P. ,Hill,A. ,Subramanian,S. V. ,Holton,J. K. ,et al. (2016). Neighborhood-level social processes and substantiated cases of child maltreatment. *Child abuse & neglect*, *51*, 41—53.

Monteiro,C. F. D. S. ,Teles,D. C. B. S. ,Castro,K. L. ,Vasconcelos,N. S. V. D. ,Magalhães,R. D. L. B. ,& Deus,M. C. B. R. D. (2008). Sexual violence against children in a family environment attended by SAMVVIS, Teresina,PI. *Revista brasileira de enfermagem*, *61*(4),459—463.

Moore,H. ,Benbenishty,R. ,Astor,R. A. ,& Rice,E. (2018). The positive role of school climate on school victimization,depression,and suicidal ideation among school-attending homeless youth. Journal of school violence, 17(3),298—310.

Nalavany,B. A. ,Ryan,S. D. ,& Hinterlong,J.. (2009). Externalizing behavior among adopted boys with preadoptive histories of child sexual abuse. Journal of Child Sexual Abuse,18(5),553—573.

Navalta,C. P. ,Polcari,A. ,Webster,D. M. ,Boghossian,A. ,& Teicher,M. H. (2006). Effects of childhood sexual abuse on neuropsychological and cognitive function in college women. *The Journal of neuropsychiatry and clinical neurosciences*, *18*(1),45—53.

Office, U. (1999). Department of health and human services, administration for children and families: temporary assistance for needy families program. *United States, General Accounting Office.*

Olds, D. L., Sadler, L., & Kitzman, H. (2007). Programs for parents of infants and toddlers: recent evidence from randomized trials. Journal of child psychology and psychiatry, 48(3-4), 355—391.

Oral, R., Can, D., Kaplan, S., Polat, S., Ates, N., Cetin, G. & Bulguc, A. G. (2001). Child abuse in Turkey: an experience in overcoming denial and a description of 50 cases. Child abuse & neglect, 25(2), 279—290.

Patterson, G. R., & Stouthamer-Loeber, M. (1984). The correlation of family management practices and delinquency. *Child development*, 1299—1307.

Paunovic, N. (1998). Cognitive factors in the maintenance of PTSD. Behaviour Therapy, 27(4), 167—178.

Pederson, C. L., Maurer, S. H., Kaminski, P. L., Zander, K. A., Peters, C. M., Stokes-Crowe, L. A., & Osborn, R. E. (2004). Hippocampal volume and memory performance in a community-based sample of women with posttraumatic stress disorder secondary to child abuse. *Journal of Traumatic Stress: Official Publication of The International Society for Traumatic Stress Studies*, *17*(1), 37—40.

Pelton, L. H.. (1978). Child abuse and neglect: the myth of classlessness. *American Journal of Orthopsychiatry*, *48*(4), 608—17.

Pollak, S. D., & Kistler, D. J. (2002). Early experience is associated with the development of categorical representations for facial expressions of emotion. *Proceedings of the National Academy of Sciences*, *99*(13), 9072—9076.

Pollak, S. D., & Tolley-Schell, S. A. (2003). Selective attention to facial emotion in physically abused children. *Journal of abnormal psychology*, *112*(3), 323.

Poole, M. K., Seal, D. W., & Taylor, C. A. (2014). A systematic review of universal campaigns targeting child physical abuse prevention. Health Education Research, 29(3), 388—432.

Poulton, R., Caspi, A., Milne, B. J., Thomson, W. M., Taylor, A., & Sears, M. R., et al. (2002). Association between children's experience of socioeconomic disadvantage and adult health: a life-course study. Lancet, 360 (9346), 1640—1645.

Reece, R. M., & Christian, C. (2008). *Child abuse: medical diagnosis & management*. American Academy of Pediatrics.

Reiter, S., Bryen, D. N., & Shachar, I.. (2007). Adolescents with intellectual disabilities as victims of abuse. Journal of Intellectual Disabilities, 11(4), 371—387.

Riddle, K. P., & Aponte, J. F. (1999). The comprehensive childhood maltreatment inventory: early development and reliability analyses. *Child Abuse & Neglect*, *23*(11), 1103.

Rieder, C., & Cicchetti, D. (1989). Organizational perspective on cognitive control functioning and cognitive-affective balance in maltreated children. *Developmental Psychology*, *25*(3), 382—393.

Riggs, & Shelley, A.. (2010). Childhood emotional abuse and the attachment system across the life cycle: what theory and research tell us. *Journal of Aggression, Maltreatment & Trauma*, *19*(1), 5—51.

Riggs, S. A., Cusimano, A. M., & Benson, K. M. (2011). Childhood emotional abuse and attachment processes in the dyadic adjustment of dating couples. *Journal of Counseling Psychology*, 58(1), 126—138.

Sandberg, J. G., Feldhousen, E. B., & Busby, D. M. (2012). The impact of childhood abuse on women's and men's perceived parenting: implications for practitioners. American Journal of Family Therapy, 40(1), 74—91.

Sanders, R., Colton, M., & Roberts, S. (1999). Child abuse fatalities and cases of extreme concern: lessons from reviews. *Child abuse & neglect*, *23*(3), 257—268.

Sansbury, L. L., & Wahler, R. G. (1992). Pathways to maladaptive parenting with mothers and their conduct disordered children. *Behavior Modification*, *16*(4), 574—592.

Sedlak, A. J., Mettenburg, J., Basena, M., Peta, I., McPherson, K., & Greene, A. (2010). Fourth national incidence study of child abuse and neglect(NIS-4). *Washington, DC: US Department of Health and Human Services*, *9*, 2010.

Shearer, S. L., Peters, C. P., Quaytman, M. S., & Ogden, R. L. (1990). Frequency and correlates of childhood sexual and physical abuse histories in adult female borderline inpatients. *The American journal of psychiatry*, *147*(2), 214.

Sheridan, M. J.. (1995). A proposed intergenerational model of substance abuse, family functioning, and abuse/neglect. *Child Abuse and Neglect*, *19*(5), 519—530.

Shim-Pelayo, H., & De Pedro, K. T. (2018). The role of school climate in rates of depression and suicidal ideation among school-attending foster youth in California public schools. *Children and Youth Services Review*, 88, 149—155.

Shumba, A.. (2001). Epidemiology and etiology of reported cases of child physical abuse in zimbabwean primary schools. *Child Abuse & Neglect*, 25(2), 265—277.

Sidebotham, P., Golding, J., & ALSPAC Study Team. (2001). Child maltreatment in the "Children of the Nineties": A longitudinal study of parental risk factors. *Child abuse & neglect*, *25*(9), 1177—1200.

Slack, K. S., Berger, L. M., DuMont, K., Yang, M. Y., Kim, B., Ehrhard-Dietzel, S., & Holl, J. L. (2011). Riskand protective factors for child neglect during early childhood: A cross-study comparison. *Children and Youth Services Review*, *33*(8), 1354—1363.

Smetana, J. G., Toth, S. L., Cicchetti, D., Bruce, J., Kane, P., & Daddis, C. (1999). Maltreated and nonmaltreated preschoolers' conceptions of hypothetical and actual moral transgressions. *Developmental Psychology*, 35(1), 269—281.

Stratton, P. (2010). Causal attributions during therapy i: responsibility and blame. *Journal of Family Therapy*, *25*(2), 136—160.

Straus, M. A., & Savage, S. A. (2005). Neglectful behavior by parents in the life history of university students in 17 countries and its relation to violence against dating partners. *Child maltreatment*, *10*(2), 124—135.

Straus, M. A., Hamby, S. L., Finkelhor, D., Moore, D. W., & Runyan, D. (1998). Identification of child maltreatment with the Parent-Child Conflict Tactics Scales: Development and psychometric data for a national sample of American parents. *Child abuse & neglect*, *22*(4), 249—270.

Sweet, M. A., & Appelbaum, M. I. (2004). Is home visiting an effective strategy? A meta-analytic review of home visiting programs for families with young children. *Child development*, *75*(5), 1435—1456.

Taft, C. T., Schumm, J. A., Marshall, A. D., Panuzio, J., & Holtzworth-Munroe, A. (2008). Family-of-origin maltreatment, posttraumatic stress disorder symptoms, social information processing deficits, and relationship abuse perpetration. *Journal of abnormal psychology*, *117*(3), 637.

Thomas, D. E., Leventhal, J. M., & Friedlaender, E. (2001). Referrals to a hospital-based child abuse committee: a comparison of the 1960s and 1990s. *Child abuse & neglect*, 25(2), 203—213.

Thornberry, T. P., & Henry, K. L. (2013). Intergenerational continuity in maltreatment. *Journal of Abnormal Child Psychology*, *41*(4), 555—569.

Tong, L. , Oates, K. , & McDowell, M. (1987). Personality development following sexual abuse. *Child Abuse & Neglect*, *11*(3), 371—383.

Tonmyr, L. , Jamieson, E. , Mery, L. S. , & MacMillan, H. L. (2005). The relationship between childhood adverse experiences and disability due to physical health problems in a community sample of women. *Women & health*, *41*(4), 23—35.

Toth, S. L. , & Cicchetti, D. (1996). Patterns of relatedness, depressive symptomatology, and perceived competence in maltreated children. *Journal of Consulting & Clinical Psychology*, *64*(1), 32—41.

Trickett, P. K. , Mennen, F. E. , Kim, K. , & Sang, J. (2009). Emotional abuse in a sample of multiply maltreated, urban young adolescents: Issues of definition and identification. *Child abuse & neglect*, *33*(1), 27—35.

Trickett, P. K. , Noll, J. G. , & Putnam, F. W. (2011). The impact of sexual abuse on female development: Lessons from a multigenerational, longitudinal research study. *Development and psychopathology*, *23*(2), 453—476.

Trocmé, N. M. , Tourigny, M. , MacLaurin, B. , & Fallon, B. (2003). Major findings from the Canadian incidence study of reported child abuse and neglect. *Child Abuse & Neglect*, *27*(12), 1427—1439.

Van Beveren, M. L. , Harding, K. , Beyers, W. , & Braet, C. (2018). Don't worry, be happy: The role of positive emotionality and adaptive emotion regulation strategies for youth depressive symptoms. *British Journal of Clinical Psychology*, *57*(1), 18—41.

Van, W. M. , Mishna, F. , Trocmé, N. , & Fallon, B. (2017). Which maltreated children are at greatest risk of aggressive and criminal behavior? an examination of maltreatment dimensions and cumulative risk. *Child Abuse & Neglect*, 69, 49.

Veltman, M. W. M. , & Browne, K. D. . (2001). Three decades of child maltreatment research: implications for the school years. *Trauma, Violence, & Abuse*, *2*(3), 215—239.

Wang, H., Meng, H. Q., Chen, P. H., Du, L., Yong, N., & Zou, Z. L., et al. (2011). Epidemiological study of health-risky behaviors among 4—6 grade pupils in urban districts ofchongqing. *Journal of Chongqing Medical University*, *36*(6), 764—768.

Weiner, B. (1996). Judgments of responsibility: a foundation for a theory of social conduct. *Contemporary Psychology*, *20*(2), 447—448.

Weiss, B., Dodge, K. A., Bates, J. E., & Pettit, G. S. (1992). Some consequences of early harsh discipline: Child aggression and a maladaptive social information processing style. *Child development*, *63* (6), 1321—1335.

Whipple, E. E., & Websterstratton, C. (1991). The role of parental stress in physically abusive families. *Child Abuse & Neglect*, 15(3), 279—291.

Widom, C. S., & Wilson, H. W. (2015). Intergenerational transmission of violence. *In Violence and mental health (pp. 27—45)*. Springer, Dordrecht.

Willan JC. (1986). *Family voilence in forensic psychiatry and psychology*. PHILADELPHLA USA: Davis Company.

Williams, J. M. G., Barnhofer, T., Crane, C., Herman, D., Raes, F., Watkins, E., & Dalgleish, T. (2007). Autobiographical memory specificity and emotional disorder. *Psychological bulletin*, *133*(1), 122.

Wong, S. E., Morgan, C., Crowley, R., & Baker, J. N. (1996). Using a table game to teach social skills to adolescent psychiatric inpatients: Do the skills generalize?. *Child & family behavior therapy*, *18*(4), 1—17.

Xu, L., Liu, L., Li, Y., Liu, L., & Huntsinger, C. S. (2018). Parent-child relationships and Chinese children's social adaptations: Gender difference in parent-child dyads. *Personal Relationships*, *25*(4), 462—479.

Yates, T. M., Gregor, M. A., & Haviland, M. G. (2012). Child maltreatment, alexithymia,and problematic internet use in young adulthood. *Cyberpsychology,Behavior,and Social Networking*,*15*(4),219—225.

阿瑟. S. 波雷.(1996).心理学词典,上海译文出版社,第1版

安连超,耿艳萌,陈靖涵,李春梅,赫英娟.(2017).大学生共情与亲社会行为的关系.中国健康心理学杂志(9).

卜钰,陈丽华,郭海英,林丹华.(2017).情感虐待与儿童社交焦虑:基本心理需要和自尊的多重中介作用.中国临床心理学杂志,25(02):203—207.

陈晨.(2016).4—6年级小学生情感虐待与攻击性:心理韧性、同伴关系的中介调节作用.沈阳:沈阳师范大学,.

陈冲,洪月慧,杨思.(2010).应激性生活事件,自尊和抑郁在自杀意念形成中的作用.中国临床心理学杂志,18(2),190—191.

陈会昌.(1994).儿童社会性发展量表的编制与常模制订.心理发展与教育,10(4),52—63.

陈晶琦,韩萍,Dunne,M. P..(2004).892名卫校女生儿童期性虐待经历及其对心理健康的影响.中华儿科杂志,42(1),39—43.

陈晶琦,韩萍,连光利,Dunne,M. P..(2010).中国6省市2508名大学生儿童期性虐待经历回顾性调查.中华流行病学杂志,31(8),886—889.

陈晶琦,廖巍.(2005).中专学生童年期非接触性体罚经历及其对心理健康的影响.中国心理卫生杂志,19(4),243—246.

陈晶琦,徐韬,宫丽敏,王惠珊,焦富勇,潘建平等.(2014).中国儿童性虐待的流行病学研究现状:测量工具、流行现状及危险因素分析.中国妇幼卫生杂志(4),71—74.

陈晶琦.(2004).565名大学生儿童期性虐待经历回顾性调查.中华流行病学杂志,25(10),873—877.

陈晶琦.(2005).391名大学生儿童期躯体情感虐待经历及其对心理健康的影响.中国校医,19(4),341—344.

陈晶琦.(2006).小学生父母躯体虐待状况及其影响因素分析.中国学校卫

生,27(9),756—757.

陈晶琦.(2007).小学生父母对子女情感虐待及其影响因素研究.中国全科医学,10(5),399—401.

陈丽华,郭海英,朱倩,卜钰,林丹华.(2016).情感虐待与儿童抑郁症状:情绪调节策略的中介作用.中国临床心理学杂志(06),84—87+92.

陈领,孔晓明,张晓倩,洪虹,张楼凤.(2016).精神分裂症患者童年创伤经历和共情能力的相关性研究.齐齐哈尔医学院学报,37(28),3493—3496.

陈伟,陶瑞,包广亮,李守彦,李健.(2012).网络成瘾者情绪调节自我效能感的对照研究.中国健康心理学杂志,20(3),331—333.

陈欣银,李伯黍,李正云.(1995).中国儿童的亲子关系、社会行为及同伴接受性的研究.心理学报,27(3),329—336.

陈宇琪.(2017).初中生感恩,领悟社会支持与亲社会行为的关系研究(硕士学位论文,吉林大学).

陈孜,卢溪,何骢,陆阳,杨曦.(2012).早期留守经历对大学生人格的影响.中国健康心理学杂志,20(7).

程浩,刘爱书,吴晗菲.(2018).高中生心理虐待与孤独感及自我隐瞒的中介作用.中国心理卫生杂志,32(5),432—436.

程培霞,达朝锦,曹枫林,历萍,封丹珺,蒋陈君.(2010).农村留守与非留守儿童心理虐待与忽视及情绪和行为问题对比研究.中国临床心理学杂志,18(2),250—251

程绍珍,杨明,程麟.(2018).班级气氛对初中流动儿童社会文化适应的影响:心理资本的中介作用.黄河科技大学学报,(5),15.

党清秀,李英,张宝山.(2016).不同类型人际关系对青少年抑郁情绪的影响——自尊和性别的作用.中国临床心理学杂志,24(1),69—73.

邓敏,陈旭,张雪峰,马瑞瑾.(2010).留守初中生疏离感在应对方式与社会适应关系中的中介效应.中国学校卫生,31(10):1185—1187.

董方虹,曹枫林,郭邑霞,孔箴,李玉丽,程培霞,...& 陈倩倩.(2010).初中生心理虐待与忽视和网络成瘾的发生率及其关联分析.中国儿童保健杂志，*18*(10)，761—763.

窦凯，聂衍刚，王玉洁，黎建斌.(2012).青少年情绪调节自我效能感与心理健康的关系.中国学校卫生，(10)，49—51.

杜文冉，崔立华，焦颖华，任琦，薛玲，李林泉，庞淑兰.(2014).唐山市城区学龄前儿童忽视状况调查分析.中国儿童保健杂志，22(6)，633—635.

段宝军，张彦军.(2014).留守儿童自我意识在心理虐待与忽视和孤独感间的中介作用.中国学校卫生，35(10)，1551—1553.

段亚平，李长山，孙言平，孙殿凤.(2006).家庭环境与儿童期性虐待发生的单因素分析.中国学校卫生，27(2)，44—45.

方晓义，林丹华，孙莉，房超.(2004).亲子沟通类型与青少年社会适应的关系.心理发展与教育，20(1)，18—22.

凤尔翠，陶芳标，张洪波，王德斌，杨善发，苏普玉.(2003).农村儿童责打的频度和强度及其影响因素分析.中国儿童保健杂志(6)，380—382.

傅鹃花.(2016)服刑人员述情障碍与儿童虐待和应对方式的关系及干预研究.(博士学位论文，苏州大学).

高海燕，朱相华，陶敏，周勤，李娇.(2018).儿童期受虐待大学生的主观幸福感及其影响因素.中国健康心理学杂志，(8)，33.

高爽，张向葵，徐晓林.(2015).大学生自尊与心理健康的元分析——以中国大学生为样本.心理科学进展，23(9)，1499—1507.

宫翠风，王惠萍，尉秀峰，李涛，林聪聪，贾婧萍.(2016).童年期创伤性经历与青少年抑郁症的关系.中国健康心理学杂志，(7)，1076—1079.

龚沁宜，曹华.(2018).家庭教养方式对中学生社会问题解决技能的影响及自我效能感的作用机制.当代教育与文化，10(2)，25—30.

顾超美.(2012).安徽省某农村地区留守儿童虐待与忽视现状及其影响因素研究(硕士学位论文，安徽医科大学).

郭黎岩，陈晨.(2015).心理韧性在大学生儿童期性虐待与攻击性中介作用.中国公共卫生，31(11):1453—1456.

郭雯.(2014).农村留守儿童亲社会行为与社会支持研究(博士学位论文，贵阳：贵州师范大学).

郭邑霞.(2010).临沂市初中生网络成瘾与网络使用行为及心理虐待的关系.(Doctoral dissertation,山东大学).

郭嫄.(2018).社会支持与大学生亲社会行为的关系：人际信任的中介作用.河南社会科学,26,(06),112—116.

韩芳,秦明芳,马春明,潘建平,焦锋.(2015).403 名农村小学 9～ 11 岁学生忽视情况调查分析.中国儿童保健杂志,23(3),292—294.

韩雪,韩佃昌,刘晓然,陈英敏.(2016).初中生羞怯与学校适应：应对方式的中介作用.山东师范大学学报(自然科学版),(4),28.

何安明,惠秋平,刘华山.(2015).大学生社会支持与孤独感的关系：感恩的中介作用.中国临床心理学杂志,23(1),150—153.

何娟.(2018).瑞典家庭服务型的儿童保护研究(Master's thesis,山东大学).

何全敏,潘润德,孟宪璋.(2008).童年虐待和创伤经历与社交焦虑的关系.中国临床心理学杂志,(01):40—42.

侯舒艨,袁晓娇,刘杨,蔺秀云,方晓义.(2011).社会支持和歧视知觉对流动儿童孤独感的影响：一项追踪研究.心理发展与教育,27(4),401—411.

侯艳飞,赵静波,杨雪岭.(2011).大学生情感虐待与创伤后应激障碍,社会支持及应对方式的关系.现代预防医学,38(3),504—506.

胡春凤,李武.(2017).童年期受虐经历与躯体形式障碍患者认知情绪调节策略、述情障碍及抑郁的关系.临床精神医学杂志,27(02):95—97.

胡塔静,余婷婷,葛星,刘阳,张婉婉,汪耿夫等.(2012).抑郁症状在童年期反复虐待与初中生网络成瘾的中介作用.中国学校卫生,33(11),1376—1378.

胡月琴,甘怡群.(2008).青少年心理韧性量表的编制和效度验证.心理学报,40(8),902—912.

胡梓悦,李鹏声,郭蓝,潘丝媛,卢次勇.(2019).深圳市中学生儿童期虐待与抑郁症状关联.中国公共卫生,35(6),1—4.

黄莉,邓云龙.(2009).高职高专新生网络成瘾状况及其与儿童期心理虐待和忽视的关系. 中国临床心理学杂志,17(1),57—58.

黄庆玲,雍那,胡华,杨祥英,杜莲,蒙华庆.(2015).抑郁症患者应对方式与童年受虐经历的关系. 重庆医学,44(05):613—615.

黄群明,赵幸福,林汉民,刘永忠,尹祚平,周云飞.(2005).高中生应付方式与儿童期虐待的关系. 中国临床康复,(20):90—91.

纪红艳.(2010).应对方式与心理健康关系研究综述. 辽宁教育行政学院学报,27(1).

季善玲,王惠萍.(2018).童年创伤、生活事件与大学生抑郁情绪的关系——心理韧性的中介和调节作用. 四川精神卫生,31(05):411—415.

焦富勇.(2004).防止虐待忽视儿童的医学处理. 第四军医大学出版社.

金桂春,王有智.(2017).童年期心理虐待对攻击行为的影响:领悟社会支持和人格特征的多重中介作用. 中国临床心理学杂志,25(4),691—696.

金燕徽,余益兵.(2016).社会问题解决能力对社会适应的影响:对人格五因素的超越. 中国特殊教育,(12),11.

静进.(2003).要重视儿童虐待问题的预防与干预. 华南预防医学,29(4),1—3.

黎燕斌,藺秀云,侯香凝,方晓义,刘娅军.(2016).虐待与流动儿童对立违抗症状的关系:亲密度和冲突性的作用. 心理发展与教育,32(1):89—97.

李彪.(2005).新余市城市儿童虐待现状及影响因素分析. 中华全科医师杂志,04(8),502—503.

李成齐.(2008).儿童性侵害案件中司法访谈的现状及发展趋势. 中国特殊教育,2008(1),78—83.

李董平,何丹,陈武,鲍振宙,王艳辉,赵力燕.(2015).校园氛围与青少年问题行为的关系:同伴侵害的中介作用. 心理科学,38(4),896—904.

李和孺.(2016).儿童虐待与攻击性行为的关系:共情的中介作用(硕士学位论文,中南民族大学).

李红影,顾璇,汤建军,万宇辉,江亚婷.(2015).孤独感在中学生儿童期虐待与躯体亚健康的作用研究. 中国儿童保健杂志,23(1),24—27.

李洁,张亮超,董圣鸿,张惠.(2019).流动青少年学业自我效能感的团体干预效果研究.教育学术月刊,319(02),88—93.

李景壹,陈晶琦,张文静,赵晓侠,冯亚男.(2014).东北某城市1200名小学生家长对儿童情感忽视现状.中国学校卫生,35(8),1153—1155.

李丽,谢光荣.(2012).儿童性虐待认定及其存在的问题.中国特殊教育(5),18—23.

李然,梁利花,贾睿,周艳,孙春婷.(2017).郑州中学生自尊状况及其影响因素分析.中国公共卫生,33(2),221—224.

李思友.(2017).早期应激与大学生人格的相关性分析.临床合理用药杂志,10(11),128—129.

李婷.(2016).虐待对儿童亲社会行为的影响:移情的中介作用(硕士学位论文,中南民族大学).

李文钦.小学单亲儿童与双亲儿童行为困扰及生活适应之比较研究.(硕士学位论文,中国台湾屏东师范学院).

李武,胡春凤,李龙飞,张永强,李猛.(2018).单相与双相抑郁症患者童年虐待、认知偏差及认知情绪调节的比较.临床精神医学杂志,28(05):329—331.

李翔,朱相华,李娇.(2008).小学生的"小七"人格特点及其与受虐待经历的关系.中国健康心理学杂志,16(5),534—537.

李小青,郝晨蕊,高宜.(2017).心理虐待与忽视、道德推脱对青少年网络欺负行为的影响.第二十届全国心理学学术会议——心理学与国民心理健康.

李奕慧,刘小珍.(2016).中学生儿童期创伤与心理弹性的关系.湘南学院学报,37(04):103—107.

李赵洁,杨文娇,方芳,孔令敏.(2018).虐待对儿童学校适应的影响:同伴依恋的中介作用.第二十一届全国心理学学术会议摘要集.

李志敏,李超 ,刘文.(2015).基于亲子关系的儿童受心理虐待干预实验.中国心理学会发展心理专业委员会第十三届学术年会.

李卓阳,张野,张珊珊.(2018).童年期心理虐待忽视与中学生抑郁的关系.吉林省教育学院学报,v.34;No.452(08),27—29.

凌宇,杨娟,钟斌,章晨晨,姚树桥.(2009).童年创伤经历与自尊对青少年抑郁的影响.中国临床心理学杂志,17(1),54—56.

刘爱书,于锐.(2011).受虐待儿童的社会信息加工特点.中国心理卫生杂志,*25*(3),211—217.

刘春玲,张旭琪.(2008).论儿童忽视评估中的困难.青少年犯罪问题,27(4),76—79.

刘方,刘文,于腾旭.(2019).基于气质视角的情绪调节与儿童问题行为.心理科学进展,27(4),646—656.

刘浩浩.(2017).小学高年级儿童心理虐待和忽视对孤独感的影响(Master's thesis,山西师范大学).

刘娟娟.(2008).儿童虐待问题研究概述.青年研究,(2),36—39.

刘桥生,蔡太生,朱虹,申自力,罗兴伟.(2009).高中生儿童期心理虐待和忽视经历与自尊的关系.中国临床心理学杂志,17(3),357—358.

刘婉,万宇辉,陶芳标,郝加虎.(2017).社会支持在童年期虐待与青少年非自杀性自伤行为关联中的中介作用.中国心理卫生杂志,31(3),230—234.

刘文,刘方,陈亮.(2018).心理虐待对儿童认知情绪调节策略的影响:人格特质的中介作用.心理科学,41(1),64—70.

刘文,邹丽娜,姜波.(2009).中日儿童虐待状况的分析与比较.中国特殊教育,(9),87——91.

刘文,邹丽娜.(2006).124例儿童虐待案分析.中国心理卫生杂志,20(12),836—836.

刘文,刘方,陈亮.(2018).心理虐待对儿童认知情绪调节策略的影响:人格特质的中介作用.心理科学,41(01):64—70.

刘文,刘娟,张文心.(2014).受心理虐待儿童的心理弹性发展.学前教育研究,(03):43—49+57.

刘亚鹏.(2015).MAOA 和 5—HTT 基因多态性与父母养育对儿童社会适应的影响(博士学位论文,东南大学).

刘阳,葛星,胡塔静,张婉婉,余婷婷,王秀秀,等.(2013).童年期虐待经历与初中生孤独感的关系.中国校医,27(2),81.

柳娜,陈琛,曹玉萍,张亚林.(2015).家庭暴力严重躯体施暴行为的代际传递——目睹家庭暴力.中国临床心理学杂志,23(1),84—87.

柳娜,张亚林.(2012).家庭暴力施暴行为的代际传递.中华行为医学与脑科学杂志,21(11),1044—1045.

孟庆跃,刘兴柱,王峰.(1994).公众对严重侵犯儿童权利行为的认识.中国社会医学(1),15—17.

孟庆跃,刘兴柱,王健,黄思桂.(1994).父母忽视、训斥和体罚儿童的频度研究.中国社会医学,(2),44—46.

孟庆跃,王健.(1994).虐儿方式及其影响因素分析.中国社会医学,(1),32—34.

年晶.(2010).儿童忽视与社会行为、同伴接纳性的关系.(硕士学位论文,哈尔滨师范大学).

聂衍刚,丁莉.(2009).青少年的自我意识及其与社会适应行为的关系.心理发展与教育,25(2),47—54.

聂衍刚,林崇德,彭以松,丁莉,甘秀英.(2008).青少年社会适应行为的发展特点.心理学报,40(9),1013—1020.

聂衍刚.(2005).青少年社会适应行为及影响因素的研究.(博士学位论文,华南师范大学).

牛红峰,楼超华,高尔生,左霞云,冯永亮.(2010).1099 名大学生儿童期性虐待的调查与分析.生殖与避孕,30(1),40—45.

欧阳敏.(2013).受虐待经历、留守经历、依恋及农村高中生攻击行为的相关研究.(硕士学位论文,中南大学).

欧阳少维,郭跃平,李镔,梁金娇.(2018).正念干预对抑郁症病人刻板印象、自我效能感及抑郁情绪的影响.全科护理(11),1326—1329.

潘建平.(2007).儿童忽视的分类和表现以及预防工作进展.中国全科医学,10(3),189—191.

彭淋,张思恒,杨剑,李洋,叶云凤,董晓梅,王声芴.(2014).中国儿童期性虐待发生率的 Meta 分析.中华流行病学杂志,*34*(12),1245—1249.

蒲昭和.(2002)."儿童性虐待"的危害性及预防措施.医学与哲学(A),23(12),58—59.

漆光紫,李阳,廖建英,庞雅琴.(2015).少数民族偏远山区儿童虐待及受虐儿童社交焦虑分析.中国公共卫生,31(08),984—986.

齐先慧.(2017).父母教养行为与青少年学校适应:亲子依恋和自我表露的链式中介作用.(硕士学位论文,华南师范大学).

乔东平,谢倩雯.(2015).中西方中西方"儿童虐待"认识差异的逻辑根源.江苏社会科学(1),25—32.

乔东平.(2012).虐待儿童:全球性问题的中国式诠释.社会科学文献出版社.

申丹萍.(2016).家庭结构模式视角下农村儿童受虐的原因及对策研究(硕士学位论文,河南师范大学).

沈彩霞.(2018).青少年网络活动类型与心理社会适应.中国电化教育,383(12),23—29.

世界卫生组织.2017.2014 全球暴力预防状况报告.人民卫生出版社.

宋潮,董舒阳,徐鑫,王建平.(2018).自尊在同性恋者社会支持与孤独感关系中的中介作用.中国临床心理学杂志,v.26(02),196—199.

宋锐,刘爱书.(2013).儿童心理虐待与抑郁:自动思维的中介作用.心理科学,36(04):855—859

苏小路.(2011).儿童躯体虐待在家庭中的现况和预防.中国儿童保健杂志,19(10),918—920.

孙洪涛,赵丹,袁同春,陈利.(2010).大学生童年期性虐待及其与不良心理关系分析.中国学校卫生,31(11),1296—1298.

孙丽君,杜红芹,牛更枫,李俊一,胡祥恩.(2017).心理虐待与忽视对青少年攻击行为的影响:道德推脱的中介与调节作用.心理发展与教育,33

(01):65—75.

孙晓军.(2006).儿童社会行为、同伴关系、社交自我知觉与孤独感的关系研究.(硕士学位论文,华中师范大学).

孙言平,仇莉,孙殿风,衣明纪.(2006).家庭环境与男性儿童性虐待的相关性分析.中国儿童保健杂志,14(4),347—349.

孙言平,董兆举,衣明纪,孙殿风.(2006).1307名成年学生儿童期性虐待发生情况及其症状自评量表测试结果分析.中华儿科杂志,44(1),21—25.

汤冬玲,董妍,俞国良,文书锋.(2010).情绪调节自我效能感:一个新的研究主题.心理科学进展,18(4),598—604.

陶芳标,叶青,黄锟,孙莹,张承业,周雨生,& 苏普玉.(2006).青少年童年期反复身体和情感虐待经历及其相关因素研究.中國學校衛生,*27*(4),310—314.

滕艳霞.(2012).儿童心理虐待对中小学生应对方式及情绪行为问题的影响.(Doctoral dissertation,中南大学).

田维.(2009).移情训练对留守小学儿童攻击行为影响的实验研究.(硕士学位论文,西南大学).

田志鹏,刘爱书,李静.(2017).大学生公正世界信念与自尊在儿童期虐待与主观幸福感关系中的中介作用.中国心理卫生杂志,31(4),312—318.

童小军.(2012).儿童福利主任实务手册,中国儿童福利示范区(新疆)项目报告.

王大华,翟晓艳,辛涛.(2009).儿童虐待的界定和风险因素.中国特殊教育,(10),78—85.

王芳丽.(2014).受家庭暴力侵害的儿童保护问题研究.(硕士学位论文,西南政法大学).

王付曼,陈晶琦,肖晚晴,马亚婷,张曼.(2011).河南某县城小学生同伴暴力及其与亲子关系的关联.中国学校卫生,32(5),584—585.

王红彬.(2018).童年创伤经历和大学女生心理健康的关系:心理韧性的中介作用.吉林省教育学院学报,34(09):117—120.

王慧.(2015).儿童虐待国家干预制度比较研究.(博士学位论文,武汉大学).

王慧玲.(2014).童年心理虐待和忽视经历、述情障碍对大学生手机成瘾倾向的影响.(硕士学位论文,华中师范大学).

王丽萍,曾祥岚.(2015).宁夏生态移民社会适应与心理健康现状调查——以杨显村等10个移民点为例.宁夏社会科学,(3),60—64.

王美萍,张文新.(2010).Comt 基因多态性与攻击行为的关系.心理科学进展,18(8),1256—1262.

王美萍.(2010).亲子关系与青少年社会适应的联系:遗传与环境的影响.(博士学位论文,山东师范大学).

王湃,刘爱书.(2017).童年期心理虐待对抑郁的影响:认知灵活性的中介作用.中国特殊教育,(03):84—90.

王倩.(2015).儿童虐待研究述评.中国特殊教育.129(5),74—79.

王庆雄(综述),静进(审校).(2006).儿童虐待对健康和行为的影响及其机制.中国儿童保健杂志,(1),66—68.

王水珍,刘成斌.(2003).精神虐待:学校教育中的阴影.中国青年研究,(5),50—53.

王鑫强,霍俊妤,张大均,刘培杰.(2018).农村留守与非留守儿童的心理健康、虐待经历比较及其关系研究——基于两维四象心理健康结构的分析与对策建议.中国特殊教育,(01),58—64.

王秀珍,郑直,唐玉和,杨海英,王建文.(2006).10～11岁儿童行为问题与个性、父母养育方式的相关性研究.中华行为医学与脑科学杂志,15(12),1114—1116.

王雪,张蕾,汪凯,蔡翥.(2017).童年期心理创伤对抑郁症患者情绪调节策略、述情障碍的影响.安徽医科大学学报(10),136—139.

王莹,杨建立,焦清艳.(2015).儿童期虐待对伴焦虑的抑郁障碍患者临床症状及个性特征的影响.中华行为医学与脑科学杂志,24(5),451—454.

王永红,陈晶琦.(2012).1762名大专学生童年期虐待经历及影响因素分析.现代预防医学,39(18),4654—4656.

王桢,陈雪峰,时勘.(2006).大学生应对方式、社会支持与心理健康的关系.中国临床心理学杂志,(04):378—380.

魏贤玉,朱相华,李娇,杨永杰,田玉湘.(2007).儿童期虐待对小学生社会能力的影响.中国健康心理学杂志,15(3),208—210.

席居哲.(2006).基于社会认知的儿童心理弹性研究.(博士学位论文,华东师范大学).

肖晚晴,陈晶琦.(2011).560名幼儿家长对子女躯体暴力调查.中国儿童保健杂志,19(3),230—232.

肖长根,唐秋萍,邓云龙,潘辰,袁秀洪.心理虐待与忽视对儿童自我意识的影响.中国行为医学科学2007,16(12):1118—1119.

谢玲平,邹维兴,张翔.(2014).留守初中生应对方式在自我效能感与社会适应间的中介作用.中国学校卫生,35(10):1458—1461.

谢敏芳,黄徐婧,李黎,高奇扬.(2018).流动儿童自我概念、社会支持与学校适应性的关系研究.教育生物学杂志,6(03),28—33.

徐汉明,刘安求.(2002).儿童期性虐待对受害者心理的远期影响.国际精神病学杂志(1),37—41.

徐凯文,王雨吟,李松蔚,曹广健,官锐园,刘忠兆,等.(2010).心理创伤、共情缺陷与反社会人格障碍.神经损伤与功能重建,05(4),253—258.

徐希铮.(2014).家庭暴力中受虐儿童心理研究评述.湖南警察学院学报,(5),21—26.

许成岗,焦志安,曹文胜,于宏华.(2007).抑郁障碍与童年期被虐待经历的关系.精神医学杂志,20(3),25—27.

阳红.(2015).大学生的心理弹性:压力事件、自我差异、社会支持、积极应对方式及学校适应的关系研究.(硕士学位论文,西南大学).

杨蓓,张会会,郭春红,曹枫林.(2018).儿童期创伤与其后大学生应对方式、负性情绪的观察分析.山东大学学报(医学版),(2),68—73.

杨林胜,赵淑英,尹逊强,黄涛.(2004).家庭中儿童躯体虐待及影响因素分析.实用预防医学,11(2),242—244.

杨明.(2018).流动儿童积极心理品质对社会文化适应影响调查分析.中原工学院学报,29(05),53—56.

杨琴.(2012).留守经历大学生心理韧性、自立人格及其与心理健康的关系.中华行为医学与脑科学杂志,21(3),268—271.

杨世昌,杜爱玲,张亚林.(2007).国内儿童受虐状况研究.中国临床心理学杂志,15(5),552—554.

杨世昌,姚桂英,杜巍,高红丽,马仁娥,闫春平.(2011).大学生抑郁情绪与儿童期躯体虐待个性特征及应对方式.中国学校卫生,32(8),961—962.

杨世昌,张亚林,曹玉萍,王国强,郭果毅,黄国平.(2006).家庭暴力中对儿童施暴者心理卫生及生活事件状况初探.中国临床心理学杂志,14(2),178—179.

杨世昌,张亚林,郭果毅,黄国平.(2003).受虐儿童的父母养育方式探讨.中华实用儿科临床杂志,18(1),16—17.

杨世昌,张亚林,黄国平,郭果毅.(2004).儿童受虐方式的研究.中国临床心理学杂志,12(2),140—141.

杨世昌,张亚林.(2004).儿童虐待与精神卫生.临床心身疾病杂志,10(4),303—304.

杨世昌.(2006).儿童受虐量表、儿童被忽视量表的编制及信度效度研究.(博士学位论文,中南大学).

杨志超.(2014).美国儿童保护强制报告制度及其对我国的启示.重庆社会科学,(7),54—60.

杨子尼,丁宗一.(2003).儿童虐待与忽视问题的国际研究进展.中国妇幼健康研究,14(3),188—191.

叶盈.(2014).小学留守儿童社会支持与亲社会倾向的关系研究.中国儿童保健杂志,(7),696—698.

于晓明.(2011).提高情绪调节能力对中专新生攻击性的影响的干预研究.(硕士学位论文,云南师范大学).

于增艳.(2015).儿童期心理虐待消极影响的认知神经作用机制研究进展.中

国儿童保健杂志，23(9)，950—952.
余晓敏.(2010).小学生行为问题及影响因素研究.(硕士学位论文，华中科技大学).
俞国良，辛自强.(2004).社会性发展心理学.安徽教育出版社.
俞宁.(2012).被忽视的忽视——农村留守儿童被忽视问题研究.华东理工大学学报(社会科学版)，27(2)，17—23.
俞晓歆.(2005).暴力攻击型未成年犯高级情感培养的团体训练研究.(硕士学位论文，华东师范大学).
袁会，杜洋，李慧，马莉莉，季益富.(2019).童年虐待及应对方式与强迫症的关联研究.医学信息，32(03)，89—92.
袁姗姗，向晶晶，吴春侠，郝文，张艳梅，余毅震.(2018).躯体虐待与农村4～6年级小学生攻击行为关系.卫生研究，47(05)，756—762.
詹志禹.(1987).年级，性别角色，人情取向与同理心的关系.(硕士学位论文，中国台湾政治大学教育研究所).
张春兴.(1992).张氏心理学辞典.上海辞书出版社.
张东枚，郑海英，邹宇华.(2006).广州市3～6岁儿童忽视状况及其影响因素.中国学校卫生，27(11)，947—948.
张光珍，王娟娟，梁宗保，邓慧华.(2017).初中生心理弹性与学校适应的关系.心理发展与教育，33(01)，11—20.
张慧会，张亮.(2018).早期应激对情绪调节的影响及其神经机制.心理科学进展，26(07)，1193—1203.
张梦园，曹运华，王明辉.(2018).初中生同伴依恋与社会适应研究.中小学心理健康教育，(33)，8—11.
张敏，王礼桂，邢艳菲.(2007).中学生儿童期虐待相关因素及心理影响研究.中国儿童保健杂志，15(1)，30—31.
张敏.(2007).儿童虐待的相关因素及对心理行为的影响研究.(硕士学位论文，华中科技大学).
张倩.(2017).父母心理控制，幼儿情绪调节与社交退缩的关系(硕士学位论文，山东师范大学）.

张珊珊，张野，金芳.（2018）.童年期心理虐待和忽视与大学生自伤行为：社会支持的中介作用.现代预防医学，(5)，16.

张田.（2018）.高中生情绪调节自我效能感与应对方式关系及其干预研究（硕士学位论文，河北师范大学）.

张婉婉，刘阳，余婷婷，胡塔静，葛星，汪耿夫等.（2013）.童年期虐待与初中生抑郁症状关系.中国公共卫生，29(8)，1165—1168.

张文心，刘文.（2014）.心理虐待对儿童发展影响研究述评.社会心理科学，(1)，19—22.

张雪琪，张大均，聂倩，陆星月.（2019）.4～6年级小学生心理素质与孤独感的关系：领悟社会支持的中介作用.教育科学论坛，(13)，75—77.

张艳敏，赵艳.（2019）.3—6岁儿童虐待及家庭干预研究.广西师范学院学报（哲学社会科学版），40(1)，13—21.

张迎黎，杨峘，梁炜，张亚林，杨世昌.（2011）.儿童期虐待、亲子依恋与青少年抑郁的关系（英文）.实用儿科临床杂志，(6)，460—463.

张月荣.（2018）.高一学生情绪调节自我效能感干预课程研究.（硕士学位论文，沈阳师范大学）.

赵丹，李丽萍.（2006）.某医科院校485名大学生儿童期虐待经历的调查.中华疾病控制杂志，10(2)，154—157.

赵晓侠，陈晶琦，冯亚男，金怡晨，刘成凤，于卜一.（2015）.山东省某农村地区小学生行为问题现况调查及影响因素研究.中国儿童保健杂志，23(5)，522—525.

赵幸福，张亚林，李龙飞，周云飞，李鹤展，杨世昌.（2005）.中文版儿童期虐待问卷的信度和效度.中国临床康复，9(20)，105—107.

赵幸福，张亚林，李龙飞.（2004）.435名儿童的儿童期虐待问卷调查.中国临床心理学杂志，12(4)，377—379.

郑信军.（2006）.国外儿童虐待的心理学研究述评.中国特殊教育，(11)，89—95.

钟康安，梁东，曾艳群，莫恭玮.（1997）.受虐儿童及青少年法医学鉴定92例分析.证据科学，(2)，54—56.

周成超，王建新，宋晓飞，孙辉，王兴洲，等.（2006）.威海市居民儿童虐待认知程度及其影响因素分析.中国学校卫生，27(7)，587—589.

周浩，龙立荣.（2004）.共同方法偏差的统计检验与控制方法.心理科学进展，12(6)，942—942.

周永红.（2016）.儿童虐待经历与研究生主观幸福感的关系：应对方式的中介作用.中国临床心理学杂志，24(03)：509—513.

朱相华，李娇，梁光利，魏贤玉.（2006）.儿童期受虐待中专学生的心身症状与述情障碍.中国心理卫生杂志，20(10)，643—646.

朱相华，李娇，乔娟，王成东，梁光利，耿德勤.（2012）.儿童期受虐待医学生的不安全感心理特点.中国健康心理学杂志，20(11)，1707—1710.

朱相华，李娇，陶敏，杨永杰，乔娟，田玉湘.（2007）.儿童虐待对小学生行为问题的影响.中国行为医学科学，16(2)，143—145.

朱相华，魏贤玉，王成东，李娇.（2006）.儿童期虐待对中专学生的心理健康状况及社交功能的影响.中国行为医学科学，15(5)，407—408.

朱相华，魏贤玉，王成东，李娇.（2006）.儿童期虐待对中专学生的心理健康状况及社交功能的影响.中国行为医学科学，15(5).

朱相华，杨永杰，李娇，龚广厚，刘华，陶敏.（2007）.受虐待小学生自我概念的发展特点及与虐待经历的关系.中华行为医学与脑科学杂志，16(1)，62—64.

朱智贤.（1989）.心理学大辞典.北京师范大学出版社.

禚振华.（2012）.MAOA—VNTR多态性对虐待经历与攻击行为、冲动行为、违纪行为关系的调节作用.（博士学位论文，中南大学）.

邹枫，李昊，王金祥，高红丽，闫春平，杨世昌.（2012）.工读学校男生攻击行为与儿童期受虐及养育方式的关系.中国学校卫生，33(9)，1077—1079.

邹志礼，蒙华庆，胡华，王慧，李明高，梁华平等.（2012）.青少年罪犯孤独感与社会支持及童年受虐关系.中国公共卫生，28(2)，238—239.

附录一　调查所用问卷

人口学变量问卷：

1. 性别：_____；　年龄：_____；年级(班)：_____；　民族：_____；
   姓名：__________
2. 是否为独生子女：
   ① 是　　② 否
3. 我的家庭所在地：
   ① 城市　　② 乡镇　　③ 农村
4. 我家的经济水平在当地：
   ① 非常不好　　② 不太好　　③ 一般
   ④ 比较好　　⑤ 非常好
5. 我的家庭情况：
   ① 单亲　　② 与父母共同生活
   ③ 与父母之外的亲人生活　　④ 其他
6. 我父亲的职业：____；我母亲的职业：____(请分别从"①—⑤"中进行选择)
   ① 一般管理人员与一般专业技术人员、事务性工作人员，如售货员、司机；

② 体力劳动工人和个体经营人员、技术工及同级工作者，如建筑工人、个体营业者或相关人员；

③ 中层管理人员与专门从事各种专业性工作和科学技术工作的人员，如教师、医生、技师；

④ 临时工、失业、待业人员、非技术及农业劳动者阶层，如农民；

⑤ 高级管理与专业技术人员、行使实际行政管理权的领导干部，如公务员、公司经理、工头；

7. 我父亲的文化程度：____；我母亲文化程度：____（请分别从“①—⑥”中进行选择）

① 没有上过学　②小学　③初中　④高中/中专　⑤大学（专科/本科）　⑥研究生

8. 平时主要是由____照顾我的生活起居和学习：

①父亲或母亲；②祖父母/外祖父母；③舅舅/叔伯/姑姨；④其他____

9. 我的家庭氛围：①经常吵架　②偶尔吵架　③和睦相处

儿童虐待问卷：

【指导语】本问卷调查的是您16岁以前的成长经历。请根据您当时的体会从“从来没有这种现象、偶尔、有时、经常、总是”五个选项中选出最适合您情况的答案，如果您不是很清楚，请尽量估计。

1. 当时家里没人关心我的饥饱。
2. 当时有人照顾我、保护我。
3. 当时家里有人喊我“笨蛋”、“懒虫”或“丑八怪”等。
4. 当时我的父母因为酗酒、吸毒或赌博而不能照顾家庭。
5. 当时家里有人重视我。
6. 当时家里没人管我衣着冷暖。

7. 当时我感到家里人爱我。

8. 当时我觉得父母希望从来没有生过我。

9. 当时家里有人把我打伤的很重,不得不去医院。

10. 当时我家的状况需要改善。

11. 当时家里有人打得我皮肤青紫或留下伤痕。

12. 当时家里有人用皮带、绳子、木板或其他硬东西惩罚我。

13. 当时家里人彼此互相关心。

14. 当时家里有人向我说过侮辱性或让我伤心的话。

15. 我当时受到了躯体虐待。

16. 我觉得我的童年比任何人的都完美。

17. 当时我被打得很重,引起了老师、邻居或医生等人的注意。

18. 当时我觉得家里有人恨我。

19. 当时家里人关系很亲密。

20. 当时有人以带有性色彩的方式触摸我或让我触摸他/她。

21. 当时有人威胁让我同他/她做性方面的事。

22. 我觉得当时我的家好得不能再好了。

23. 当时有人试图让我做或者看性方面的事。

24. 当时有人猥亵我,如要流氓、动手动脚等。

25. 当时我的心灵受到了折磨或虐待。

26. 当时有人关心我的身体健康。

27. 我当时受到了性虐待。

28. 当时家是我获得力量和支持的源泉。

儿童抑郁量表(CDI):

【指导语】根据你最近两周的实际感觉,选择最符合你情况的选项。

1. ① 我偶尔感到不高兴。② 我经常感到不高兴。③我总是感到不高兴。

2. ① 我不能解决任何问题。② 我能解决遇到的部分问题。③我能解决遇到的任何问题。

3. ① 我做任何事情都不会出错。② 我做事情偶尔出错。③我做事情经常出错。

4. ① 我做许多事情都有乐趣。② 我做事情偶尔有乐趣。③我做任何事情都没有乐趣。

5. ① 我的表现一直都像个坏孩子。② 我的表现经常像个坏孩子。③我的表现偶尔像个坏孩子。

6. ① 我偶尔担心不好事情发生。② 我经常担心不好事情发生。③我总是担心不好事情发生。

7. ① 我恨我自己。② 我不喜欢我自己。③我喜欢我自己。

8. ① 所有不好事情都是我的错。② 许多不好的事情都是我的错。③少数不好的事情是我的错。

9. ① 我没有自杀想法。② 我想过自杀但我不会去做。③我可能会自杀。

10. ① 我每天都感觉想哭。② 我经常感觉想哭。③我偶尔感觉想哭。

11. ① 总是有事情干扰我。② 经常有事情干扰我。③偶尔有事情干扰我。

12. ① 我喜欢和别人在一起。② 我经常不喜欢和别人在一起。③我总是不喜欢和别人在一起。

13. ① 我遇到事情总是拿不定主意。② 我遇到事情经常拿不定主意。③我遇到事情很容易拿定主意。

14. ① 我长得很好看。② 我在长相上有些不如意。③我长得很丑。

15. ① 我总是强迫自己去做作业。② 我经常强迫自己去做作业。③我很容易完成作业。
16. ① 我每天晚上很难睡着觉。② 我经常晚上睡不着觉。③我睡觉很好。
17. ① 我偶尔感到疲倦。② 我经常感到疲倦。③我总是感到疲倦。
18. ① 我总是感到不想吃东西。② 我经常感到不想吃东西。③我胃口很好。
19. ① 我不担心身体会疼痛。② 我经常担心身体会疼痛。③我总是担心身体会疼痛。
20. ① 我感到不孤独。② 我经常感到孤独。③我总是感到孤独。
21. ① 我总是感到上学没有趣。② 我偶尔感到上学有趣。③我经常感到上学有趣。
22. ① 我有许多朋友。② 我有一些朋友,但是我希望有更多朋友。③我没有任何朋友。
23. ① 我在学校的学习还不错。② 我的学习比以前稍差。③我以前很好的功课现在很差。
24. ① 我永远也不会像其他孩子那样棒。② 如果我努力,我会像其他孩子一样棒。③我像其他孩子一样棒。
25. ① 没有人真正地爱我。② 我不能确定有人爱我。③我确定有人爱我。
26. ① 别人要我做的事,我通常会做。② 别人要我做的事,我有时做。③别人要我做的事,我从来不做。
27. ① 我和别人相处很好。② 我有时和别人打架。③我经常和别人打架。

心理韧性量表：

【指导语】请你根据自己在面临这些挫折和逆境时的实际情况，其中 1 代表“完全不符合”、2 代表“比较不符合”、3 代表“不能确定”、4 代表“比较符合”、5 代表“完全符合”，请写出最符合您实际情况的数字，以标明您对该句话的同意程度。

1. 失败总是让我感到气馁。
2. 我很难控制自己的不愉快情绪。
3. 我的生活有明确的目标。
4. 经历挫折后我一般会更加成熟有经验。
5. 失败和挫折会让我怀疑自己的能力。
6. 当我遇到不愉快的事情时，总找不到合适的倾诉对象。
7. 我有一个同龄朋友，可以把我的困难讲给他/她听。
8. 父母很尊重我的意见。
9. 当我遇到困难需要帮助时，我不知道该去找谁。
10. 我觉得与结果相比，事情的过程更能够帮助人成长。
11. 面临困难，我一般会定一个计划和解决方案。
12. 我习惯把事情憋在心里而不是向人倾诉。
13. 我认为逆境对人有激励作用。
14. 逆境有时候是对成长的一种帮助。
15. 父母总是喜欢干涉我的想法。
16. 在家里，我说什么总是没人听。
17. 父母对我缺乏信心和精神上的支持。
18. 我有困难的时候会主动找别人倾诉。
19. 父母从来不苛责我。
20. 面对困难时，我会集中自己的全部精力。
21. 我一般要过很久才能忘记不愉快的事情。

22. 父母总是鼓励我全力以赴。
23. 我能够很好的在短时间内调整情绪。
24. 我会为自己设定目标,以推动自己前进。
25. 我觉得任何事情都有其积极的一面。
26. 心情不好也不愿意跟别人说。
27. 我情绪波动很大,容易大起大落。

认知性情绪调节问卷(CERQ-C):

【指导语】以下句子是人们对自己情绪的描述,请阅读每个句子,看看日常生活中您出现这些情况的频率。其中 1 代表“从不”、2 代表“几乎不”、3 代表“有时”、4 代表“几乎总是”、5 代表“总是”,请写出最符合您实际情况的数字。

1. 我感到我应该被责备。
2. 我觉得我应该对发生过的事情负责。
3. 我想我在这种情况下的错误是我造成。
4. 我想事情的基本的原因在我自己。
5. 我想我必须接受已经发生的事。
6. 我想我必须接受这种状况。
7. 我想我不能为此改变任何事。
8. 我想我必须学会去接受它。
9. 我常常回想对我已经经历的事是怎样的感觉。
10. 我沉迷于我已经经历的事的感觉和想法。
11. 我想弄明白为什么会对我经历的事有样的感觉。
12. 我沉浸在这件事所唤起的感觉。
13. 我去想比我经历过的更好的事。
14. 我去想那些与现在事情无关的愉快的事。

15. 我去想某些好事而不是所发生的事。
16. 我去想愉快的经历。
17. 我想我怎样才能做到最好。
18. 我在想我能怎样最好的应对这些情况。
19. 我在想怎样去改变这种情况。
20. 我在想一个我怎样能做得最好的计划。
21. 我想我能从这些事情中学到一些东西。
22. 我想所发生的事情能让我成为更强的人。
23. 我想这种情况也有积极的一面。
24. 我寻找事情中的积极方面。
25. 我想所有的事会变得更坏。
26. 我想别人有更坏的经历。
27. 我想和其他事情相比,这还不是太坏。
28. 我告诉自己生命中有更坏的事情。
29. 我常常想我经历的事情比别人经历的更糟糕。
30. 我不断地想我经历的事情是多么的可怕。
31. 我常想我所经历的是可以发生在一个人身上最坏的事。
32. 我不断的想这个事情是多么的可怕啊。
33. 我感到别人应该为此被责备。
34. 我感到别人应对发生的事情负责任。
35. 我想这些错误是别人造成的。
36. 我感到事情发生的根本原因在别人身上。

青少年社交焦虑量表:

【指导语】以下是一些有关您通常感受的表述,其中 1 代表“完全不符合”、2 代表“比较不符合”、3 代表“不能确定”、4 代表“比较符合”、5 代表“完全符合”,请选择最符合您实际情况的数字。

1. 我在别人面前做自己不熟悉的事情时会感到焦虑。
2. 我害怕被别人耻笑打趣。
3. 当我处于陌生人中间时,我会很害羞。
4. 我只和我很熟悉的人交谈。
5. 我感觉别人在背后谈论我。
6. 我担心别人会怎么看我。
7. 我害怕别人会不喜欢我。
8. 当和不熟悉的同龄人交谈时我会很紧张。
9. 我总担心别人会怎么评论我。
10. 当我认识新朋友时总会很紧张。
11. 我担心别人不喜欢我。
12. 与一群人在一起时我总是保持沉默。
13. 我总觉得别人在取笑我。
14. 我认为如果我和别人争执的话,别人会不喜欢我。
15. 我会因为害怕被拒绝而不愿意邀请别人同我一起做事。
16. 同某些人在一起时,我会感到紧张。
17. 即使与很熟悉的人在一起,我也会感到害羞。
18. 对我来说,邀请别人同我一起做事太难了。

简易应对方式问卷

【指导语】以下列出的是当你在生活中经受到挫折打击,或遇到困难时可能采取的态度或做法。其中 1 代表“不采取”、2 代表“偶尔采取”、3 代表“有时采取”、4 代表“经常采取”,请选择最符合您的数字,以标明您对该句话的同意程度。

1. 通过工作学习或其他一些活动解脱。

2. 与人交谈，倾诉内心烦恼。
3. 尽量看到事物好的一面。
4. 改变自己的想法，重新发现生活中什么重要。
5. 不把问题看得太严重。
6. 坚持自己的立场，为自己想得到的斗争。
7. 找出几种不同的解决问题的方法。
8. 向亲戚朋友或同学寻求建议。
9. 改变原有的做法或自己的一些问题
10. 借鉴他人处理类似困难情景的办法。
11. 寻求业余爱好，积极参加文体活动。
12. 尽量克制自己的失望，悔恨，悲伤和愤怒。
13. 试图休息或休假，暂时把问题烦恼抛开。
14. 通过吸烟喝酒服药和吃东西来解除烦恼
15. 认为时间会改变现状，唯一要做的是等待。
16. 试图忘记整个事情。
17. 依靠别人解决问题。
18. 接受现实，因为没有其他解决办法。
19. 幻想可能会发生某种奇迹来改变现状。
20. 自己安慰自己。

生活适应问卷：

【指导语】每个题目后面都有四个选项，其中 1 代表“非常不符合”、2 代表“比较不符合”、3 代表“比较符合”、4 代表“非常符合”，请选择最符合您实际情况的数字。

1. 我能控制自己的情绪不乱发脾气。
2. 遇到困难挫折，我会想办法解决。

3. 我时常能够使别人感到快乐。
4. 我能对自己的生活作息做好详细的计划。
5. 我认为我的身体很健康,做事很有精神。
6. 我经常保持愉快的精神。
7. 不管做任何事情,我都会认真去做。
8. 我一回家就会把家庭作业写完。
9. 玩游戏时,我会尽情地玩;做功课时,我会认真地去做。
10. 父母都会很公平地对待家里的小孩。
11. 我会主动地关心我的家人。
12. 我对我们家的家庭气氛感到满意。
13. 我经常和父母一起聊天说话。
14. 我觉得父母很爱我。
15. 父母时常会接受我所提出的建议。
16. 我觉得家里每个人都很关心我。
17. 我在学校时,非常认真地学习。
18. 我很喜欢到学校上课。
19. 我觉得老师对我们很亲切、和蔼。
20. 遇到困难时,我会找老师帮忙解决。
21. 老师经常因为我表现得很好而赞美我
22. 我觉得老师就像朋友一样对待我。
23. 我经常和同学一起讨论功课,一起玩。
24. 同学遇到伤心的事情,我会去安慰他/她。
25. 我和班上的同学相处得非常愉快
26. 我有心事时,会说给同学听。
27. 我很喜欢结交朋友。

攻击性行为量表:

【指导语】以下是一些句子,这些句子描述的内容可能像您,也可能不像您。请衡量一下,看看每个句子在多大程度上描述了您。其中1代表“完全不符合”、2代表“比较不符合”、3代表“一般”、4代表“比较符合”、5代表“完全符合”,请选择最符合您的数字,以标明您对该句话的同意程度。

1. 我的一些朋友认为我有点喜欢争吵。
2. 如果运用暴力能够保卫我的财物,我会这样做。
3. 我觉得这个世界上没有真心对我好的人。
4. 如果我不喜欢某人,我会在背后说他/她坏话。
5. 我很生气的时候,会扔东西或踢东西发泄。
6. 当我和人们意见不和时,我会忍不住和他们争论。
7. 我有时觉得自己很倒霉。
8. 偶尔我会产生难以控制的想要揍某一个人的念头。
9. 我是一个脾气平和的人。
10. 我经常觉得有人在背后取笑我。
11. 如果别人惹火了我,我想我会威胁说要做伤害她/她的事。
12. 我非常容易发火但也很容易平静下。
13. 别人惹了我,我觉得只要有机会就会报复。
14. 当人们令我烦恼时,我会告诉他们我对他们的想法。
15. 我觉得自己时常无缘无故受到惩罚。
16. 我有时会疯狂地破坏物品。
17. 我觉得命运对我不公平。
18. 我难于控制自己的脾气。
19. 当我受到挫折时,我会让自己的愤怒表现出来。
20. 有时我感到人们在我背后笑话我。

21. 我经常感到自己和人们意见不和。
22. 如果某人打我,我也会打他。
23. 有时我就象一个随时都要爆炸的火药桶一样。
24. 我不明白为什么别人的运气总是那么好。
25. 如果有人用力推我,我们会打起来。
26. 我总觉得有人想跟我作对。
27. 我的朋友们说我有点儿好与人辩论。
28. 有时我会无缘无故的发火。
29. 有时我真想和别人打架。

道德推脱问卷:

【指导语】以下是一些句子,这些句子描述的内容可能像您,也可能不像您。请衡量一下,看看每个句子在多大程度上描述了您。其中1代表"不符合"、2代表"比较不符合"、3代表"一般"、4代表"比较符合"、5代表"符合",请选择最符合您的数字,以标明您对该句话的同意程度。

1. 为了保护朋友而打架也是可以的。
2. 推搡或挤撞同学仅仅是开玩笑而已。
3. 与打人相比,损害些东西并不是什么大不了的事。
4. 如果一个孩子所在的集体犯了错,他(她)不该受到责罚。
5. 对于生活在恶劣环境下的孩子,我们不能责备他(她)的行为粗鲁。
6. 撒个小谎也没问题,因为小谎不会真正地伤害任何人。
7. 有些人就应该像对待畜生一样被对待。
8. 如果学生们在学校捣乱,那么都是他们老师的错。
9. 可以打那些辱骂你家人的家伙。

10. 打那些令大家讨厌的同学只算是给他们的“一个教训”。
11. 与那些大盗贼相比，偷一点小钱算不上什么严重的事情。
12. 一个仅仅教唆他人违反纪律的孩子，不该因为他人听从了教唆而受到指责。
13. 如果孩子们没有经过纪律训练，那么他们的违纪行为就不应该受到责罚。
14. 同学们不会介意被取笑，因为这说明别人对他们感兴趣。
15. 可以不好好对待那些行为龌龊的人。
16. 如果一个人乱放东西，那么东西被偷只能怪他(她)自己。
17. 当你们的集体荣誉受到威胁时，动用武力也是可以的。
18. 未经朋友允许而使用他的自行车只不过算是“借用”
19. 与打同学相比，辱骂同学就不是什么大事了。
20. 如果一个团队集体决定做坏事，那么指责他们中任何单个孩子是不公平的。
21. 当大家都说脏话时，孩子们再说脏话就不应受到责罚。
22. 取笑某人并不会真正伤害到他。
23. 那些惹人讨厌的人不值得大家把他当人对待。
24. 受虐待的孩子通常是由于他做了让别人这样对待他的事。
25. 为了让朋友摆脱困境，可以去说谎。
26. 偶尔放纵一下(如做一些出格、违纪的事)也没关系。
27. 与其他违法的事情相比，从商店拿东西而不付账并不是什么严重的事。
28. 一伙孩子做了坏事，仅起次要作用的孩子不该受到指责。
29. 若一个人因朋友的强迫而做了坏事，那他就不该受到指责。
30. 同学们之间的侮辱不会真正地伤害到其中任何人。
31. 可以粗鲁地对待那些不容易受到伤害的人。

32. 若孩子因父母的强迫而做了坏事，那么他（她）就不应该为此承担责任

校园氛围量表：

【指导语】请根据您在学校的感受与以下描述的情况的相符程度用右边的标准评定。从1到4表示您的感受与所描述情况相符程度依次增强。其中1代表“十分不同意”、2代表“不同意”、3代表“同意”、4代表“十分同意”，请选择最符合您的数字。

1. 老师关心他们的学生。
2. 老师倾听学生的疑惑和困难。
3. 在学校里工作的成人们关心学生。
4. 老师们喜欢他们的同学。
5. 学生们彼此友好。
6. 学生之间互相关心。
7. 学生们交往时互相尊重。
8. 学生们相处和睦。
9. 老师对所有的学生都给予同样的尊重。
10. 不同背景的学生得到学校里成人们同样的关心。
11. 老师无差别的对待不同背景的学生。
12. 大部分学生（在学习、活动等中）尽力以达到最佳。
13. 大部分学生遵守校规。
14. 大部分学生上交家庭作业。
15. 大部分学生努力学习以取得好成绩。
16. 这所学校的校规很明确的传达给了学生。
17. 学生们知道他们在学校里应该做些什么。
18. 学生们了解学校的规章制度。

19. 关于学生应该怎样表现，学校很明确的告知给了学生。
20. 学校的规章是合理的。
21. 违反学校规章的处罚是合理的。
22. 学校的行为规范是公平的。
23. 课堂规则是公正的。
24. 学生们知道他们在这所学校里是安全的。
25. 学生们在学校感觉安全。
26. 学生们在走廊上是安全的。
27. 在这所学校里，有学生威胁、欺负其他学生。
28. 学生们担心在学校里会受其他人欺负。
29. 在这所学校里，欺负弱小成为了一个校园问题。
30. 在所学校里，学生们互相欺负。

学校适应量表：

【指导语】下面共有 27 个题目，每个题目用来描述你是否恰当，或说每个题目符合你的程度如何。其中 1 代表“完全不符合”、2 代表“有点不符合”、3 代表“不确定”、4 代表“有点符合”、5 代表“完全符合”，请选择最符合您的数字。

1. 学习时我经常心不在焉。
2. 我尽量避免和老师接触。
3. 我会主动规划自己的学习计划和时间。
4. 在学校里，我很不守规矩，经常被处罚。
5. 我会很认真地完成作业。
6. 我觉得老师不理解我。
7. 我经常想找理由不去上学。
8. 同学们都不喜欢我。

9. 在学校里，我很孤单。
10. 学校的有些规定，让我觉得不舒服。
11. 我对学习不感兴趣。
12. 碰到老师，我会躲开。
13. 许多同学和我有矛盾。
14. 在学校里，我心情舒畅。
15. 我讨厌去学校。
16. 学习让我很有成就感。
17. 学校里，没有同学和我一起玩。
18. 在学校里，我感到压抑。
19. 如果有可能的话，我真希望能不上学。
20. 我经常不遵守课堂纪律。
21. 我宁愿学不会，也不愿向老师请教。
22. 在班上，我没有朋友可以交谈。
23. 我对学校生活很满意。
24. 我经常违纪。
25. 我很怕老师。
26. 同学们对我不友好。
27. 学校是一个让我讨厌的地方。

长处与困难问卷：

【指导语】请根据您自身的实际情况，在以下三个选项中选出最适合您情况的数字，其中1代表“不符合”、2代表“有点符合”、3代表“完全符合”，如果您不是很清楚，请尽量估计。

1. 我尝试对别人友善，我关心别人的感受。
2. 我不能安定，不能长时间保持安静。

3. 我经常头痛、肚子痛或是身体不舒服。
4. 我常与他人分享(糖果、玩具、铅笔等等)。
5. 我觉得非常愤怒及常发脾气。
6. 我经常独处,我通常自己玩耍。
7. 我通常依照吩咐做事。
8. 我经常担忧,心事重重。
9. 如果有人受伤、不舒服或是生病,我都乐意帮忙。
10. 我经常的坐立不安或感到不耐烦。
11. 我有一个或几个好朋友。
12. 我经常与别人争执,我能使别人依照我的想法行事。
13. 我经常不高兴、心情沉重或流泪。
14. 一般来说,其他与我年龄相近的人都喜欢我。
15. 我容易分心,我觉得难以集中精神。
16. 我在新的环境中会感到紧张,我很容易失去自信。
17. 我会友善的对待比我年少的孩子。
18. 我经常被指责撒谎或者不老实。
19. 其他小孩或青年人常针对或欺负我。
20. 我常自愿的帮助别人(父母、老师或同学)。
21. 我做事前会先想清楚。
22. 我会从家里、学校或别处拿取不属于我的物件。
23. 我与大人相处较与同辈相处融洽。
24. 我心中有许多恐惧,我很容易受惊吓。
25. 我总能把手头上的事情办妥,我注意力良好。

同伴依恋问卷:

【指导语】以下询问的是您和亲密朋友之间的关系感受,如果你有很多朋友，请您以几位最为亲密的朋友为对象。其中1代表“从未如此”、2代表“偶尔如此”、3代表“有时如此”、4代表“常常如此”、5代表“总是如此”，请选择最符合您的数字，以标明您对该句话的同意程度。

26. 对于我关心的事情，我喜欢征求朋友的观点。
27. 当我为某事烦恼时，朋友能看出来。
28. 当我们讨论事情时，朋友在意我的观点。
29. 和朋友谈论我的问题会让我感觉羞愧或愚蠢。
30. 我真希望有不同的朋友。
31. 朋友了解我。
32. 朋友鼓励我谈我的困难。
33. 朋友接受现在的我。
34. 我感到有必要与朋友进行更多的接触。
35. 朋友不了解我最近的处境。
36. 和朋友在一起时我会感到孤独或疏远。
37. 我的朋友倾听我所说的。
38. 我感觉我的朋友是好朋友。
39. 我的朋友都非常容易接近。
40. 我因某事生气时，朋友尽量体谅我。
41. 朋友帮助我更好的了解我自己。
42. 朋友在意我的感受。
43. 我会生朋友的气。
44. 我可以和朋友说心里话。
45. 我信任我的朋友。
46. 朋友尊重我的感受。
47. 我的烦恼要比朋友知道的多得多。

48. 朋友好像无缘无故生我的气。
49. 我可以告诉朋友我的问题和麻烦。
50. 如果朋友知道有事困扰我,他们会问我。

孤独感量表:

【指导语】下面是人们有时出现的一些感受,对每项描述,请选出你最接近的感觉程度,其中1代表“从不”、2代表“很少”、3代表“有时”、4代表“一直”,请选择最符合您的数字。

1. 你常感到与周围人的关系和谐吗。
2. 你常感到缺少伙伴吗。
3. 你常感到没人可以信赖吗。
4. 你常感到寂寞吗。
5. 你常感到属于朋友们中的一员吗。
6. 你常感到与周围的人有许多共同点吗。
7. 你常感到与任何人都不亲密了吗。
8. 你常感到你的兴趣与想法与周围的人不一样吗。
9. 你常感到想要与人来往、结交朋友吗。
10. 你常感到与人亲近吗。
11. 你常感到被人冷落吗。
12. 你常感到你与别人来往毫无意义吗。
13. 你常感到没人很了解你吗。
14. 你常感到与别人隔开了吗。
15. 你常感到当你愿意时就能找到伙伴吗。
16. 你常感到有人真正了解你吗。
17. 你常感到羞怯吗。
18. 你常感到人们围着你但并不关心你吗。

19. 你常感到有人愿意与你交谈吗。
20. 你常感到有人值得你信赖吗。

领悟社会支持量表：

【指导语】下面有一些关于平时情况的描述，请根据实际情况，其中1代表“非常不赞同”、2代表“不赞同”、3代表“有点不赞同”、4代表“中立”、5代表“有点赞同”、6代表“赞同”，7代表“非常赞同”，选择最符合您的数字。

1. 在我遇到问题时有些人（领导、亲戚、同事）会出现在我的身旁。
2. 我能够与有些人（领导、亲戚、同事）共享快乐与忧伤。
3. 我的家庭能够切实具体的给我帮助。
4. 在需要时我能够从家庭获得感情上的帮助和支持。
5. 当我有困难时有些人（领导、亲戚、同事）是安慰我的真正源泉。
6. 我的朋友们能真正的帮助我。
7. 在发生困难时我可以依靠我的朋友们。
8. 我能与自己的家庭谈论我的难题。
9. 我的朋友们能与我分享快乐与忧伤。
10. 在我的生活中有某些人（领导、亲戚、同事）关心着我的感情。
11. 我的家庭能心甘情愿协助我做出各种决定。
12. 我能与朋友们讨论自己的难题。

社交退缩量表：

【指导语】下面共有16个题目，每个题目用来描述你是否恰当，或说每个题目符合你的程度如何。其中1代表“完全不符合”、2代表“有点不符合”、3 代表“不确定”、4 代表“有点符合”、5 代表“完全符合”，请选择最符合您的数字，以标明您对该句话的同意程度。

13. 当与不太熟悉的人在一起时我感到紧张。
14. 在与生人一起时，我很难表现得自然。
15. 我在人群面前谈话时感到紧张。
16. 与一群不认识的人在一起时，我通常感到不自在。
17. 在与我不太熟悉的同性谈话时，我常常感到紧张。
18. 我尽量避免迫使我参加交际应酬的情形。
19. 我经常想离开人群。
20. 我会避免走上前加入到一大群人中间。
21. 我喜欢躲开人群。
22. 我经常想出一些借口以回避社交活动。
23. 我尽量避开正式的社交场合。
24. 我害怕在会上表达自己的意见。
25. 同新认识的人谈话时，我感到非常不安。
26. 我在演说时，身体的某些部分非常紧张和僵硬。
27. 我在演说时思维变得混乱和不连贯。
28. 我在演说时太紧张，以致把我确实知道的事情都忘记了。

简易自尊量表：

【指导语】以下句子是用来解释您是怎样看待自己的，请衡量一下，看看每个句子在多大程度上描述了您。其中 1 代表“很不符合”、2 代表“不符合”、3 代表“符合”、4 代表“非常符合”，请选择最符合您的数字。

1. 我感到自己是一个有价值的人，至少与其他人在同一水平上。
2. 我感到自己有许多好的品质。

3. 归根到底，我倾向于认为自己是一个失败者。
4. 我能像大多数人一样把事情做好。
5. 我感到自己值得骄傲的地方不多。
6. 我对自己持肯定态度。
7. 总的来说，我对自己是满意的。
8. 我希望我能为自己赢得更多尊重。
9. 我确实是时常感到自己毫无用处。
10. 我时常认为自己一无是处。

流调中心用抑郁量表(SDS)：

【指导语】请您根据每种描述与您实际情况的相符程度用右边的标准评定。其中1代表“很不符合”、2代表“不符合”、3代表“符合”、4代表“非常符合”，请选择最符合您的数字，以标明您对该句话的同意程度。

1. 我感到情绪沮丧、郁闷。
2. 我感到早晨心情最好。
3. 我要哭或者想哭。
4. 我夜间睡眠不好。
5. 我吃饭像平时一样多。
6. 我感到体重减轻。
7. 我因为便秘烦恼。
8. 我的心跳比平时快。
9. 我无故感到疲劳。
10. 我的头脑像往常一样清楚。
11. 我做事情像平时一样不感到困难。
12. 我坐卧不安，难以保持平静。

13. 我对未来感到有希望。
14. 我比平时更容易激怒。
15. 我觉得决定什么事情很容易。
16. 我感到自己是有用的和不可缺少的人。
17. 我的生活很有意义。
18. 倘若我死了别人会过的更好。
19. 我仍旧喜爱平时喜爱的东西。

主观幸福感量表:

【指导语】请仔细阅读下面每一个句子。并依照你最近的感受.在1代表“从来没有这样”、2代表“有时这样”、3代表“经常这样”和4代表“总是这样”中,选择最符合您的数字,以标明您对该句话的同意程度。

1. 我喜欢现在的自己。
2. 我觉得我的功课会越来越好。
3. 我能专心投入,将大小事处理好。
4. 我能控制好自己的情绪。
5. 当我表现好时,我会给自己一个奖励。
6. 我觉得自己是一个很有价值的人。
7. 我觉得我长得很好看。
8. 我觉得大家都很喜欢我。
9. 我时常对我的表现感到很满意。
10. 我时常会感到很满意。
11. 在生活中,我能时常保持快乐的心情。
12. 我觉得生活中充满有趣的事。
13. 我可以自由自在的生活,不受到许多限制。

14. 我觉得我的人生充满着希望。
15. 我觉得我的生活过得很充实。
16. 我的家人及朋友都很关心我。
17. 我有许多好朋友。
18. 我跟家人或朋友相处得很愉快。
19. 我的家人或朋友能尊重我的意见及想法。
20. 当我有困难时,家人或朋友会帮助我。
21. 我的家人或朋友会分享我的兴趣。
22. 当别人心情不好时,我会主动找他聊天或玩。
23. 我会主动去关心别人的困难。
24. 我常常有喜欢的事物可以吃。
25. 我常有许多空闲时间做我想做的事。
26. 我时常都有足够的钱可以用。
27. 我对家里的经济状况觉得很满意。
28. 我对目前生活感到满意。
29. 我时常能拥有我想要的东西。
30. 我常有机会到各处去玩。

Gross 情绪调节方式量表:

【指导语】在这一部分,我们将有一些关于您的情绪生活的问题要问您。对下面的每一项表述,请根据实际情况,其中 1 代表"非常不赞同"、2 代表"不赞同"、3 代表"有点不赞同"、4 代表"中立"、5 代表"有点赞同"、6 代表"赞同",7 代表"非常赞同",选择最符合您的数字,以标明您对该句话的同意程度。

当我想多感受积极情绪的时候(比如高兴或乐趣),我就改变我正考虑的事情。

1. 我保持自己的情绪不外露。
2. 当我想少感受一些消极情绪的时候(比如悲伤或愤怒),我就改变我正考虑的事情。
3. 当我正感受到积极的情绪的时候,我很小心地不让它们表露出来。
4. 当我面对压力情景的时候,我使自己以一种有助于保持平静的方式考虑它。
5. 通过不表达它们,我控制自己的情绪。
6. 当我想要感受到积极的情绪的时候,我改变自己对处境的考虑方式。
7. 我通过改变自己对处境的考虑方式来控制我的情绪。
8. 当我感受到消极情绪的时候,我确保不表露它们。
9. 当我想减少消极的情绪体验的时候,我改变自己对处境的考虑方式。

青少年社会支持量表:

【指导语】下面共有 17 个题目,每个题目用来描述你是否恰当,或说每个题目符合你的程度如何。其中 1 代表“完全不符合”、2 代表“有点不符合”、3 代表“不确定”、4 代表“有点符合”、5 代表“完全符合”,请选择最符合您的数字,以标明您对该句话的同意程度。

1. 大多数同学都很关心我。
2. 面对两难的选择时,我会主动向他人寻求帮助。
3. 当有烦恼时,我会主动向家人、亲友倾诉。
4. 我经常能得到同学、朋友的照顾和支持。
5. 当遇到困难时,我经常会向家人、亲友寻求帮助。
6. 我周围有许多关系密切、可以给与我支持和帮助的人。

7. 在我遇到问题时,同学、朋友会出现在我身旁。
8. 在困难的时候,我可以依靠家人或亲友。
9. 我经常从同学、朋友那里获得情感上的帮助和支持。
10. 我经常能够得到家人亲友的照顾和支持。
11. 需要时,我可以从家人和亲友那里得到经济支持。
12. 当遇到麻烦时,我通常会主动寻求别人的帮助。
13. 当我生病时,总能得到家人、亲友的照顾。
14. 当有烦恼时,我会主动向同学、朋友倾诉。
15. 在我遇到问题时,家人、亲友会出现在我身旁。
16. 我经常从家人、亲友那里获得情感上的帮助和支持。
17. 当遇到困难时,我经常会向同学、朋友寻求帮助。

中文版人际反应指针量表(IRI-C):

【指导语】下面共有 22 个题目,每个题目用来描述你是否恰当,或者说每个题目符合你的程度如何。其中 1 代表“不恰当”、2 代表“有一点恰当”、3 代表“还算恰当”、4 代表“恰当”、5 代表“很恰当”,请选择最符合您的数字,以标明您对该句话的同意程度。

1. 对那些比我不幸的人,我经常有心软和关怀的感觉。
2. 有时候当其他人有困难或问题时,我并不为他们感到难过。
3. 我的确会投入小说人物中的情感世界。
4. 在紧急的状况中,我感到担忧、害怕而难以平静。
5. 在看电影或看戏时,我通常是旁观的,而且不经常全心投入。
6. 在做决定前,我试着从争论中去看每个人的立场。
7. 当我看到有人被别人利用时,我有点感到想要保护他们。
8. 当我处于一个情绪非常激动的情况中时,我往往感到会无依无靠,不知如何是好。

9. 有时我想像从我朋友的观点来看事情的样子，以便更了解他们。
10. 对我来说，全心的投入一本好书或一部好电影中，是很少有的事。
11. 其他人的不幸通常不会给我带来很大的困扰。
12. 看完戏或电影之后，我觉得自己好像是剧中的某一个角色。
13. 处在紧张情绪的状况中，我会惊慌害怕。
14. 当我看到有人受到不公平的对待时，我有时并不感到非常同情他们。
15. 我相信每个问题都有两面观点，所以我尝试着从这不同的观点来看问题。
16. 我认为自己是一个相当软心肠的人。
17. 当我欣赏一部好电影时，我很容易站在某个主角的立场去感受他的心情。
18. 在紧急状况中，我紧张的几乎无法控制自己。
19. 当我对一个人生气时，我通常会尝试着去想一下他的立场。
20. 当我阅读一篇引人的故事或小说时，我想像着：如果故事中的事件发生在我身上，我会感觉怎么样。
21. 当我看到有人发生意外而极帮助的时候，我紧张的几乎精神崩溃。
22. 在批评别人前我会试着想象：假如我处在他的情况，我的感受如何。

青少年亲社会行为倾向量表(PTM)：

【指导语】以下是一些句子，这些句子描述的内容可能像您，也可能不像您。请衡量一下，看看每个句子在多大程度上描述了您。其中 1 代表“非常不像我”、2 代表“比较不像我”、3 代表“一般”、4 代表“比较像我”、5 代表“非常像我”，请选择最符合您的数字，以标明您对该句话的同意程度。

1. 有人在场时，我会竭尽全力帮助别。
2. 当我能安慰一个情绪不好的人时，我感觉非常好。
3. 当别人请我帮忙时，我很少拒绝。
4. 有人围观的情况下，我更愿意帮助别。
5. 我倾向下帮助那些真正遇到麻烦急需帮助的人。
6. 在很多公众场合中我更愿意帮助别人。
7. 当别人请我帮助时，我会毫不犹豫的帮助他们。
8. 我更愿意住匿名的情况下捐款。
9. 我倾向于帮助那些严重受伤或患病的人。
10. 我捐钱捐物不是为了能从中有所获益。
11. 别人求我帮助时，我会很快放下手头的事去帮助他。
12. 我倾向于帮助那些需要帮助的人而不留名。
13. 我倾向于帮助别人，尤其是当对方情绪波动的时候。
14. 在有人看着的情况下，我会竭尽所能帮助他人。
15. 当别人处于饥寒交迫时，我会很自然为他们提供帮助。
16. 大多数情况下，我帮助别人不留名。
17. 我投身志愿服务付出时间精力，不是为了获得更多回报。
18. 我在他人情绪激动的情境中更有可能去尽力帮助他们。
19. 当别人要求我帮助他们时，我从不犹豫。
20. 我认为在当事人不知道的情况下给予帮助是最好的。
21. 在让人情绪激动的情境下，我更想去帮助那些需要帮助的人。
22. 我常在别人不知道的情况下做些捐助，因为这样让我感觉很好。

23. 我帮助别人不是为了将来他们相应的同报我。

24. 当别人提出要我帮忙时,我会尽我所能的帮助他们。

25. 我经常帮助别人,即使从中得不到任何好处。

26. 当别人心情很不好的时候,我常常帮助他们。

附录二　情绪调节干预活动方案

第一次干预活动

（1）活动目标：

将学生分成若干个6—8人小组，并引导其建立团体，共同开始课程的学习。引导学生关注自己的情绪，逐步进行情绪自我认知。

（2）导入　　　　狐狸和葡萄的故事

几只狐狸在吃葡萄的需要得不到满足得情况下，表现出不同的情绪体验，或悠然自得，或忧郁，或愤怒，并由此产生不同的结果：死不瞑目，含恨而死，抑郁成疾，精神失常。故事虽然发生在几只狐狸身上，但同样的现象在我们人类身上是否也存在呢？

类似的事情每时每刻都在发生着，我们的每天都被各种各样的情绪体验包围着，自觉不自觉得处于某种情绪体验之中。而对情绪所进行的调节不同，结果自然也是不同的。如何去提高自己的情绪调节能力，更好地调节自己的情绪呢？在下面的团体活动中，我们将一起来学习和体验。

（3）活动1

名称：情绪温度计（20分钟）

活动目标:让刚刚组成团体的各成员相互熟悉,达到建成团体的目的。同时,通过该活动让学生主动关注到自己的情绪,为接下来团体活动的开展打好基础。

具体流程:

① 由领导者说明情绪温度计活动的进行方式:情绪温度计的刻度为0—10度,分别代表着不快乐到快乐的程度,请成员以0—10度来表示自己这周的情绪温度。

② 结合分组情况(在课前或完成课程导入后分组均可),请同学们在小组内依次进行自我介绍,内容包括:希望小组内的怎样称呼自己(可以是昵称,也可以是真实的名字)、用一句话简单评价一下自己、和大家分享一下你这一周的情绪温度并简要说明影响你的情绪温度的最大因素。(例如,大家好,我是XXX,你们可以叫我小丽,我认为自己是一个活泼开朗的人,我这周的情绪温度是8.5度,因为上一周父亲节我给爸爸买了一束花,他很开心,说我长大了。)

③小组内分享结束后,也可鼓励有意愿的同学在班级内分享自己的情绪温度情况以及原因。

(4) 活动2

名称:谁是情绪调节高手?(10分钟)

活动目标:帮助学生了解自身当前的情绪特点

具体流程:领导者可先向同学们简单介绍“什么是情绪调节”(用通俗易懂的语言简单说明即可),然后请同学们自己完成下面的小测试,看看谁是情绪调节高手。

开展情绪小测试,组内交流,看看谁是情绪调节高手。

第二次干预活动

(1) 活动目标:

了解不良情绪的危害，认识到提高情绪调节能力的必要性。引导成员思考冲突性事件失控的原因，帮助成员学会宣泄、表达不良情绪的方法，掌握控制、管理不良情绪的有效策略。

（2）活动1

名称：了解不良情绪的危害（5—10分钟）

活动目标：引导学生了解不良情绪的危害，认识到提高情绪调节能力的必要性

具体流程：请同学小组讨论不良情绪的危害，并就自己日常生活中因不适当的情绪反应造成不良后果的情形举个例子。小组讨论结束后，教师可以请有意愿的同学，在班级内进行分享。

（3）活动2

名称：情景表演（30分钟）

具体流程：情境（旁白）：一天上晚自习的时候，教师里静悄悄的，同学们正安静的做作业。突然，"咚"的一下，王依的课桌上丢来了一截粉笔，她抬头一看，只见前面的李华刚转过头去。于是，她便大叫了一声"你神经病！"，此时，刚好值班的老师走进教室，就把李华和王依叫进了办公室……当李华和王依从办公室回到教室的时候，刚好下第一节自习课，她们俩会怎样呢？

在此情境下，让两组同学分别扮演相反走向的心理剧：

① 接受老师的批评，谅解另一位同学，反省自己的行为，一起想办法避免类似事情的发生；

② 把责任完全推给对方，发泄自己的不满情绪，相互指责，导致矛盾升级、同学间友谊的破裂。

同学们怎样看待这一事件？为什么会出现不可控制的局面？如果是你，你会怎样做？

小组内交流自己所写内容，并讨论："这样表达是否合适？应

该怎样表达自己的感受?”

(4) 活动3

名称:宣读“情绪宣言”(5分钟)

活动目标:通过自我暗示,树立提高自己情绪调节能力的信心。

具体流程:请学生先自己阅读下面的情绪宣言,再一同进行朗读。

《我的情绪我做主》

弱者让情绪控制行为,强者让行为控制情绪。当我被悲伤失败的情绪包围时,我就这样与之抗争:沮丧时,我自我激励;悲伤时,我乐观看待;恐惧时,我勇往直前;愤怒时,我冷静面对;力不从心时,我回想过去的成功;自轻自负时,我想想自己的目标。从今天起,我要学会控制情绪,提高调节情绪的能力,做情绪的主人。我的情绪我做主!

第三次干预活动

(1) 活动目标:

讲解情绪ABC理论,让学生明白引起他们情绪困扰的并不是外界发生的事件,而是人们对事件的态度、看法、评价等认知内容,我们可以通过改变认知,进而改变情绪。

(2) 活动1

名称:情绪预报歌(10分钟)

活动目标:热身活动,让同学们体会自身的情绪变化。

具体流程:给同学们几分钟的时间,去思考这周自己的心情变化,并且要求用歌声来表达出来,可以唱关于自己心情的任何歌曲,也可以是关键的几句歌词,请同学们在小组内进行分享,然后请有意愿的同学在班级内进行分享。

(3) 活动 2

名称:情绪 ABC 理论(10 分钟)

活动目标:讲解情绪 ABC 理论,让学生明白引起他们情绪困扰的并不是外界发生的事件,而是人们对事件的态度、看法、评价等认知内容,我们可以通过改变认知,进而改变情绪。

具体流程:讲解心理学家艾利斯的 ABC 合理情绪模式,他认为,引起我们情绪困扰的原因不是因为外界发生的事件,而是人们对事件的态度、看法、评价等认知内容。所以,他提出了情绪的 ABC 模型:A 是诱发事件、B 是不合理的认知、C 是我们的情绪反应。(例如,小红是一个很聪明伶俐的女孩,做起家务来井井有条,有一次考试失败,她非常伤心难过,认为自己实在是太笨了,什么事情也干不好)让成员了解诱发性事件只是引起情绪及行为反应的间接原因.而人们对诱发性事件所持的信念、看法、解释才是引起人的情绪及行为反应的直接起因。因此我们的不良情绪或者说是不适应,归根到底是由非理性信念带来的。非理性信念有三个特征:绝对化要求(从自身意愿出发,认为某件事情一定会发生,或者一定不会发生)、过分概括化(就是以偏概全的不合理的思维方式,就像是我们用一本书的封面来判断它的好坏)、糟糕至极(认为一件事情的后果是非常可怕的,非常糟糕的,甚至是灾难化的)。所以要想处理解决我们的情绪困扰,我们首先要找到引起自身情绪困扰的不合理认知、信念、态度是什么,这些其实隐藏的很深,不容易把它揪出来。

(4) 活动 3

名称:情绪大法官(20 分钟)

活动目标:通过了解影响情绪的各种因素,能说出产生特定情绪(特别是不良情绪)的原因。

具体流程:我们来看几个案例,一起来找找引起他们情绪的原因究竟是什么。

案例一:一位母亲,因为儿子总是玩游戏,不听她的话,她觉得很伤心生气。她认为儿子应该听家长的话。

案例二:小刚在一次非常重要的开始中发挥失常,认为一切都完了。

案例三:小强和小刚是同桌,他们因为经常在上课讲话,被老师点名批评。他们都认为是对方的错,要不是对方总找自己说话就不会被老师批评。

现在我们找到了这些不合理的信念,这是第一步,然后要是想要消除不良情绪,还要进行下一步,就是:与不合理的信念来辩论,看看这样的信念是否站得住脚。去看看案例中的这些不合理信念,能不能站得住脚。

最后让大家思考自己有没有这样不合理的信念。说出自己的不合理信念,在小组内大家一起来辩论,看看能不能站得住脚,并得出理性信念。

第四次活动内容

(1) 活动目标:引导同学体会不同的情绪表达对我们日常生活的影响,学会积极的情绪表达方式。

(2) 活动内容

活动 1

名称:情绪传染源(20 分钟)

活动目标:让学生感受到他人不同的情绪所带来的不同影响

具体流程:

第一轮:①游戏开始前,各小组成员围成一圈,并且闭上眼睛,教师在学生们组成的圈外走几圈,然后在每个组各拍一下某个学生的后背,确定“情绪源”。②让同学们睁开眼睛,并告诉他们现在可以自由交谈,和尽可能多的人交流。③情绪源的任务就是通过眨眼睛的动作将不安的情绪传递给组内另一个人,而任何一个获得眨眼睛信息的人都要将自己当作已经受到不安情绪感染的人,一旦被感染,他的任务就是向其他人眨眼睛,将不安的情绪再次传染给他们。④5 分钟以后游戏结束,老师请每个组的情绪源站起来,接着是那个被他传染的,再然后是被第二个人传染的,直到所有被传染的人都站了起来,你会惊奇于情绪传染的可怕性。

第二轮:①告诉学生们,你已经找到了治理不安情绪传染的有效措施,那就是制造快乐源,即用真挚柔和的微笑来冲淡大家因为不安而带来的阴影。②让大家重新坐下围成一圈,并闭上眼睛,告诉大家你将会从他们当中选择一个同学作为快乐之源,并通过微笑将快乐传递给大家,任何一个得到微笑的人也要将微笑传递给其他任何一个人。③在学员的身后转圈,假装指定了快乐之源,实际上你没有指任何人的后背,然后让他们松开眼睛,并声称游戏开始。④自由活动三分钟,三分钟以后,让他们重新坐下来,并让收到快乐讯息的同学举起手来,然后让大家指出他们认为的“快乐情绪源”,你会发现大家的手指会指向很多不同的人。⑤微笑地告诉大家实际上根本就没有指定的快乐情绪源,是他们的快乐感染了他们自己。

讨论:①不安和快乐哪一个更容易被传染一些?在第一轮中,当你被传染了不安的情绪,你是否会真的感觉到不安,你的举止动作会不会反映出这一点?第二轮中呢?

② 在游戏的过程中,你对于别人要传染给你不安的预期,导致你真的开始不安,同样你想让别人对你微笑,促使你接受和给予微笑。在日常生活中是否也是这样呢?

活动 2

名称：我的快乐秘笈（10—15 分钟）

活动目标：充分利用团体力量，引导同学互相分享保持快乐的方法

具体流程：请同学们小组讨论，谈一谈平时自己是怎么样保持快乐的心情的，小组内部分享过后，可在每组内挑选一个小妙招在班级内分享。

活动 3

名称：我们的收获（5—10 分钟）

活动目标：总结团体活动，巩固学习效果。

具体流程：由领导者带领学生回顾团体过程，总结在此过程中的收获。可请同学们在纸上写出自己的收获，并随机请几位同学进行分享。

附录三　应对方式干预活动方案

第一次干预活动

(1) 活动目标:

探索并交流同学们对压力的看法;引导学生认识压力的必然性和两面性;促使学生确认压力对自己造成的影响,初步了解他们的应对方式。

(2) 活动内容

活动1

名称:蜗牛的家(15分钟)

活动目标:初步体验压力的存在,活跃气氛

具体流程:①参加的成员围坐成一圈,然后把身体屈成90度后,用手从背后托起椅子背在背上。②每个人与前面的人保持距离,防止椅子相互碰撞。③然后保持弯腰驼背的姿势,所有成员转向顺时针的方向,跟着前面一个同学。领导者提供指导语:想象我们都是一只小小的蜗牛,背上背着重重的壳。④控制行走的速度,不要完成的太快,留出足够的时间让成员体验蜗牛壳的压力。⑤所有的成员走完一圈,回到原地,放下椅子坐好。

小组讨论:刚才背上压着东西是什么感觉?这种感觉在生活

中是否也存在？蜗牛背着它的房子，那么，每天压在我们背上的是什么？

活动 2

名称：集思广益(25 分钟)

活动目标：探讨成员日常生活中压力的主要来源，引导成员了解自己的应对方式。

具体流程：①每个小组发一张大白纸和一支粗水笔；②各组探讨"我们最容易遇到的压力事件(也就是什么样的压力事件在日常生活中出现频率最高)，以及团体成员一般会采取什么样的方式去应对"。③每个小组派一人记录，其他人各抒己见，相互启发，集思广益，列举各种可能的情况。

讨论结束后，每个小组把自己的答案贴在黑板上，选一位代表解释这些情况。全体成员一起评论，看哪个小组的答案最合理，受到大多数人的赞同。

第二节课

(1) 活动目标：

探讨学生们面对的主要学习压力；针对学习压力，探讨积极有效的应对方式；学会使用积极有效的应对方式来应对学习压力。

(2) 活动内容

活动 1

名称：目光炯炯(5 分钟)

活动目标：学习自我肯定的技巧，寻找自身的优势，建立自信的形象。

具体流程：两人一组，互相注视对方的眼睛 1 分钟，不可以躲闪、目光注视表示自信和诚恳。然后注视着对方，言语肯定地做自我介绍，大声地表达自己的感受，说"我对××很擅长，我在××方面很不错”或者“我记忆力很好，英语单词能很快记住。我数学不好，但是我相信只要多花一点时间，努力学，我就会进步”，大声地说三遍，注意每一遍的感受。声音要洪亮，要底气十足。另外一个人要给予积极真诚的回应，“嗯，我相信你，好好加油！”

活动 2

名称：大家帮帮忙（10—15 分钟）

活动目标：发挥集体的力量探讨解决问题（学习方面的烦恼）的有效方法和途径，让学生意识到团体的力量。

具体流程：每个学生都在白纸上写上自己关于学习方面的困扰，集中起来统计，找出大家普遍关心的问题作为讨论的主题。在规定的时间内就该问题发表自己的看法。

在该过程中，应遵守下列规则：①不评论他人意见的正确与否，②尽可能地多出主意，③争取超过别的小组。活动本身带有竞赛性质。当教师宣布活动开始，每个小组派一个人记录，其他人一起出主意，相互启发，集思广益，尽可能多地列举各种办法。当主持人说“停”的时候，每个小组把自己的意见进行展示，选一个代表解释这些方法。全体成员一起评论，看哪个小组的方法最多、最可行、最有创意。通过评比，帮助成员选择在学习中最合适运用的方法，拓宽思路，群策群力，依靠集体的力量，获得最佳的解决问题的方法。

活动 3

名称：角色扮演（20 分钟）

活动目标：通过设置一个师生压力的情境，让团体成员身临其境地感觉当时的体验及反应，通过表现出来后，大家讨论反思各种反应和体会的结果，从而悟出一定的道理。

具体流程：

设置日常生活中师生交往过程中存在压力的情境，每个小组选取一个情境进行角色扮演。(例如:受到老师的批评;受到老师的误解;学习中遇到难题;作业没能及时完成;老师布置作业等)。

每组一人扮演老师,其他同学自告奋勇地扮演自己或同学,做出各种反应和表现,反应时有行为表现、内心想法的出声思考、情绪反应等。如反应雷同则不表演,有不同的反应都表现出来。

表演完后,同学们进行反思,教师引导学生总结出应对师生压力积极地应对方式:换位思考、尊重老师、遵守纪律、主动沟通,提出合理建议、积极表现、主动提问、产生矛盾时课下沟通等。

第三次干预活动

(1) 活动目标:

让学生体会到同伴的力量,引导其借助同伴的力量面对压力。让学生们体会到来自家庭的支持,并且能够在困境中主动寻求家人的帮助。

(2) 活动内容

活动 1

名称:我的朋友圈(5 分钟)

活动目标:让学生探索到自己的人际关系网络,寻找人际支持

具体流程:请同学在纸上,用写或画图的方式,列出属于自己的"朋友圈",完成后在小组内进行分享。

活动 2

名称:朋友的力量(20 分钟)

活动目标:引导学生学会利用人际支持,在遇到困难的时候寻求朋友的帮助。

具体流程:请同学继续在活动 1 的基础上,写一段你和其中某位朋友相互帮助的故事。写完后,先在小组内进行分享,然后可以

请有意愿的同学在班级内进行分享。分享结束后，教师可引导学生要懂得在遇到困境的时候，或者当朋友遇到困难的时候，我们都应该相互给予支持。

活动 3

名称：最爱我的人（15—20 分钟）

活动目标：通过让学生回忆家长对他们的关爱事例，让其体会到家庭的支持。

具体流程：我们每个人都是值得被爱的，而世界上也总有那么一些人会无条件的为我们付出，那就是我的家人。请每位同学在纸上写一段你和你的家人发生的让你感受到被关爱的故事，并且在下面附上一段你想对你的家人说的话。在本活动中教师应适当引导学生，在我们遇到困难的时候可以寻求家人的帮助。

第四次干预活动

（1）活动目标：

探讨初中生面对的主要自我身心压力；针对自我身心压力，探讨积极有效的应对方式；学会使用积极有效的应对方式来应对自我身心压力。

（2）活动内容

活动 1

名称：我们的收获（5—10 分钟）

活动目标：总结团体活动，巩固学习效果。

具体流程：由领导者带领学生回顾团体过程，总结在此过程中的收获。可请同学们在纸上写出自己的收获，并随机请几位同学进行分享。

活动 2

名称：突破困境（30 分钟）

活动目标:协助个人了解困扰自己的当前的问题,并尝试找出解决的方法。

具体流程:先做想象放松,让学生平静下来。请成员在白纸上画四幅画,第一幅画上画出此刻的心情和感受;第二幅画画目前个人一个最大的困扰;第三幅画画解决困扰的方法;第四幅画画如果解决了这个困扰,生活将会变得怎样。然后请同学们在组内交流,通过同学们的反馈和协助,对自己的问题更加清楚,更有信心解决困难。

通过游戏让学生把自己的情绪表达出来(倾诉或者书写,或者自己在心里

面梳理),明白什么才是自己产生这些情绪的真正原因,然后才去思考相应的应对方法。

活动 3

名称:放飞烦恼(5 分钟)

活动目标:根据活动 1 所学的方法,能够灵活地采取正确的情绪表达方式。

具体流程:告诉同学们可以在活动 2 结束后,将画画的纸张叠成一架纸飞机,各人放飞自己的纸飞机,象征着带走过去的遗憾,面对美好的未来。

图书在版编目(CIP)数据

儿童虐待与社会适应/杨文娇著.
—上海:上海三联书店,2022.

ISBN 978-7-5426-7765-5

Ⅰ.①儿… Ⅱ.①杨… Ⅲ.①儿童—虐待—研究
Ⅳ.①C913.5

中国版本图书馆CIP数据核字(2022)第124690号

儿童虐待与社会适应

著　　者　杨文娇

责任编辑　钱震华
装帧设计　陈益平

出版发行　上海三联书店
　　　　　中国上海市漕溪北路331号
印　　刷　上海昌鑫龙印务有限公司

版　　次　2022年9月第1版
印　　次　2022年9月第1次印刷
开　　本　700×1000　1/16
字　　数　250千字
印　　张　21
书　　号　ISBN 978-7-5426-7765-5/C·622
定　　价　88.00元